高等教育新形态精品教材

大学生职业生涯规划

主　编　徐良仁　朱明俊　周明元
副主编　万　军　张腾波
参　编　姜思文　章　霞　张芳兰
　　　　朱路路

北京理工大学出版社
BEIJING INSTITUTE OF TECHNOLOGY PRESS

内 容 提 要

本书从学生的角度出发，引导大学生合理规划职业生涯、了解就业形势、熟悉就业政策、树立正确的择业观等。本书共分为十个项目，主要内容包括职业意识培养、我喜欢做什么——兴趣与职业、我适合做什么——性格与职业、我能做什么——能力与职业、我应该做什么——价值观与职业、职业社会认知、职业决策、职业生涯规划实施、提高就业竞争力、创业。本书贯彻习近平新时代中国特色社会主义思想，落实立德树人根本任务，帮助学生树立正确的世界观、人生观、价值观，加强自我修养，提高思想道德素质。

本书可作为高等院校各类专业的教学用书，也可作为职业规划人员的参考用书。

图书在版编目（CIP）数据

大学生职业生涯规划 / 徐良仁，朱明俊，周明元主编. -- 北京：北京理工大学出版社，2023.9
ISBN 978-7-5763-2870-7

Ⅰ.①大… Ⅱ.①徐… ②朱… ③周… Ⅲ.①大学生－职业选择 Ⅳ.①G647.38

中国国家版本馆CIP数据核字（2023）第172961号

责任编辑：武丽娟　　　　　　文案编辑：武丽娟
责任校对：刘亚男　　　　　　责任印制：王美丽

出版发行 / 北京理工大学出版社有限责任公司
社　　址 / 北京市丰台区四合庄路6号
邮　　编 / 100070
电　　话 /(010)68914026（教材售后服务热线）
　　　　　　(010)68944437（课件资源服务热线）
网　　址 / http：//www.bitpress.com.cn

版 印 次 / 2023年9月第1版第1次印刷
印　　刷 / 河北鑫彩博图印刷有限公司
开　　本 / 787mm×1092mm 1/16
印　　张 / 15
字　　数 / 317千字
定　　价 / 45.00元

FOREWORD 前言

　　党的二十大报告中提出"实施就业优先战略""强化就业优先政策，健全就业促进机制，促进高质量充分就业"。对于大学生而言，就业是一项巨大的挑战，本书根据高等院校学生人才培养目标和特点，结合多年教学工作经验进行编写，力求更好地引导大学生做好职业生涯规划，帮助大学生完成从"学生"到"职业人"的角色转变。

　　职业生涯规划能够让大学生关注今后职业发展和人才市场信息，了解市场需求；还能够让大学生进行自我探索，了解自身的兴趣、优势、特长等，以便毕业后找到更加适合自己发展的职业；职业生涯规划是一个重要的指引，能够为大学生指明大学四年的努力方向和目标，从而让大学生合理安排自己的时间和精力，为最终实现职业目标做准备。因此，职业生涯规划具有重要的意义。

　　通过对本书内容的学习，学生能树立起职业生涯发展的自主意识，树立积极正确的人生观、价值观和就业观念，把个人发展和国家需要、社会发展相结合，确立职业的概念和意识，愿意为个人的生涯发展和社会发展积极主动地付出努力；能够基本了解职业发展的阶段特点；较为清晰地认识自己的特性、职业的特性及社会环境；了解就业形势和政策法规；掌握基本的劳动力市场信息、相关的职业分类知识和创业的基本知识；掌握自我探索的技能、信息搜索和管理技能等；了解职业生涯的发展和规划的决策方式，在职业生涯道路上不断进行有效的职业决策；树立职业理想、强化规划意识，领会职业生涯规划理论、掌握相关技术方法，明晰自我定位、设定职业生涯发展目标，拟订行动计划，形成符合自身个性特点的职业生涯规划书，自我激励并实施自己的规划方案。

　　本书在编写过程中参阅了大量文献，在此向原作者致以衷心的感谢！由于编写时间仓促，编者的经验和水平有限，书中难免存在不妥和疏漏之处，恳请读者和专家批评指正。

编　者

CONTENTS 目录

项目一
职业意识培养

📝 学习目标

知识目标：

1. 了解大学的定义、职能、意涵；掌握大学学业规划的原则。

2. 了解职业生涯的概念，职业生涯规划的概念；掌握职业生涯规划的发展理论。

3. 掌握大学与职业生涯规划的关系，职业生涯规划对大学生的重要意义。

能力目标：

能够对大学阶段的学业生涯及未来的职业生涯做出初步规划。

素质目标：

帮助学生树立正确的职业观，正确地理解生涯规划的理念，提高对生涯规划意义的认识，从而积极地对自己进行生涯探索和规划。

👤 案例引导

有两兄弟，一起住在一幢公寓楼里。一天，他们一起去郊外爬山。傍晚时分，等他们爬山回来，回到公寓楼的时候，发现一件事情：大厦停电了！这真是一件令人沮丧的事情，因为这两兄弟是住在大厦的顶层，第80层。两兄弟虽然都背着大大的登山包，但也别无选择。哥哥对弟弟说："我们爬楼梯上去吧。"于是，他们就背着一大包行李开始往上爬。到了20层的时候，他们觉得累了。于是弟弟提议说："哥哥，行李太重了，不如这样吧，我们把它们放在20层，我们先上去，等大厦恢复电力，我们再坐电梯下来拿吧。"哥哥一听，觉得这主意不错就同意了。于是，他们就把行李放在20层，继续往上爬。卸下了沉重的包袱之后，两个人觉得轻松多了。他们一路有说有笑地往上爬。但好景不长，到了40层，两人又觉得累了。一想到只爬了一半，往上一看竟然还有40层要爬，两人就开始互相埋怨，指责对方不注意停电公告，才会落得如此下场。他们边吵边爬，就这样一路爬到了60层。到了60层，两人筋疲力尽，累得连吵架的力气都没有了。哥哥对弟弟说："算了，只剩下最后20层，我们就不要再吵了。"于是，他们一路无言，安静地继续往上爬。终于，80层到了。到了家门口，哥哥长吁一口气，说："弟弟，拿钥匙来！"弟弟说："有没有搞错？钥匙不是在你那里吗？"原来，钥匙放在第20层的登山包里呢！

有人说，这个故事其实在反映我们的人生。20岁之前，我们活在家人、老师的期望之中，背负着很多压力，不停地做功课、考试、升学，就好像是背着一个很重的登山包，再加上自己也不够成熟、不够有能力，所以走得很辛苦。20岁以后，从学校毕业出来，走上工作岗位，开始自己的职业生涯，自己喜欢做什么就做什么，想怎么做就怎么做，就好像是卸下了沉重的包袱。所以，从20岁到40岁，是一生中最愉快的20年。到了40岁，人到中年，发现青春早已逝去，但又有很多遗憾，于是开始抱怨，在抱怨遗憾中又过了20年。到了60岁，发现人生所剩不多，于是告诉自己：不要再埋怨了，就珍惜剩下的日子吧。于是，默默走完自己的最后岁月。到了生命的尽头，突然想起：好像有什么忘记了。是什么呢？是你的钥匙，你人生的关键。你把你的理想、抱负、关键都留在20岁，没有完成。想一想，你是不是也想等到40年之后、60年之后才来追悔？想一想，我们最在意的是什么？想一想，希望将来的自己和现在有些什么不同？是不是可以做些什么来不让这个遗憾发生呢？那么，我们要做什么呢？请思考人生发展的关键问题——

我想干什么？

我能干什么？

环境支持我干什么？

我到底为什么干？

我怎么干？

我干得怎么样？

任务一　适应大学生活

一、深入认识大学

（一）大学的定义

"大学"一词最早出自《礼记·大学》，开篇写道："大学之道，在明明德，在亲民，在止于至善。知止而后有定，定而后能静，静而后能安，安而后能虑，虑而后能得。物有本末，事有终始。知所先后，则近道矣。"这是古人对大学的定义。

我国大学教育的理念是培养具有创新精神和实践能力的高级专门人才，发展科学、技术、文化，促进社会主义现代化建设。大学生要适应时代的需求，肩负历史使命，确立发展方向和发展目标，立志成为社会主义合格的建设者和接班人。

大学学习可以系统化学习和掌握一门专业知识，通过四年左右的时间，掌握这门专业的基础知识，拿到相关学位；大学锻炼学生的团队合作、创新思维、人际沟通、时间管理等通用技能，为将来选择职业做好准备；大学阶段是人生发展的重要时期，是一个人人生观、世界观和价值观形成，道德意识形成、发展和成熟的重要阶段。

(二) 大学的职能

大学的职能是指为适应社会分工和发展需要所承担的社会任务。一般来说，大学的职能包含以下三个方面。

1. 造就人才

党的二十大报告提出：实施科教兴国战略，强化现代化建设人才支撑。大学作为一个教书育人的场所，它的首要职能就是造就人才。以柏林大学创建之前的时期为大学起源阶段，大学的主要职能表现在人才培养方面，主要起传播思想和文化知识的作用。在形式上，大学是提供教学、研究条件和授权颁发学位的高等教育机构。正因为大学的学科门类划分清晰，所以它能够为社会培养出各有所长的专业人才。在塑造了良好人格的基础上，从大学走出的人才将会对自己在学校学习到的专业知识进行应用，从而为提高人们的生活水平、繁荣社会文化做出实质性的贡献。

2. 知识创新

通过科学研究方法和教学与科学研究相结合的方法去追求纯粹知识的思想是由威廉·冯·洪堡提出的，由此科学研究也第一次成为大学职能。洪堡的办学思想和柏林大学的改革已经成为近代大学的典范，它与法国近代高等教育模式共同构成欧洲近代高等教育两大模式，不仅影响着欧洲高等教育近代化，而且还影响到世界其他各国。在大学的教学中，科学的教学将会研究最先进的技术，正因为先进的技术集中于大学，所以大学成为知识创新的引导者，带领人类社会向高水平生活与高科技生活迈进。

3. 社会服务

大学生服务社会的职能是通过人才培养和科学研究来实现的。社会服务工作大多是教学与科研活动的延伸，国外往往视之为学校推广工作。社会服务作为大学的一种职能，以美国《莫里哀法案》（1862 年）的颁布为标志，至 20 世纪中期以后才普遍确立起来。大学为社会培养了一批有着先进思想、热爱生活、渴望为人类生活水平的提高做出贡献的良好公民，他们为社会的发展与进步提供了正向的推动力。现代大学的大学生会走向社会参与社会实践，用多样方式为社会服务，使自己学到的知识与实际生活结合起来，同时，也将大学与社会结合起来，真正地让大学成为步入社会的第一站。

（三）大学的意涵

大学并不仅是个讲堂，它从存在的那一天起就被赋予了独特且丰富的意义和内涵。

1. 大学是独立的起点，是自我升华的舞台

进入大学，大学新生终于放下高考的重担，开始追逐自己的理想、兴趣、方向。这是新生离开家庭生活，开始独立参与团体和社会生活；这是新生不再单纯地学习或背诵书本上的理论知识，开始有机会在学习理论的同时亲身实践；这是新生开始不再有老师和父母安排自己学习和生活中的一切，新生有足够的时间去自由处理生活和学习中遇到的各类问题。因此，大学成为新生开始实现独立的地方。步入这个地方，理当树立一个全新的理念：独立自主，自我规划，逐步确立今后的发展方向和路径。告别依赖于"事事有人管"的过去，变"要人管"为"自己管"。大学里遍布各类精英，更有暗藏前途命运的玄机。一场讲座、一本书、一席语重心长的教导都有可能改变一个人的前途和命运。

2. 大学是个体从幼稚走向成熟的转折点

大学四年是一个人一生中知识储备、思想成熟、性格完善的关键期。大学的学习更主动、独立、开放，更注重学习能力和创造性潜能的开发，以及为人处世、人格修养和生活能力的提高。大学学习突出专业性和实践性，尽管有老师授课和指导，但要想在大学里学有所成，主要还是靠自己去探寻、钻研、实践。我国古谚语"师傅领进门，修行在个人"说的就是这个道理。德国哲学家卡尔·西奥多·雅斯贝尔斯（Karl Theodor Jaspers）认为，大学应始终贯穿这一思想观念：大学生就是独立自主、把握自己命运的人。真正的大学生聆听不同的看法和建议，然后做出自己的判断。真正的大学生会利用大学这个平台，靠着自己的选择和严格的学习找到适合自己发展的道路；真正的大学生会利用大学四年这段黄金岁月，在与人交往中成长，但仍保持其个性。

3. 大学是一种精神家园，是一种人生追求

大学最吸引人也最为人津津乐道的就是大学精神。大学精神是在某种大学理念的支配下，经过所在大学的历代大学人的努力，长时间积淀而形成的稳定和共同的理想与信念，是大学的独特气质和精神文明成果，是大学文化的精髓和核心所在。大学精神既深藏于大学之中，又游离于大学之外，它为大学注入了生命活力。大学虽不能直接赋予人们职业、财富和幸福，但大学精神却会潜移默化地滋润人们的精神、信念、信仰，使人们经历一种无形的熏陶，这种熏陶常常持续终身。

知识拓展：大学生活与高中生活的不同

二、合理规划大学学业

（一）学业规划的概念

学业规划是指为了提高求学者的人生职业（事业）发展效率，而对其与之相关的学业所进行的规划和安排。具体来讲，是根据对求学者的自身特点（性格特点、能力特点）和未来社会需要的深入分析、正确认识，确定其职业（事业）目标，进而确定学业路线，然后结合求学者的实际情况（经济条件、工作生活现状、家庭情况等）制订学业发展计划的过程。换而言之，就是通过解决求学者学什么、怎么学、什么时候学、在哪里学等问题，以确保最大限度地提高求学者的人生职业（事业）发展效率，并实现个人的可持续发展。因此，学业规划的目的是使每位大学生在校期间都有明确而具体的学习目标和素质拓展方向，以及实现目标的分计划路径设计，使每位学生都成为一个有追求的人，每位学生通过自己的努力顺利完成学业，成为在职场上有足够竞争力的优秀人才。因此，开展大学生学业规划具有非常重要的意义。根据社会的发展和用人单位的需求，应重点从以下三个方面抓好学业，做好就业准备。

1. 打好扎实的专业基础

学习是大学生的本职。大学生应当打好坚实的专业基础，丰富自己的专业理论知识，坚持广博与精深、理论与实践、积累与调节相统一的原则，争取在毕业时拥有宽厚扎实的专业基础知识。这一过程无捷径可走，只有不断地学习和积累。专业知识是知识结构的核心部分，大学生要对自己所从事专业的知识和技能精益求精，对学科的历史、现状和发展趋势有较深的认识与系统的了解，并善于将所学习的专业知识和其他相关知识领域紧密联系起来。"冰冻三尺非一日之寒"，只有持续不断地付出努力，才能实现最终的目标。

2. 重视实践能力的培养

实践是检验真理的唯一标准。只有将理论结合实践，才能创造出知识的价值。在某种层面上，能力比知识更重要。当代大学生应具备的基本能力包括表达能力、动手能力、适应能力、交际能力、管理能力、创造能力、决策能力等。培养实践能力的方法和途径主要有勤奋学习、积累知识、积极参与、勇于实践、启迪思维、发展兴趣等。

3. 力求综合素质的提高

综合素质主要包括思想道德素质、专业素质、文化素质和身心素质四个方面，四者相辅相成，不可分割。其中，思想道德素质可以解决如何做人的问题。一名优秀的大学毕业生应将构建合理的知识结构、培养科学的思维方式、锻炼较强的实践能力和提高全面的综合素质统一起来。知识、能力和素质是大学生应具备的三大要素。知识是素质形成和提高的基础，能力是素质的一种外在表现，没有相应的知识武装和能力展示，就不可能将知识内化和升华为更高的心理品格。

（二）学业规划的实施

学业生涯规划是针对学生而言，在认识自我、了解社会的基础上，从自身实际和社会需求出发，确定职业发展的方向，制订在校学习的总体目标和阶段目标，拟定实现目标的步骤和具体实施方法的过程。

1. 学业生涯的特点

（1）独特性。每个人的生涯发展都是独一无二的，学业生涯也是如此。学业生涯是学生依据自己的人生理想，为了自我实现而逐渐展开的一种独特的学习历程，不同的学生有不同的学业生涯，也许某些学生的学业生涯有某些相似之处，但实质可能是完全不同的。

（2）发展性。人是生涯的主动塑造者，学业生涯是一个动态的发展历程，学生在学校学习的不同阶段会有不同的要求，这些要求会不断地变化与发展，学生也会因此而不断地成长。

（3）综合性。学业生涯以学生角色的发展为主轴，也包括其他与学习有关的角色，如公民、子女等涵盖人生整体发展的各个层面的各种角色。

2. 学业生涯规划的原则

（1）可行性原则。学业生涯规划是针对学生的实际做出的，所谓可行性就是指制订出来的学业生涯规划应切实可行，具有现实性、可能性和可操作性，每个阶段的目标及达到目标的方法应力求科学、合理，是经过努力能够实现的。

（2）可调节原则。学业生涯规划具有发展性的特点，不是孤立的、静止的，应该能够根据社会需求的发展变化与学生个体主观条件的变化随时修正，比如在阶段性目标上，可以根据进展的程度，酌情提高目标或降低目标。

（3）最优化原则。应力求做到身心和谐，使个人的性格、兴趣、知识和能力等与目标和谐统一，实现优化组合。

（4）共性与个性相结合原则。学业生涯规划既要反映学生发展的共性问题，又要满足学生各种需求，有效地培养和发展学生的兴趣、爱好、特长，使学生的先天禀赋和个性潜能得到充分发展。

◀)) 案例小链接

陈婷是一名大三的学生，明年就面临着找工作了，她的专业是电子信息工程。据身边的人和上几届的学长们说，他们的工作还是挺好找的。可是陈婷现在也不是很确定是否好找。她成绩一般，大一的时候成绩在班里很靠后，大二、大三知道努力了，成绩差不多排列在班级中等。但是没有参加过任何电子类竞赛，大学期间也没有承担班委或参加什么活动的经历。总体来说，如果让她写简历，在奖励、经验、活动这些方面她真的不知道该写些什么。所以，她想这个暑假是不是多争取找到好的企事业单位的实习机会来为简历增添点亮点？她现在是不是要多注意自己心仪的职位了呢？像她这种专业的女孩一般都从事了什么工作呢？她其实不太想从事研究编程之类的工作，因为基础不太好。

【点评】大学阶段是最重要的职业准备期，在这个阶段，除应该进行基础知识的积累和掌握一些专业知识外，更重要的是培养良好的学习能力及适应各种环境的能力。而后者在书本和课堂上是学习不到的，这也正是参加课外活动及社会实践的意义所在。

陈婷能意识到自己在这些方面的不足，说明她在这方面需要得到强化和充实，这一点的确很重要。争取实习机会的确很必要，这是为今后的职业生涯打好技能基础的重要一环。同时，有必要选择一些社会职业培训的机会，强化自己的专项职业技能，并能获得相应的职业资质，这对于她以后的职业选择和职场实践肯定是有益处的。

任务二　认识职业生涯规划

一、认识职业生涯

（一）职业生涯的概念

1. 职业

职业是指人们在社会生活中所从事的以获得物质报酬作为自己主要生活来源并能满足自己精神需求的，在社会分工中具有专门技能的工作，是对特征相同或相似的一类工作的统称。职业不同于工作，它更多的是指一种事业。它意味着个人毕生应当为之不懈奋斗的目标。因此，职业本身已经包含了职业精神和职业道德的内容，它是一种具有追求性的事业。因此，职业问题不是简单的工作问题，就职业一词的本意而论，至少包含了两个方面的含义：

（1）职业体现了专业的分工。没有高度的分工，也就不会有现代意义上的职业观念，职业化意味着专门从事某项事务。

（2）职业体现了一种精神追求。职业发展的过程也是个人价值不断实现的过程，职业要求个人对它的忠诚。

2. 生涯

生涯，"生"，即"活着"；"涯"，即"边界"。广义上理解，"生"，自然是与一个人的生命相联系；"涯"，则有边际的含义，即指人生经历、生活道路和职业、专业、事业。

美国国家生涯发展协会将生涯定义为：个人通过从事工作所创造出的一个有目的的、延续一定时间的生活模式。由这个定义可以看出生涯不是个人随意的、短暂的行为，也不是一份工作，它是人们通过规划、思考、权衡而创造出来的，具有独特的个性，是人们的一种生活模式。

每个人一生中每个阶段的求学、工作、休闲生活及健康都与未来的人生规划密不可分。人的生命是有限的，如何在有限的生命中寻找人生的快乐源泉，达到自我了解与自我实现，使自己的人生发挥得淋漓尽致，这其实就是一连串的抉择。每个人都应该针对自己的人格特质、兴趣及能力，规划出适合自己、属于自己的生涯。

3. 职业生涯

职业生涯是指一个人一生连续从事和承担的职业、职务、职位的过程。职业生涯不仅是职业活动，还包括与职业有关的行为和态度等内容。指一个人一生中连续从事的职业，它不仅包括过去、现在和未来那些可以实际观察到的职业发展过程，而且还包括个人对职业生涯发展的见解和期望。职业生涯是人一生中最重要的历程，也是追求自我实现的重要人生阶段，对人生价值起着决定性作用。同时，职业生涯又是一个动态的过程，指一个人一生在职业岗位上所度过的、与工作活动相关的连续经历，并不包含在职业上成功与失败或进步快与慢的含义。无论职位高低或成功与否，每个工作着的人都有自己的职业生涯。

一个人的职业生涯是一个漫长的过程。也许一生只从事一种职业，也许一生从事多种职业，但每个人都希望找到一个相对稳定、适合自己的职业。如何选择和规划自己的职业生涯，往往受学识、爱好、机遇和工作环境等主客观条件的制约，只有根据现行的工作需要改变原来的职业目标和兴趣，调整心态，培养对所从事职业的敬业精神，在实践中产生对事业的热爱，才能集中精力全身心投入工作，实现个人价值，做出成就。

（二）职业生涯的分类

职业生涯按照不同的划分标准可以进行不同的分类。

1. 从职业生涯的角度划分

从职业生涯的角度划分，职业生涯可分为外职业生涯和内职业生涯。外职业生涯是指在职业生涯过程中所经历的职业角色（职位）及获得的物质财富总和，它是依赖于内职业生涯的发展而增长的；内职业生涯是指在职业发展过程中通过提升自身素质和职业技能而获取的个人综合能力、社会地位及荣誉的总和，它是其他人无法替代和获取的人生财富。

2. 从职业生涯的稳定性划分

从职业生涯的稳定性划分，职业生涯可分为稳定性职业生涯和易变性职业生涯。稳定性职业生涯又称为传统的职业生涯，是指在个人的职业生涯发展过程中，其职业发展是稳定的、持续的，如教育系统、政府机关、事业单位等许多职业个体的职业生涯就体现出稳定、持续的特征；易变性职业生涯是指在个体的职业生涯中，职业波动较大，也可能从事多项职业，职业选择随着职业兴趣、职业能力、价值观和工作环境的变动而发生变化。

3. 从职业生涯的观察视角划分

从职业生涯的观察视角划分，职业生涯可分为个人视角的人生轨迹、职位视角的一系列职务、组织视角的职业发展通道和社会视角的人群发展结构。从个人视角看，职业生涯可以是一个人在其生命历程中所经历的全部职业活动所构成的人生轨迹，由人的一生中所经历的各种不同的岗位或工作组成，包含了个人的专业技能和经验的积累，同时，也代表了个人的进步，表现在职务、地位、金钱等方面。从职位视角看，职业生涯可以是某种专业类型工作中，由低到高的一系列职位，如大学教师所担任的一系列职位，从助教、讲师、副教授到教授，最后退休。从组织视角看，职业生涯代表某种专业人员的职业发展通道或路径，如从事工程技术的人员，从大学毕业到助理工程师、工程师、高级工程师、教授级高级工程师的发展路径。从社会视角看，职业生涯意味着不同职务、不同专业的人们在特定阶段的发展状况和整体结构。

（三）职业生涯的发展阶段

不同的人有不同的职业选择和职业发展路径，构成了每个人不同的职业生涯发展阶段。职业生涯的发展以时间来度量，可以按照不同的阶段划分为不同的时期。一般来说，职业生涯主要包括职业准备期、职业选择期、职业早期、职业中期和职业晚期五个阶段。

1. 职业准备期

职业准备期是一个人从事职业活动之前的学习准备阶段，主要是在学校和家庭中度过。职业准备期在很大程度上决定一个人的职业发展方向。这个阶段的主要任务是获得专业活动所需要的专业知识和基本技能，培养并形成职业工作的基本素质，开展个人职业生涯规划，为进入职业活动做好准备。

2. 职业选择期

在职业选择期，个人开始进行职业选择。不同的人可以根据自身的特点进行选择，并且尽可能尝试多种工作。此时，人们应该注重能力的培养，以寻找最为适宜的职业或岗位。职业选择可以在行业、地域、组织、岗位中进行。在职业选择期，人们对行业和岗位的选择非常重要，会影响到职业生涯的后期阶段。

3. 职业早期

在职业早期，人们开始逐渐适应职业需要。通过实际参与、操作或有效培训，不断积累工作经验，适应工作或岗位的要求，成为称职的工作者，有些人可能成为优秀的工作者。

4. 职业中期

职业中期是时间维持最长的时期，也是人们对组织、对社会贡献最大的阶段。稳定的工作岗位、熟练的技能技巧和丰富的经验使这些人成为组织中的骨干，并被委以重要职责，承担组织中的重要职务，充分发挥其能力和才干。

5. 职业晚期

随着年龄的不断增长，个人的精力和体力不断下降，人们开始难以满足迅速发展变化的工作要求，并且难以承受重要的工作责任。然而，丰富的经验可以帮助人们维持其在组织中的地位和影响。

二、认识职业生涯规划

（一）职业生涯规划的概念

职业生涯规划是指个人发展与组织发展相结合，对决定一个人职业生涯的主客观因素进行分析、总结和测定，确定一个人的事业奋斗目标，并选择实现这一事业目标的职业，编制相应的工作、教育和培训的行动计划，对每个步骤的时间、顺序和方向做出合理的安排。

职业生涯规划要求一个人根据自身的兴趣、特点，将自己定位在一个最能发挥自己长处的位置，可以最大限度地实现自我价值。职业生涯规划实质上是追求最佳职业生涯的过程。

（二）职业生涯规划的特性

良好的职业生涯规划应具备以下特性：

（1）可行性。设计要有事实依据，并非美好的幻想或不着边际的梦想，否则将会贻误生涯良机。

（2）适时性。设计是预测未来的行动，确定将来的目标，因此，各项主要活动何时实施、何时完成，都应有时间和时序上的妥善安排，以作为检查行动的依据。

（3）适应性。设计未来的职业生涯目标，牵涉多种可变因素，因此设计应有弹性，以增加其适应性。

（4）持续性。人生的每个发展阶段应能连贯衔接。

（三）职业生涯规划的影响因素

（1）教育背景。教育是赋予个人才能、塑造个人人格、促进个人发展的社会活动。它奠定了人的基本素质，对人的职业生涯有着巨大的影响。一般来说，一个人所接受的教育水平越高，其职业生涯就可能越顺利，有较高教育水平的人，在就业以后一般都有较大的发展空间，即使他们的工作暂时不尽如人意，但其流动的能力与动机较强，常常能够使自己的状况越变越好。

（2）家庭环境。家庭是一个人生活的重要场所，也是造就个人素质及影响其职业生涯的主要因素之一。人的社会化，从其出生的一瞬间就已开始。一个人在幼年时期，就开始受到家庭环境的深刻影响，长期地潜移默化，会使其形成一定的价值观和行为模式。许多人还会受到家庭中父母的教诲等各种影响，从而自觉地学习某些职业知识和技能。另外，一个人的家庭成员，尤其是父母兄长，在其择业和就业征途上，往往会给予一定的帮助，这也会对个人的职业生涯产生巨大的影响。

（3）个人的心理需求与动机。人们出于自己的主客观条件，在不同年龄阶段、不同阅历，特别是不同职业经历状况等情况下，在职业生涯的选择和调整方面都会有不同的心理需求与动机。

（4）机会。机会虽然具有偶然性，但人不能消极地等待机会。个人素质与机会有着一定的联系。机会本身是客观存在的，个人的高素质、能动性可能会使他能够寻求到新的发展机会，并创造出许多机会。机遇与挑战就像一枚硬币的两面，关键在于自己的选择，只有善于抓住机遇的人，职业生涯才有可能走向成功。

（5）社会环境。社会环境包括两个方面的含义：一方面是指社会的政治经济形势、涉及人们职业权利方面的管理体制、社会文化与习俗、职业的社会评价等大环境。这些大环境因素决定着社会职业岗位的数量与结构，决定着社会职业岗位出现的随机性与波动性，从而决定了人们对不同职业的认定和步入职业生涯、调整职业生涯的决策。另一方面是指个人所在学校、社区、工作单位、家族关系、个人交际圈等小环境。这些小环境因素决定着一个人具体活动的范围、内容等，从而也决定了个人职业生涯的具体际遇的好与坏，诸如职业选择得是否合理，该职业是否有发展前途，自己所在的工作单位是不是有利于自身的发展等。

（四）职业生涯规划的发展理论

职业生涯贯穿于人的一生，在不同的发展阶段，每个人都有着不同的职业需求和人生追求。职业发展阶段理论主要起源于 20 世纪 50 年代哈维赫斯特的发展阶段理论和金斯伯格等人的职业发展理论。随着实践的发展，职业发展阶段理论日趋成熟。对于职业生涯发展阶段的划分，国内外学者各持己见，比较有代表性的是舒伯的生涯发展理论和施恩的职业周期理论。

1. 舒伯的生涯发展理论

生涯发展理论是生涯规划理论中最具整合色彩的理论。生涯发展理论最具有代表性的研究者唐纳德·E. 舒伯（Donald E. Super）将差异心理学、发展心理学、职业社会学及人格发展理论集为一体，通过长期的研究，系统地提出了有关职业生涯发展的观点。1953年，他根据自己"生涯发展形态研究"的结果，将人生职业生涯发展划分为成长、探索、建立、维持和衰退五个阶段。

（1）成长阶段：从出生至 14 岁，成长阶段的孩童开始发展自我概念，开始以各种不同的方式来表达自己的需要，且经过对现实世界不断的尝试，修饰自己的角色。成长阶段发展的任务是发展自我形象、发展对工作世界的正确态度，并了解工作的意义。成长阶段共包括三个时期：一是幻想期（4~10 岁），它以"需要"为主要考虑因素，在这个时期幻想中的角色扮演很重要；二是兴趣期（11~12 岁），它以"喜好"为主要考虑因素，喜好是个体抱负与活动的主要决定因素；三是能力期（13~14 岁），它以"能力"为主要考虑因素，能力逐渐具有重要的作用。

（2）探索阶段：从 15~24 岁，探索阶段的青少年通过学校的活动、社团休闲活动、打零工等机会，对自我能力及角色、职业作了一番探索，因此，选择职业时有较大弹性。探索阶段发展的任务是使职业偏好逐渐具体化、特定化，并实现职业偏好。探索阶段共包括三个时期：一是试探期（15~17 岁），考虑需要、兴趣、能力及机会，作暂时的决定，并在幻想、讨论、课业及工作中加以尝试；二是过渡期（18~21 岁），进入就业市场或进行专业训练，更重视现实，并力图实现自我，将一般性的选择转变为特定的选择；三是试验并稍作承诺期（22~24 岁），生涯初步确定并试验其成为长期职业生活的可能性，若不适合则可能再经历上述各时期以确定方向。

（3）建立阶段：从 25~44 岁，由于经过探索阶段的尝试，不合适者会谋求变迁或作其他探索，因此，建立阶段较能确定在整个事业生涯中属于自己的"位子"，并在 31~40 岁开始考虑如何保住这个"位子"，并固定下来。探索阶段发展的任务是统整、稳固并求上进。建立阶段包括两个时期：一是试验—承诺稳定期（25~30 岁），个体寻求安定，也可能因生活或工作上若干变动而尚未感到满意；二是建立期（31~44 岁），个体致力于工作上的稳固，大部分人处于最具创意时期，由于资深往往业绩优良。

（4）维持阶段：从 45~65 岁，个体仍希望继续维持属于他的工作"位子"，同时会面对新的人员的挑战。维持阶段发展的任务是维持既有成就与地位。

（5）衰退阶段：65 岁以上，由于生理及心理机能日渐衰退，个体不得不面对现实，从积极参与到隐退。衰退阶段往往注重发展新的角色，寻求不同方式以替代和满足需求。

在上述舒伯的生涯发展阶段中，每个阶段都有一些特定的发展任务需要完成，每个阶段都需要达到一定的发展水准或成就水准，而且前一阶段发展任务的达成与否关系到后一阶段的发展。在以后的研究岁月中，舒伯对发展任务的看法又向前跨了一步。他认为在人的生涯发展中，各个阶段同样要面对成长、探索、建立、维持和衰退的问题，因而，形成"成长—探索—建立—维持—衰退"的循环。

例如，一个大学一年级的新生，必须适应新的角色与学习环境，经过"成长"和"探索"，一旦"建立"了较固定的适应模式，同时，"维持"了大学学习生活之后，又要开始面对另一个阶段——准备求职。原有的已经适应了的习惯会逐渐衰退，继而对新阶段的任务又要经历"成长""探索""建立""维持"与"衰退"的过程，如此周而复始。

1976—1979 年，舒伯在英国进行了为期四年的跨文化研究，之后他提出了一个更为广阔的新观念——生活广度、生活空间的生涯发展观（Life-span, Life-space career development）。除原有的发展阶段理论外，较为特殊的是舒伯加入了角色理论，并将生涯发展阶段与角色彼此之间交互影响的状况描绘出一个多重角色生涯发展的综合图形。这个生活广度、生活空间的生涯发展图形，舒伯将它命名为"一生生涯的彩虹图"（Life-career rainbow）（图 1-1）。

（1）生涯长度。生涯彩虹图第一个层面代表的是横跨一生的生活广度，又称为"大周期"。彩虹的外围显示人生主要的发展阶段和大致估算的年龄，分别是成长阶段（相当于儿童期）、探索阶段（约相当于青春期）、建立阶段（约相当于成人前期）、维持阶段（约相当于中年期）、衰退阶段（约相当于老年期），每个阶段都有其特定的生涯任务。从成长、探索、建立、维持到衰退，这一连串纵贯式的生命全期发展标记着一个人生涯成熟的程度。生涯成熟是指一个人在不同的生涯发展阶段，对生涯发展任务的准备程度。前一个阶段的生涯成熟度对下一个阶段的发展会产生直接影响，所以，生涯长度可以总结为"当下的一切都是在为下一个阶段做准备"。

大学阶段属于探索阶段，大学生要从学校学习、休闲活动及实践工作中进行自我考察、角色定位，并进行职业探索，完成择业及初步就业，为下一个阶段（建立阶段）打好基础，且做好准备。

（2）生涯广度。生涯彩虹图的第二个层面代表的是纵贯上下的生活空间，由一组职位和角色组成。无论一个人是否愿意，人的一生必须在不同的舞台上扮演不同的角色。舒伯认为，人的一生至少扮演九种主要的角色，不同角色的交互影响可塑造出个人独特的生涯模式。一个角色的成功可能带动其他角色的成功；反之亦然。但是舒伯进一步指出，为了某一个角色的成功付出太大的代价，也有可能导致其他角色的失败。因此，要平衡好自己的各个角色。生涯广度可以总结为"角色平衡是一种生涯成熟的表现"。

从生涯广度的角度来说，从高中到大学意味着角色的增加：学生、子女、朋友、学生干部、实习生、情侣……如何扮演好每个生涯角色是新生适应大学生活的一项重要课题。

（3）生涯宽度。生涯彩虹图中的每个弧形代表了人生中的某个角色，弧形中的阴影部分越多，就表示在对应时期投入的精力越多，这个角色也就越重要，因此，每个阶段都有凸显的角色组合出现。在成长阶段，凸显的角色是子女；在探索阶段凸显的角色是学生；在建立阶段凸显的角色是持家者和工作者；在维持阶段凸显的角色是工作者。如图 1-1 所示，主人公在 45 岁左右工作者的角色中断，学生的角色分量增加，公民、持家者的角色都有不同程度的增加，说明在这个阶段他暂时中断了工作，进行充电，为家庭服务等。角色凸显的组合可以使人们看出一个人在生涯发展过程中，工作、家事、休闲、学习研究与社会活动对个人的重要程度，以及各种角色在不同发展阶段所具有的特殊意义。

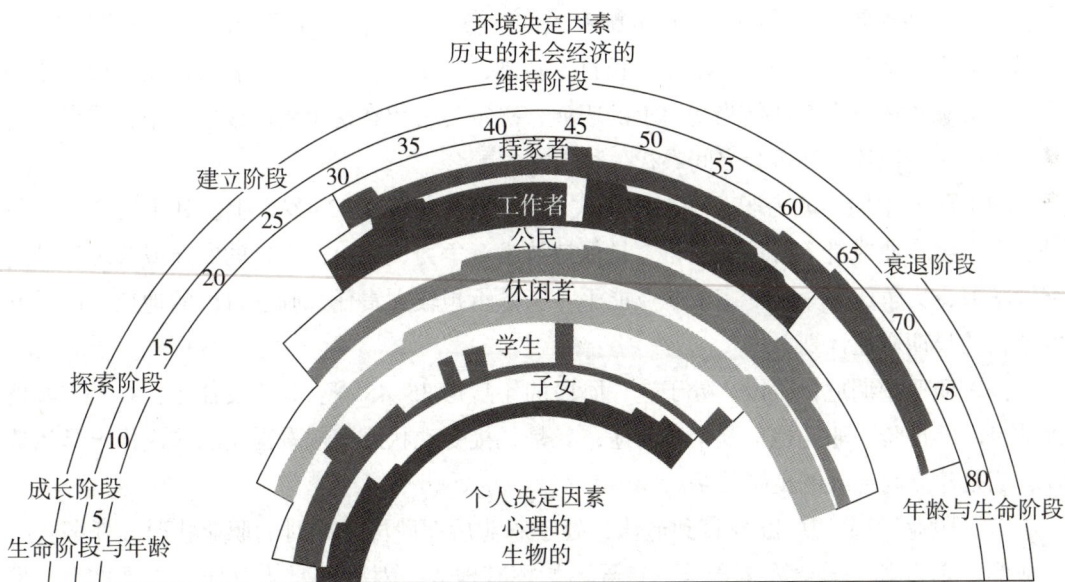

图 1-1 一生生涯的彩虹图

从生涯宽度的角度来说，新生适应大学生活就是要清楚大学阶段各个角色赋予的任务，明确这些任务对自身的重要程度，做好时间任务管理，充分利用大学时光，学习本领，锻炼能力。

2. 施恩的职业周期理论

美国的埃德加·H. 施恩（Edgar H. Schein）教授立足于人生不同年龄段面临的问题和职业工作的主要任务，提出了职业周期理论。职业周期理论将职业生涯分为以下九个阶段：

（1）成长、幻想、探索阶段。一般0~21岁处于这一职业发展阶段。其主要任务：一是发现和发展自己的需要和兴趣、能力和才干，为进行实际的职业选择打好基础。二是学习职业方面的知识，寻找现实的角色模式，获取丰富信息，发现和发展自己的价值观、动机和抱负，作出合理的受教育决策，将幼年的职业幻想变为可操作的现实。三是接受教育和培训，开发工作世界中所需要的基本习惯和技能。在这一阶段所充当的角色是学生、职业工作的候选人、申请者。

（2）进入工作世界。16~25岁步入该阶段。首先，查看劳动力市场，谋求可能成为一种职业基础的第一项工作；其次，个人和雇主之间达成正式可行的契约，个人成为一个组织或一种职业的成员。在这一阶段所充当的角色是应聘者、新学员。

（3）基础培训。16~25岁处于该阶段。与上一正在查看职业工作或组织阶段不同，该阶段要充当实习生、新手的角色。也就是说，已经迈进职业或组织的大门。此时的主要任务：一是了解、熟悉组织，接受组织文化，融入工作群体，尽快取得组织成员资格，成为一名有效的成员；二是适应日常的操作程序，应付工作。

（4）取得早期职业的正式成员资格。17~30岁进入此阶段。面临的主要任务：一是承担责任，成功地履行与第一次工作分配有关的任务；二是发展和展示自己的技能和专长，为提升或查看其他领域的横向职业成长打下基础；三是根据自身才干和价值观，根据组织中的机会和约束，重新评估当初追求的职业，决定是否留在这个组织或职业中，或者在自己的需要、组织约束和机会之间寻找一种更好的配合。

（5）职业中期。成为职业中期的正式成员，年龄一般在25岁以上。其主要任务：一是选定一项专业或进入管理部门；二是保持技术竞争力，在自己选择的专业或管理领域内继续学习，力争成为一名专家或职业能手；三是承担较大责任，确立自己的地位；四是开发个人的长期职业计划。

（6）职业中期危机阶段。处于这一阶段的年龄是35~45岁。其主要任务：一是现实地评估自己的进步、职业抱负及个人前途；二是就接受现状或争取看得见的前途作出具体选择；三是建立与他人的良好关系。

（7）职业后期。从40岁直到退休，处于职业后期阶段。此时的职业状况或任务：一是成为一名良师，学会发挥影响，指导、指挥其他人，对他人承担责任；二是扩大、发展、深化技能，或者提高才干，以担负更大范围、更重大的责任；三是如果求安稳，就此停滞，则要接受和正视自己影响力与挑战能力的下降。

（8）衰退和离职阶段。一般在40岁之后到退休期间，不同的人在不同的年龄会衰退或离职。此阶段的主要职业任务：一是学会接受权力、责任、地位的下降；二是基于竞争力和进取心下降，要学会接受和发展新的角色；三是评估自己的职业生涯，准备退休。

（9）离开组织或退休。在失去工作或组织角色之后，面临两大问题或任务：一是保持一种认同感，适应角色、生活方式和生活标准的急剧变化；二是保持一种自我价值观，运用自己积累的经验和智慧，以各种资源角色对他人进行传、帮、带。

需要指出的是，施恩虽然基本依照年龄增大顺序划分职业发展阶段，但并未囿于此，其阶段划分更多的是根据职业状态、任务、职业行为的重要性来进行的。正因施恩教授划分职业周期阶段依据的是职业状态、职业行为和发展过程的重要性，又因为每人经历某一职业阶段的年龄有别，所以他只给出了大致的年龄跨度，某些职业阶段在年龄上有所交叉。

3. 明尼苏达工作适应论

明尼苏达工作适应论属于特质论的范畴，是在明尼苏达大学进行探究的项目，旨在帮助残障人士尽快适应工作环境的研究，由罗奎斯特与戴维斯（Lofuist&Dawis）于1964年提出。戴维斯等人认为，每个人都会努力寻求个人与环境之间的一致，而工作适应就是指个人为了维持一致所做的努力，以在同一职位上的工作持久程度作为衡量指标，当工作环境满足个人的内在需求，而个人也能满足工作的技能要求，个人与环境的一致性就较高。但由于个人与环境都是动态发展的，相互之间会产生影响，人与环境的一致性也是一个动态的互动过程。即随着时间的推移，个人的需求会改变，工作的要求也会有所调整，如果个人能够努力创造并维持人与环境之间的协调关系，则个人在工作领域也就能持久发展。

明尼苏达工作适应论认为，通过自身努力择业虽然重要，但就业后的工作适应问题却更加需要关注。在工作环境和个人需求之间存在着互动关系，这种互动关系表现在个人需求和工作要求会随着外在因素的改变而有所调整（图1-2）。例如，如果个人长期致力于与工作环境保持一致性关系，那么工作满意度会随之提高，在此工作领域也能生存得更加长久。

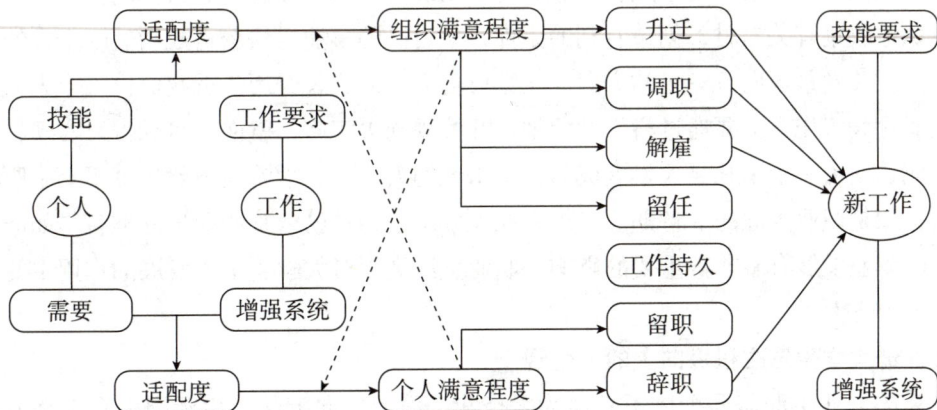

图 1-2　明尼苏达工作适应论

任务三　探究大学与职业生涯规划

一、大学与职业生涯规划的关系

（1）大学阶段是一个人的人生观、价值观、世界观形成的重要时期，也是做好职业准备的重要时期。尽早做好职业生涯规划，重要性和必要性不言而喻。面对严峻的就业压力，作为大学生活规划重要组成部分的职业生涯规划也显得越来越重要。

（2）大学阶段是一个人全面提升自我、完善自我的重要时期，对这一时期把握得好坏将直接影响到大学生未来的发展甚至一生的命运。"凡事预则立，不预则废"，如果从刚踏进大学校门的那刻起就开始规划你的生活，那么就可以掌握很大的主动权。大学期间进行职业生涯规划，可以帮助大学生尽早科学地确定职业发展目标，能有效鞭策大学生努力学习、发挥潜能、完善自我。

（3）大学开展职业生涯教育，对国家人力资源建设具有重要的作用。大学教育是国家人力资源培养体系中的重要组成部分，担负着为国家和社会培养大批合格人才的重任。从目前来看，大学开展职业生涯教育，能够有效缓解大学生的就业压力，帮助毕业生顺利就业，促进高校人才培养目标的实现。

二、职业生涯规划对大学生的重要意义

人生在世，要干成一番事业，只有树立了明确的目标，才能向着目标的方向努力，才能有意识地收集有关素材，创造有利的条件，使自己的事业尽快获得成功。一个人的过去并不重要，关键是迈向下一步的方向。无数成功人士的成长经历告诉我们：一个人无论从事什么职业和工作，只要通过科学的规划，并按规划去实施，就能使目标得以实现，使事业获得成功，由一个平凡之人发展成为一个出色的人才。大学阶段虽然还算不上是职业生涯阶段，却是职业生涯的准备期。一个人在大学阶段为自己未来职业生涯准备得如何，对其未来的职业发展有着非常重要的影响。职业生涯规划对大学生个人发展的作用主要表现在以下几个方面。

1. 促进大学生形成积极向上的人生观

成功的职业生涯需要个体不断地为之奋斗，而积极向上的人生观则为个人努力实现职业发展目标提供了原动力。况且，一个人的职业发展是一个长期的过程，在发展的道路

上，不可能一帆风顺，前进中的挫折和暂时的失败是难免的，缺乏积极向上人生观的人，意志容易消沉，丧失重新站起来的力量。同时，积极向上的人生观也会使个体从一时的成功中解脱出来，不断超越自我，去实现更大的成功。

很多大学生在高中时把考上大学作为人生的奋斗目标，一旦考上大学则感到非常迷茫，面对新的环境、新的同学、新的学习生活，显得不知所措。这是因为他们不知道自己的人生目标是什么，不知道自己的人生价值是什么，不知道应该以什么样的人生态度面对大学生活。运用职业生涯规划的方法和技术，能够帮助大学生全面认识自我，了解社会，找出自己在知识、能力等方面与社会要求的差距，进而帮助大学生明确人生目标，形成高品质的人生价值追求，并以积极进取的人生态度面对生活。因此，大学生应以职业生涯规划为切入点，促进自己形成积极向上的人生观。

2. 提高大学生职业生涯规划意识

以职业生涯规划为契机，对个人的专业特长、兴趣爱好、性格特征、待人接物的能力、擅长的技能做充分而全面的分析，可以帮助大学生对自己进行正确评估，迅速、准确地为自己定位，明白自己更适合什么样的工作、自己将来有可能在哪些方向获得成功，逐渐理清生涯发展方向，形成较明确的职业意向，并增强自己的职业生涯自主意识和责任，为今后的事业发展做全面、长远的打算。

3. 促使大学生做好大学期间的发展规划

大学生涯是人生发展中非常重要的阶段。大学阶段的学习、生活、社会工作情况直接或间接地决定了大学毕业生未来的职业发展方向与高度。人生需要规划，大学阶段同样也需要规划。大学生涯规划是大学生为自己的成才和发展所订立的契约，是自己对美好未来的承诺。大学生为实现自己规划的目标，就要制订大学阶段的学习和能力培养计划，并根据自己的爱好、实际能力和社会需求制订正确的大学生涯发展目标与有效的实施步骤。有了目标，就会如饥似渴地追求知识、充实自己、完善自己，整个大学阶段的学习和生活就会由被动变为主动。例如，假如想毕业后去政府机关当公务员，那么在大学期间就要主动地加强自身的政策理论水平的修养，加强个人口语表达能力、文字处理能力、组织协调能力的训练；假如毕业后想开办公司，那就应培养自主创业、勇于开拓的创业精神，踏实的工作作风及吃苦耐劳的意志。在努力达到目标的时候，就会集中精力、心无旁骛地投入其中，建立一种自我激励机制，即使遇到一些困难和挫折，也会全力以赴地去克服，不达目的不罢休，真正从内在来激励自己的成才欲望和成才行为。

4. 增强大学生就业的核心竞争力

影响大学生求职就业的既有学校、社会需求因素，也有学生自身因素。其中，决定大学生能否找到适合自身发展工作的因素还是大学生自身的核心竞争力。核心竞争力强的同学不是"人求职"而会变成"职求人"。在现实中，同样的学校、同样的专业、同样的班级，有的同学能很快找到一份满意的工作，而有的同学却迟迟未能找到"东家"。究其原因，就是有的同学进入大学后，迅速适应了大学生活并重新树立了学习目标，在目标的指引下，对大学进行合理的规划，积极、主动地去提高自身综合素质。大学的外在资源对每个同学都是相同的，能否将大学优质的学习资源转变为自身就业和职业发展的核心竞争力，还是取决于大学生自身。做好自身的职业发展规划，将促使大学生在大学期间主动、自觉地学习，增强自己的核心竞争力。

5. 帮助大学生理性选择职业发展道路

由日常的经验可知，很多大学生在面临职业选择时，往往存在两种倾向：一是升学惯性，选择继续深造的目的并不明确；二是在找工作时盲目攀比，受他人价值观影响严重。而如果对自身进行职业生涯规划，将使自己的职业选择更加理性，因为职业生涯规划能够帮助学生澄清自身需要，懂得和掌握职业生涯开发与管理的知识和技能，从而在遵循自身个性特点、能力优势的基础上结合社会需要，真正选择一条适合自身发展的职业道路。只有选择了适合自己的职业发展路径，才有可能将个人的能力优势充分发挥出来，对社会的贡献才会更大。

6. 夯实未来事业成功的基础

"不经历风雨怎么见彩虹，没有人能够随随便便成功。"成功需要积累，需要抓住机遇，而机遇往往只会给有准备的人。命运的改变不是一朝一夕完成的，事业的成功也相同。如果你经常设想5年以后、10年以后要做什么，想象你的未来是什么样子，然后设定一个职业发展目标，在这5年或10年里紧紧地围绕这个目标去做你应该做的事情，那么你的未来一定不是梦。

> **实践训练**

畅想20年——新闻发布会

1. 活动目标

通过畅想20年后的你，初步思考你的职业生涯，了解职业生涯的内涵。

2. 规则与程序

（1）你对20年之后的自己有憧憬吗？是否仔细想过20年后的你是怎样的？大家来畅想20年以后的自己吧。

（2）4~6人一组，选择一个共同关心的主题，想想20年后的自己，处于人生的什么位置？你是怎样达到这个程度的？假如你畅想的是20年后成为某集团的人力资源总监，需要具备什么素质，什么能力？小组成员共同收集信息，保证畅想内容的合理性。

（3）同一小组的同学不但要收集你所畅想的内容信息，还要集思广益，设想记者团可能会提出的问题，以便做好准备，接受记者团的提问。

（4）每个小组成员针对其他各组的主题设想出3~5个问题，并选出3个问题作为对其他组发言的提问。

（5）每个小组中，选出1名同学作为新闻发言人，2名同学作为记者，新闻发言人根据本小组的畅想情况进行发言，记者负责收集小组成员对其他小组发言提出的问题。

新闻发言人的职责：用 5 分钟来讲述你"20 年的畅想"的内容，然后用 5 分钟的时间接受记者的采访，回答记者的提问。

记者的职责：根据新闻发言人的主题提问，可以由你们小组成员共同提出，也可以根据新闻发言人的内容现场提出你认为重要的问题。

3. 讨论

（1）在畅想活动中，你看到的 20 年后的景象是什么？

（2）你的理想与现实之间主要的差距有哪些？

（3）怎样才能实现你的理想？

4. 总结

通过对自己的理想职业生涯状态的畅想，能了解自己期待的职业生涯愿景，初步觉察自己的职业生涯状态，树立职业生涯规划的意识。

项目二
我喜欢做什么——兴趣与职业

学习目标

知识目标：

1. 了解兴趣、职业兴趣的概念；掌握职业兴趣的影响因素。
2. 掌握霍兰德兴趣理论。
3. 掌握兴趣与职业生涯发展的关系。

能力目标：

能够通过对自我兴趣的分析，认知适合自己的职业。

素质目标：

了解自己的兴趣，并结合自身的兴趣，分析自己可能选择的各种职业方向及发展前景，基于此目标进一步培养、发展自己的兴趣爱好。

案例引导

用霍兰德职业兴趣理论解释自己的兴趣类型案例

有人说："兴趣是最好的老师"，也有人说："如果人能从事自己感兴趣的工作，那么人生就是天堂"。了解了一个人的兴趣能够帮助人们找到合适的职业发展领域。表 2-1 是我的职业兴趣倾向。

表 2-1　霍兰德代码及适合的典型职业

类型	喜欢的活动	重视	典型职业要求
常规型（C）	喜欢固定的、有序的工作，希望确切地知道工作的要求和标准，愿意在一个大的机构里处于从属地位，对文字、数据和事物进行细致有序的处理以达到特定的标准	准确，有条理，节俭，盈利	文字编辑、会计师、银行家、簿记员、办事员、税务员和计算机操作员
社会型（S）	喜欢与人合作，热情关心他人的幸福，愿意帮助他人成长或解决困难，为他人提供服务	服务社会与他人，公平，公正，理解，平等，理想	教师、社会工作者、牧师、心理咨询师、护士

续表

类型	喜欢的活动	重视	典型职业要求
研究型（I）	喜欢探索和理解事物，喜欢学习研究那些需要分析、思考的抽象问题，喜欢阅读和讨论有关科学性的问题，喜欢独立工作，对未知问题的挑战充满兴趣	知识，学习，成就，独立	实验室工作人员、生物学家、化学家、心理学家、工程设计师、大学教授

生活再现：

常规型：自大一下半学期开始至大二下半学期，我一直担任校学生会主席助理。在任职期间，认真安排好教师和主席安排的事宜，很好地起到了部门和主席、老师之间的桥梁作用。在担任班长期间，也很好地处理班级的各种事物，凝聚了班级的力量。自大二上半学期开始，担任杭州某司仪公司司仪的助理，协助其处理婚礼当天的工作，使每场婚礼得到圆满完成。

社会型：在学校加入外联部，参加学校志愿者活动，积极拓展自己的社交范围。校外参加义工联盟，积极地帮助需要帮助的人。与理工大学、杭州职业技术学院两位同学一起策划组织了赴杭州聋人学校义演，获得了成功并得到了杭州电视台四套的报道。积极参加各类实践活动，享受与他人合作的愉快与充实。

研究型：清明节朋友来杭州游玩，到杭州后朋友问我的第一个问题是杭州市的支柱产业是什么？我没有回答上来，回到宿舍后我将此问题进行了认真的查询，并于第二天回复了他。在大学期间，我参与了新苗人才计划、挑战杯、暑期社会实践，每项比赛我都会认真地研究，仔细地钻研。每次比赛我都会为全队提出建设性的意见，对于问卷的设计、调研报告的写作，我都做出了比较大的贡献。

任务一　认识兴趣与职业兴趣

一、认识兴趣

兴趣有直接和间接之分。所谓直接兴趣，是指对认识事物或从事活动本身有兴趣；所谓间接兴趣，是指对事物或活动本身虽没有兴趣，但对认识事物或从事活动的结果有兴趣。例如，对做生意的兴趣，有人是指向做生意本身，对工作过程中需要与各色人物交往、周旋有兴趣，对需要面临新的挑战感兴趣；而有的人则指向做生意的结果，即对生意成功后带来的利润、报酬等物质刺激感兴趣。在工作过程中，两种兴趣都是必要的。如果缺乏直接兴趣，会使工作成为一种沉重的负担；如果没有间接兴趣，又会丧失工作的目标和恒心。

兴趣还可分为具体兴趣和深层结构兴趣。

1. 具体兴趣

具体兴趣是可以观察得到的，如有的人喜欢花草树木，有的人喜欢宇宙天空；有的人对研究自然科学感兴趣，有的人对研究社会科学感兴趣；有的人兴趣倾向于情感世界，活跃于人际关系领域，有的人则倾向于理性世界，在数学、公式领域内自由翱翔；有的人对智力操作感兴趣，对读书、写作、演算、设计乐此不疲，有的人则对技能操作感兴趣，对修理汽车等工作津津有味。

一般来说，人们谈及的都是具体兴趣，一种具体兴趣对应一种或几种职业。例如，加拿大《职业分类辞典》中就对各种职业兴趣类型的特点与相应的职业进行了以下介绍：

（1）愿与事物打交道，喜欢接触工具、器具或数字，而不喜欢与人打交道。相应的职业如修理工、裁缝、木匠、建筑工人、出纳员、记账员、会计、勘测、工程技术、机器制造人员等。

（2）愿与人打交道。这类人喜欢与人交往，愿与人接触，对销售、采访、传递信息一类的活动感兴趣。相应的职业如记者、推销员、营业员、服务员、教师、行政管理人员、外交联络人员等。

（3）愿与文字符号打交道，喜欢常规的、有规律的活动。习惯于在预先安排好的程序下工作，愿意从事有规律的工作。相应的职业如邮件分类员、办公室职员、图书馆管理员、档案整理员、打字员、统计员等。

（4）愿与大自然打交道，喜欢地理、地质类的活动。相应的职业如地质勘探人员、钻井工、矿工等。

（5）愿从事农业、生物、化学类工作，喜欢种养、化工方面的试验性活动。相应的职业如农业技术员、饲养员、水文员、化验员、制药工、菜农等。

（6）愿从事社会福利类的工作，喜欢帮助他人解决困难。这类人乐于帮助他人，他们试图改善他人的状况，帮助他人排忧解难，喜欢从事社会福利和助人工作。相应的职业如律师、咨询人员、科技推广人员、医生、护士等。

（7）愿做组织和管理工作，喜欢掌管一些事情，以发挥重要作用，希望受到众人尊敬并获得声望。相应的职业是各级各类组织领导管理者，如行政人员、企业管理干部、学校领导和辅导员等。

（8）愿研究人的行为和心理，喜欢谈论涉及人的主题，对人的行为举止和心理状态感兴趣。相应的职业大都是研究人、管理人的工作，如心理学、政治学、人类学、人事管理、思想政治教育等研究工作及社会科学工作者、作家等。

（9）愿从事科学技术事业，喜欢通过逻辑推理、理论分析、独立思考或试验发现、解决问题，对分析的、推理的、测试的活动感兴趣，擅长理论分析，喜欢独立地解决问题，也喜欢通过实验有新的发现。相应的职业如生物、化学、工程学、力学、自然科学工作者及工程技术人员等。

（10）愿从事有想象力和创造力的工作。喜欢创造新的式样和概念，喜欢独立的工作，对自己的学识和才能颇为自信。乐于解决抽象的问题，而且急于了解周围的世界。相应的职业大都是科学研究工作和实验室工作，如社会调查、经济分析、各类科学研究工作、化验、新产品开发，以及演员、画家、作家或设计人员等。

（11）愿做操作机器的技术工作。喜欢通过一定的技术来进行活动，对运用一定技术操作各种机械制造新产品或完成任务感兴趣，喜欢使用工具，喜欢具体的东西。相应的职业如飞行员、驾驶员、机械制造人员等。

（12）愿从事具体的工作，喜欢制作看得见、摸得着的产品并从中得到乐趣，希望能很快看到自己的劳动成果，并从完成的产品中得到满足。相应的职业如室内装饰、园林、美容、理发、手工制作、机械维修等相关人员及厨师等。

根据这种分类，一种兴趣类型可以对应许多种职业，同时，绝大多数的职业也都与几种兴趣类型的特点相近，而每个人往往又都同时具有其中几种类型的特点。

2. 深层结构兴趣

深层结构兴趣与上述说法不同，是指排除社会时尚职业、家人、朋友、功利等的影响之后，你对世界的兴趣点——你的兴趣点是人、事还是宇宙等，是善于创新还是善于总结归纳，是善于提出问题还是善于解决问题等。你可能不能明确表述，甚至不能直接感知，但它确定无疑存在着。否则为什么达尔文的兴趣和爱迪生的兴趣会有那么大的不同呢？深层结构兴趣"不甘寂寞"，像地热煮沸的地下水竭力要找到出口冒出地表一样，会通过几种不同的途径表现出来，成为人们可以观察到的具体兴趣。但是，并非所有深层结构兴趣都能表现为具体兴趣，只有当人生经验引发深层结构兴趣时，具体兴趣才会形成。例如，一个人的深层结构兴趣是量化分析，但如果他不进入投资领域，那么这种特质就不一定会发展为像分析科技类股票这样的具体兴趣。由于有这个不确定因素的存在，每个人因此发展出来的具体兴趣可能是在工作上，也可能是在业余嗜好方面。

一个人能够在某种职业道路上发展，但是，假如这不是建立在个人特有的深层结构兴趣模式的基础上，他的工作热忱就很难持久，更不可能将该职业作为他终身的志向和追求。物理学家爱因斯坦有可能改行当数学家和化学家，但是绝不可能成为将军；微软公司创办人比尔·盖茨有可能从事贸易或开设移动电话通信服务公司，但要他当餐厅经理是不可能的——这些全都由深层结构兴趣所决定。

每个人都有自己的深层结构兴趣模式，而且在成年阶段初期，这个兴趣模式的雏形就已经形成，只是还没有找到能将其完全实现的具

知识拓展：兴趣的平衡

体工作模式。对人们来说，找到一份合适的工作，其实就是找到了自我深层结构兴趣得以实现的途径。

二、职业兴趣

（一）职业兴趣的定义

职业兴趣是指人们对某种职业活动具有的比较稳定而持久的心理倾向。它是一个人探究某种职业或从事某种职业活动所表现出来的特殊个性倾向，它使个人对某种职业给予优先的注意，并具有向往的情感。由于兴趣爱好不同，人的职业兴趣也有很大的差异。有人喜欢具体工作，如室内装饰、园林、美容、机械维修等；有人喜欢抽象和创造性的工作，如经济分析、新产品开发、社会调查和科学研究等。职业兴趣对职业选择和职业发展都有一定的影响。

兴趣的发展一般经历有趣、乐趣、志趣三个阶段。对于职业活动，往往从有趣的选择，逐渐产生工作乐趣，进而与奋斗目标和工作志向相结合，发展成为志趣，表现出方向性和意志性的特点，使人坚定地追求某种职业，并为之尽心尽力。

（1）有趣是兴趣过程的第一个阶段，也是兴趣发展的低级阶段，它往往短暂易逝，非常不稳定。处于这一阶段的兴趣常常与你对某一事物的新奇感相联系，随着这种新奇感的消失，兴趣也会自然地逝去。

（2）乐趣是兴趣过程的第二个阶段，它是在有趣定向发展的基础上形成的，是兴趣发展的中级阶段。在这一阶段中，人的兴趣变得专一、深入起来，如喜爱文学的人很可能会成天沉溺于文学作品中。

（3）志趣是兴趣发展过程的第三个阶段，当乐趣与你的理想、奋斗目标结合起来时，乐趣便变成了志趣。志趣是取得成就的根本动力，是成功的重要保证。

（二）职业兴趣的影响因素

职业兴趣是以一定的素质为前提，在生涯实践过程中逐渐发生和发展起来的。它的形成与个人的个性、自身能力、实践活动、客观环境和所处的历史条件有着密切的关系，因此，职业规划对兴趣的探讨不能孤立进行，应当结合个人的、家庭的、社会的因素来考虑。了解这些因素，有利于深入认识自己，进行职业规划。

1. 个人需要和个性

无论个人的兴趣是什么，都是以需要为前提和基础的，人们需要什么也就会对什么产生兴趣。由于人们的需要包括生理需要和社会需要或物质需要和精神需要，因此人的兴趣也同样表现在这两个方面。一般来说，人的生理需要或物质需要是暂时的，容易满足。例如，人对某一种食物、衣服感兴趣，吃饱了、穿上了也就满足了。而人的社会需要或精神需要却是持久的、稳定的、不断增长的。例如，人际交往、对文学和艺术的兴趣、对社会生活的参与则是长期的、终生的，并且不断追求的。兴趣是在需要的基础上产生的，也是在需要的基础上发展的。

有的人兴趣和爱好的品位比较高，有的人兴趣和爱好的品位比较低，兴趣和爱好品位的高低会受一个人的个性特征优劣的影响。例如，一个个性品质高雅的人，会对公益活动感兴趣，乐于助人，对高雅的音乐、美术有兴趣；反之，一个个性低劣的人，会对占小便宜感兴趣，对低级、庸俗的文艺作品有兴趣。

2. 个人认识和情感

兴趣不足是与个人的认识和情感密切联系着的。如果一个人对某项事物没有认识，也就不会产生情感，因而也就不会对它产生兴趣。同样，如果一个人缺乏某种职业知识，或者根本不了解这种职业，那么他就不可能对这种职业感兴趣，在职业规划时想不到；相反，认识越深刻，情感越丰富，兴趣也就越浓厚。

例如，有的人认为集邮既有收藏价值，又有观赏价值，它既能丰富知识，又能陶冶情操，而且收藏得越多、越丰富，就越投入、情感越专注、越有兴趣，于是就会发展成为一种爱好，并有可能成为他的职业生涯。

3. 家庭环境

家庭作为最基本的社会单元，对每个人的心理发展都产生了重要的影响。因此，个人职业心理发展具有很强的社会化特征，家庭环境的熏陶对其职业兴趣的形成具有十分明显的导向作用。大多数人从幼年起就在家庭的环境中感受其父母的职业活动，虽然随着年龄的增长，会逐步形成自己对职业价值的认识，但是他们在选择职业时，仍不可避免地带有家庭教育的印迹。

家庭因素对职业取向的影响主要体现在择业趋同性与协商性等方面。

一般情况下，个人因为对家庭成员特别是长辈的职业比较熟悉，所以，在职业规划和职业选择上会受到一定的趋同性影响。同时，受家庭群体职业活动的影响，个人的生涯决策或多或少产生于家庭成员共同协商的基础上。兴趣有时也受遗传的影响，父母的兴趣也会对孩子产生直接的影响。

4. 受教育程度

个人自身接受教育的程度是影响其职业兴趣的重要因素。任何一种社会职业从客观上对从业人员都有知识与技能等方面的要求，而个人的知识与技能水平的高低在很大程度上取决于其受教育的程度。一般意义上，个人学历层次越高，接受职业培训范围越广，其职业取向领域就越宽。

5. 社会因素

一方面，社会舆论对个人职业兴趣的影响主要体现在政府政策导向、传统文化、社会时尚等方面。政府就业政策的宣传是主导的影响因素，传统的就业观念和就业模式也往往制约个人的职业选择，而社会时尚职业则始终是个人特别是青年人追求的目标。例如，当前计算机技术和旅游事业都得到较大发展，对这两种职业有兴趣的人也越来越多。另一方面，兴趣和爱好是受社会性制约的，不同的环境、不同的职业、不同的文化层次的人，兴趣和爱好都不同。

6. 职业需求

职业需求是一定时期内用人单位可提供的不同职业岗位对从业人员的总需求量，它是影响个人职业兴趣的客观因素。职业需求越多，类别越广，个人选择职业的余地就越大。职业需求对个人的职业兴趣具有一定的导向性。在一定条件下，它可强化个人的职业选择，或抑制个人不切实际的职业取向，也可引导个人产生新的职业取向。

7. 年龄的变化和时代的变化

年龄的变化和时代的变化也会对人的兴趣产生直接影响。就年龄方面来说，少儿时期人们往往对图画、歌舞感兴趣，青年时期人们对文学、艺术感兴趣，成年时期人们往往对某种职业、某种著作感兴趣。它反映了一个人兴趣的中心随着年龄的增长、知识的积累在转移。就时代来讲，不同的时代、不同的物质和文化条件也会对人兴趣的变化产生很大的影响。

以上因素对每个人的影响都不同，需要在职业规划中予以考虑。

◀))**案例小链接**

我对自己的专业不感兴趣

—— 一位职业指导师的咨询记录

寒假期间，一个大学一年级男生打来热线电话。

学生："老师，我能咨询一个关于学业的问题吗？"

我："可以，你说。"

学生："我是大一的学生，学机械设计专业。但是我对这个专业不感兴趣，学不进去，这学期还挂了两门课。我觉得特别对不起父母，感到很痛苦。马上就要开学了，我不知道接下来该怎么办。"

我一边用左肩膀托着电话，一边在记录本上飞速写下"大一，机械设计，挂两门"。我说："这段时间和你遇到同样问题的同学挺多的。我想问一下，你是从什么时候发现对自己的专业不感兴趣的？"

他想了想说："从开学我就不喜欢。"

我接着问："去年高考填报志愿的时候，又是怎么想的？"

他说："我当时不太懂这些，爸妈和家里亲戚商量着给我填的志愿。那个时候觉得，上学就是老师怎么教就怎么学，没有想过感不感兴趣。"

这又是一个父母"包办"的孩子。于是，我说："选择这个专业之前，你并不了解这个专业的课程设计以及它的学习要求，对吧？"

他说："是，我现在特别后悔。其实，当时可以去学校的网站看看。每个学校的网站上都有关于专业课程设置的详细介绍，如果当时看到了这些课程，我就不会选择这个专业了。"

听到这儿，我只能说真不愧是吃一堑长一智。这样的事情，如果发生在信息闭塞的时代，还有情可原，但发生在今天这样信息足够丰富的时代，实在说不过去。

我说："没有做好信息了解，让自己现在追悔莫及。但是，这些都过去了，你也意识到在做选择之前，全面了解信息的重要性，这也是一种收获，虽然代价似乎大了点。"

他叹了口气说："对，所以现在很痛苦。"信息了解得差不多了，我觉得该把话题往回收了。于是，话锋一转，问道："你现在手里有几张牌？"

他明显没有听明白，顿了一下，问道："老师，您说的几张牌是什么意思？"

我笑了笑说："既然已经沦落至此，面对现实，你可以选择的选项有哪些？"

他想了想说："我不知道，现在特别迷茫，所以才打电话问您的建议，看看您能不能给我指一条明路。"

听他这么说，我继续问："你有勇气退学重新参加高考吗？"

他说："我也想过回去重考，但不太现实：一是父母肯定不同意；二是我不敢保证明年就一定能考上喜欢的专业。"

"那我们先排除这一条，"我很坚定地说道，"第二个问题，你们学校可以申请转专业吗？"

他马上说："可以的。我也问过转专业的要求，但是，我几乎没有机会。因为学校规定，入学后如果申请转专业，不仅要求成绩在全班前十名，还要参加学校组织的数学和英语考试，成绩合格的才有资格。"

"那这一条我们也排除，对吧？"我的语气依旧很坚定。"是的。"他的声音里明显充满了无奈。大多数类似的个案都会是这样。为什么呢？第一，如果有勇气回去重考，早就走了，不会找人商量的。第二，如果有机会转专业，也不会来找咨询师帮忙。

"看来，摆在我们面前的只有一条路，就是必须接受现实，把这个专业读下来，并且完成自己的大学学业。"我一句一顿地说道。

"可是，想起还要在这里熬三年半，我就感到很痛苦，甚至都不敢想象。"他抱怨。

"那我们一起来探讨，接下来三年半的大学生活该如何度过，好吗？"我问。

"嗯嗯。"他连忙应声道。

到这里，才算把问题真正澄清。咨询正式开始。我开始一贯的抽丝剥茧。

我："第一，你高中的时候，学习成绩怎么样？"

学生："成绩还不错，在班里能排前十名。"

我："那可以先肯定一件事，你的学习能力没有问题，对吧？"

学生："对。"

我在纸上记下：学习能力 OK。

我："从高一到高三，大概学过多少门课？"

学生："我数数，语文、数学、英语、物理、化学、生物、历史、地理、政治，这九门吧。"

我："这九门课，你都通过会考了，是吧？"

学生："是的，没有会考成绩，是不能参加高考的。"

我："这九门课，你门门都很感兴趣吗？"

学生："没有。那个时候，无所谓兴趣不兴趣；而且也没得选择，必须硬着头皮学。"

我："那可不可以认为，对于一门课，无论是否感兴趣，只要硬着头皮去学，以你的能力，60 分是完全可以的，对吧？"

学生："这么看来，是的。"

我在纸上记下：考 60 分 OK。

我："上学期挂科的那两门，你是因为不感兴趣放弃努力了，还是已经像高中一样付出努力却依旧没有及格？"电话那边沉默了一下。

学生："其实，我没有努力。因为不感兴趣，所以不仅没有像高中那样努力，连基本的听课和作业都没有完成。"

我："嗯，如果你自己愿意努力的话，完成基本学业要求，考 60 分是没有问题的，对吗？"

学生："对，60 分对于我来说，并不难。"

我："对一门课感不感兴趣，差别不在从 0 分到 60 分，分数段和兴趣是没有关系的，只与你最基本的学习能力有关。而大学课程的设置，是以最基本的学习能力为起点的。也就是说，只要是自己考上大学的人，无论是否感兴趣，你的学习能力和课程设置都是匹配的，这一点你能理解吗？"

学生："能，确实是这样。只要稍微用点功，及格是很容易的。"

我："是否有兴趣的差别在哪儿呢？如果非要说有，可能就在 60~100 分。同样一门课，花费一样的时间和精力，不同兴趣程度的投入度和思考深度确实不一样。这是我们需要接纳的现实。"

学生："嗯，我能理解。"

我："所以，概括起来就是，尽管不感兴趣，但以你的学习能力，只要稍微用点功，完成基本学业，是不成问题的。这一条，可以确定吗？"

学生："可以。"

我："好。现在来看第二个问题，如果你门门都及格，也顺利毕业了，你将来打算从事与这个专业相关的工作吗？"

学生："不会不会，我看到这些就头疼。刚才我就在想，大学毕业之后，我是绝对不会再接触这些了。"

我："看来你明确知道自己不感兴趣的东西。你真正感兴趣的又是什么？这个问题对于我们来说，其实更重要。"

学生："这也是我上个学期做得最多的事情。我不去上自习做作业，自己在网上找各种相关的信息，然后去图书馆看一些书。我发现自己对人力资源管理类的内容挺感兴趣，不知道将来是否能够从事这方面的相关工作。"

我："这个做法很好，至少说明你在积极寻求新的突破。能跟我说说你看那些关于人力资源的书时的感受吗？"

学生："我觉得和我们的课程相比，阅读人力资源相关的书，简直是一种享受。我发现自己记得特别快，而且很投入，甚至我经常上网去相关的论坛看他们的专业分析，这让我觉得特别有意思。"

我："这就是兴趣的作用。兴趣指的是我们内心动力和快乐的来源。具体就是，无论我们能力高低，也无论他人如何评价，我们都会自发地、乐此不疲地去做那些事情。"

学生："对对，就是乐此不疲。"

我："这个过程往往被描述为一种忘我的状态，也就是最满足、内心最平静的愉悦状态。"

学生："是的，虽然兴奋，但是内心感受到的确实是一种宁静。"

这时候，明显可以感觉到电话那头是一种轻松的状态。

我又把话题做了转换。

我："不过，兴趣要变为工作，需要有两个因素：一个是与兴趣相匹配的能力。如我对跳舞感兴趣，但我一天舞蹈都没有学过，芭蕾舞剧团是不可能聘用我的。我只能偶尔去跟着大妈们跳广场舞，以此满足一下自己的兴趣，这叫业余爱好。"

学生："您太幽默了。不过，我一直没有考虑过兴趣和能力的关系，您这么解释，我就明白了。第二个因素呢？"

我："第二个就是社会需求。我们不仅要有兴趣、有匹配的能力，社会上还要有对它的需求。假如社会对此没有需求，也不能成为一个工作。例如，我对建金字塔很感兴趣，我的能力也足够，但是，现在我去哪儿找法老去？"

学生大笑："确实是这样。让您一说，就特别简单，但是很有道理。"

我："所以，有这么一个公式，高兴趣加高能力再加高社会需求等于理想工作。这三者缺一不可。"

学生："嗯，我能理解。"

看到铺垫得差不多了，而且他的情绪也调动起来了，我再次把话题带回来。

我："对于你今天的专业，其他人感兴趣，通过努力，可能会考90分；你不感兴趣，也通过努力，可能只考60分。这没有办法，只能接纳。虽然可以理解和接纳自己，但中间30分的差距，我们还是要找回来的，否则，将来哪里有竞争力呢？"

学生："我也有这样的担心。"

我："虽然未来充满了不确定性，也许我们的兴趣还会随着自己心态和努力程度的改善而发生变化，但现在看来，至少你可以在自己感兴趣的人力资源专业里把这30分找回来。是不是？"

学生："对呀，我怎么就没想到呢？我一直内疚，如果自己总考60分，怎么对得起父母？"

我："这也是没有办法的办法，至少不会像上个学期那样浪费自己的时间了。"

学生："您这么说，我觉得整个问题明朗多了。"

我："现在进入第三个问题，如果将来从机械设计专业毕业，想从事人力资源相关的工作，你的竞争者自然而然地变成了人力资源专业毕业的学生。到时候，你怎么能拼得过他们呢？"

学生："唉，看来，我只能在业余时间加倍地努力了。以前只是把感兴趣的专业当作一种爱好和放松，现在看来，真要跨专业就业，差距还是很大的。"

我："是的。雇主不会过多考虑你个人的兴趣，雇主更多考虑的是你的能力是否可以胜任组织交给你的工作。"

学生："那我争取辅修人力资源管理专业的第二学位，同时要抓紧一切时间，多看书，把基本功学扎实了。大三大四的时候，看看有没有机会接触相关专业的岗位。"

我："好，信息量已经很多了。我现在总结一下刚才的谈话。第一，基于现实的各种考虑，虽然不感兴趣，但是我们只能面对，坚定信念，完成学业。第二，感兴趣，不代表不需要努力。从我们个人的学习能力来看，考60分不成问题。第三，在完成基本学业之余，把自己感兴趣的专业学起来，变成将来可以跨专业就业的能力，毕业时完成华丽转身。就这些吧？"

学生："是是是。老师，您稍等，我把刚才这三点记下来。我觉得您总结得特别好。"

待他记好，我说："试想一下，三年之后，你不仅完成了自己的学业，拿到了大学毕业证，还靠自己额外的努力，拥有了人力资源相关专业的能力；并且在这个过程中，练就了强大的时间管理和自我管理能力。你的收获要比那些只学自己感兴趣专业的人还要多。"

学生："对！虽然辛苦，但是我不怕。明确了方向和任务，我觉得半年来堵在胸口的石头一下子都没有了，而且感觉自己的前途又有了希望。老师，谢谢您。"

【点评】专业很大程度上决定未来发展方向，如果大一的同学，一开始就不喜欢本专业或者认为自己的专业没有发展前途，那么一定要尽早规划，不要等到毕业的时候手足无措，不知道自己的下一步路怎么走。

任务二　霍兰德兴趣理论

约翰·霍兰德（John Holland）是美国约翰·霍普金斯大学的心理学教授，美国著名的职业指导专家。他于1959年提出了具有广泛社会影响的职业兴趣理论，认为人的人格类型、兴趣与职业密切相关，兴趣是人们活动的巨大动力，凡是具有职业兴趣的职业，都可以提高人们的积极性，促使人们积极地、愉快地从事该职业，且职业兴趣与人格之间存在很高的相关性。

一、六种职业兴趣类型

约翰·霍兰德认为，人格可分为现实型、探索型、艺术型、社会型、企业型和常规型六种类型，且提出了六种类型的人适宜从事的典型职业。

1. 现实型（R）

共同特点：愿意使用工具从事操作性工作，动手能力强，做事手脚灵活，动作协调。偏好于具体任务，不善言辞，做事保守，较为谦虚。缺乏社交能力，通常喜欢独立做事。

典型职业：喜欢使用工具、机器，需要基本操作技能的工作。对要求具备机械方面才能、体力或从事与物件、机器、工具、运动器材、植物、动物相关的职业有兴趣，并具备相应能力。如技术性职业（计算机硬件人员、摄影师、制图员、机械装配工）、技能性职业（木匠、厨师、技工、修理工、农民、一般劳动者）。

2. 探索型（I）

共同特点：思想家而非实干家，抽象思维能力强，求知欲强，肯动脑，善思考，不愿动手，喜欢独立的和富有创造性的工作。知识渊博，有学识才能，不善于领导他人。考虑问题理性，做事喜欢精确，喜欢逻辑分析和推理，不断探讨未知的领域。

典型职业：喜欢智力的、抽象的、分析的、独立的定向任务，要求具备智力或分析才能，并将其用于观察、估测、衡量、形成理论、最终解决问题的工作，并具备相应的能力，如科学研究人员、教师、工程师、计算机编程人员、医生、系统分析员。

3. 艺术型（A）

共同特点：有创造力，乐于创造新颖、与众不同的成果，渴望表现自己的个性，实现自身的价值。做事理想化，追求完美，不重实际。具有一定的艺术才能和个性。善于表达、怀旧、心态较为复杂。

典型职业：喜欢的工作要求具备艺术修养、创造力、表达能力和直觉，并将其用于语言、行为、声音、颜色和形式的审美、思索与感受，具备相应的能力。不善于事务性工作。如艺术方面（演员、导演、艺术设计师、雕刻家、建筑师、摄影家、广告制作人）、音乐方面（歌唱家、作曲家、乐队指挥），文学方面（小说家、诗人、剧作家）。

4. 社会型（S）

共同特征：喜欢与人交往、不断结交新的朋友、善言谈、愿意教导他人。关心社会问题、渴望发挥自己的社会作用。寻求广泛的人际关系，比较看重社会义务和社会道德。

典型职业：喜欢要求与人打交道的工作，能够不断结交新的朋友，从事提供信息、启迪、帮助、培训、开发或治疗等事务，并具备相应的能力，如教育工作者（教师、教育行政人员）、社会工作者（咨询人员、公关人员）。

5. 企业型（E）

共同特征：追求权力、权威和物质财富，具有领导才能。喜欢竞争，敢于冒风险，有野心、抱负。为人务实，习惯以利益得失、权力、地位、金钱等来衡量做事情的价值，做事情有较强的目的性。

典型职业：喜欢要求具备经营、管理、劝服、监督和领导才能，以实现机构、政治、社会及经济目标的工作，并具备相应的能力，如项目经理、销售人员、营销管理人员、政府官员、企业领导、法官、律师。

6. 常规型（C）

共同特点：尊重权威和规章制度，喜欢按计划办事，细心、有条理，习惯接受他人的指挥和领导，自己不谋求领导职务。喜欢关注实际和细节情况，通常较为谨慎和保守，缺乏创造性，不喜欢冒险和竞争，富有自我牺牲精神。

典型职业：喜欢要求注意细节、精确度、有系统、有条理，具有记录、归档、根据特定要求或程序组织数据和文字信息的职业，并具备相应能力。如秘书、办公室人员、记事员、会计、行政助理、图书馆管理员、出纳员、打字员、投资分析员。

劳动者类型与职业类型的对应关系见表2-2。

表 2-2　劳动者类型与职业类型的对应关系

类型	劳动者	职业
现实型（实际型）	①愿意使用工具从事操作性工作； ②动手能力强，做事手脚灵活，动作协调； ③不善言辞，不善交际	主要是指各类工程技术工作、农业工作。通常需要一定体力，需要运用工具或操作机器。 主要职业：工程师、技术员；机械操作、维修、安装工人、矿工、木工、电工、鞋匠等；司机、测绘员、描图员；农民、牧民、渔民等
探索型（调研型）	①抽象思维能力强，求知欲强，肯动脑，善思考，不愿动手； ②喜欢独立的和富有创造性的工作； ③知识渊博，有学识才能，不善于领导他人	主要是指科学研究和科学实验工作。 主要职业：自然科学和社会科学方面的研究人员、专家；化学、冶金、电子、无线电、电视、飞机等方面的工程师、技术人员；飞机驾驶员、计算机操作员等

续表

类型	劳动者	职业
艺术型	①喜欢以各种艺术形式的创作来表现自己的才能，实现自身的价值； ②具有特殊艺术才能和个性； ③乐于创造新颖的、与众不同的艺术成果，渴望表现自己的个性	主要是指各类艺术创作工作。 主要职业：音乐、舞蹈、戏剧等方面的演员、艺术家编导、教师；文学、艺术方面的评论员；广播节目的主持人、编辑、作者；绘画、书法、摄影家；艺术、家具、珠宝、房屋装饰等行业的设计师等
社会型	①喜欢从事为他人服务和教育他人的工作； ②喜欢参与解决人们共同关心的社会问题，渴望发挥自己的社会作用； ③比较看重社会义务和社会道德	主要是指各种直接为他人服务的工作，如医疗服务、教育服务、生活服务等。 主要职业：教师、保育员、行政人员；医护人员；衣食住行服务行业的经理、管理人员和服务人员；福利人员等
企业型 （事业型）	①精力充沛、自信、善交际，具有领导才能； ②喜欢竞争，敢冒风险； ③喜爱权力、地位和物质财富	主要是指那些组织与影响他人共同完成组织目标的工作。 主要职业：经理、企业家、政府官员、商人、行业部门和单位的领导者、管理者等
常规型 （传统型）	①喜欢按计划办事，习惯接受他人指挥和领导，自己不谋求领导职务； ②不喜欢冒险和竞争； ③工作踏实，忠诚可靠，遵守纪律	主要是指各类与文件档案、图书资料、统计报表之类相关的各类科室工作。 主要职业：会计、出纳、统计人员；打字员、办公室人员；秘书和文书；图书管理员；旅游、外贸职员、保管员、邮递员、审计人员、人事职员等

然而，大多数人都并非只有一种性向（例如，一个人的性向中很可能是同时包含着社会性向、现实性向和探索性向三种）。约翰·霍兰德认为，这些性向越相似，相容性越强，则一个人在选择职业时所面临的内在冲突和犹豫就会越少。为了帮助描述这种情况，约翰·霍兰德建议将这六种性向分别放在一个正六角形的每一角。

二、六种职业兴趣类型的内在关系

约翰·霍兰德所划分的六大类型，并非并列的，而是有着明晰的边界。他以六角形标示出六大类型的关系，如图 2-1 所示。

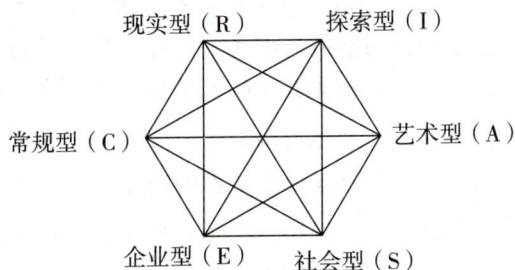

图 2-1　霍兰德六角形模型

从图 2-1 中可以看出，每种类型与其他类型之间存在着不同程度的关系，大体可描述为以下三类。

1. 相邻关系

相邻关系如 RI、IR、IA、AI、AS、SA、SE、ES、EC、CE、RC 及 CR。属于这种关系的两种类型的个体之间共同点较多，现实型（R）、探索型（I）的人就都不太偏好人际交往，这两种职业环境中也都较少有机会与人接触。

2. 相隔关系

相隔关系如 RA、RE、IC、IS、AR、AE、SI、SC、EA、ER、CI 及 CS。属于这种关系的两种类型个体之间共同点较相邻关系少。

3. 相对关系

在六边形上处于对角位置的类型之间即相对关系，如 RS、IE、AC、SR、EI 及 CA，相对关系的人格类型共同点少，因此，一个人同时对处于相对关系的两种职业环境都兴趣很浓的情况较为少见。

人们通常倾向于选择与自我兴趣类型匹配的职业环境，如具有现实型兴趣的人希望在现实型的职业环境中工作，从而可以更好地发挥个人的潜能。

但在职业选择中，个体并非一定要选择与自己兴趣完全对应的职业环境。一是因为个体本身常是多种兴趣类型的综合体，单一类型显著突出的情况不多。因此，评价个体的兴趣类型时也时常以其在六大类型中得分居前三位的类型组合而成，组合时根据分数的高低依次排列字母，构成其兴趣组型，如 RCA、AIS 等。二是因为影响职业选择的因素是多方面的，不完全依据兴趣类型，还要参照社会的职业需求及获得职业的现实可能性。因此，职业选择时会不断妥协，寻求相邻职业环境甚至相隔职业环境，在这种环境中，个体需要逐渐适应工作环境。但如果个体寻找的是相对的职业环境，意味着所进入的是与自我兴趣完全不同的职业环境，则工作起来可能难以适应，或者难以做到工作时觉得很快乐，甚至可能会每天工作得很痛苦。

三、霍兰德职业兴趣理论的价值分析

1. 对于企业招聘员工的价值分析

职业兴趣作为一种特殊的心理特点，由职业的多样性和复杂性反映出来。职业兴趣上的个体差异是相当大的，也是十分明显的。因为一方面，现代社会职业划分越来越细，社会活动的要求和规范越来越复杂，各种职业之间的差异也越来越明显，所以对个体的吸引力和要求也就迥然不同；另一方面，个体自身的生理、心理、教育、社会经济地位、环境背景不同，所乐于选择的职业类型、所倾向于从事的活动类型和方式也就十分不同。

不同职业的社会责任、满意度、工作特点、工作风格、考评机制各不相同。同时，这种差异决定着不同职业对于员工的职业兴趣有着特殊的要求。现代人力资源管理的基本原则是将合适的人放在合适的岗位上。人与职位的匹配应该包括两个方面的内容：一是人的知识、能力、技能与岗位要求相匹配；二是人的性格、兴趣与岗位相适应，这是更重要的。因此，企业在招聘新员工时，就非常有必要对申请在本企业工作的人员进行职业兴趣的测评，了解申请者的职业兴趣、人格类型。通过测试，企业可以得知自身所能提供的职业环境是否与申请者的职业兴趣类型相匹配，换而言之，企业可以考察到申请者是否适合在本企业的职业环境中工作。所以，企业在招聘人才的过程中，如果能够坚持以霍兰德职业兴趣理论为指导，不仅可以招聘到适合本企业的人才，还可以在招聘工作中减少盲目性。通过职业兴趣的测试，企业还可以给予新员工最适合的工作环境，以期最大限度地在工作中发挥他们的聪明才干。

2. 对于个体职业选择和职业成功的价值分析

职业兴趣是职业选择中最重要的因素，也是一种强大的精神力量。职业兴趣测试可以帮助个体明确自己的主观倾向，从而能得到最适宜的活动情境并给予最大的能力投入。根据霍兰德职业兴趣理论，个体的职业兴趣可以影响其对职业的满意程度，当个体所从事的职业和他的职业兴趣类型匹配时，个体的潜在能力可以得到最彻底的发挥，工作业绩也更好。在职业兴趣测试的帮助下，个体可以清晰地了解自己的职业兴趣类型和在职业选择中的主观倾向，从而在纷繁的职业机会中找寻到最适合自己的职业，避免职业选择中的盲目行为。尤其是对于大学生和缺乏职业经验的人，霍兰德职业兴趣理论可以帮助他们做好职业选择和职业设计，使他们成功地进行职业调整，从整体上认识和发展自己的职业能力。此外，职业兴趣也是职业成功的重要因素。

拓展阅读

兴趣岛测试：你最适合做什么职业？

你获得了一次免费度假旅游的机会，有机会去下列六个岛屿中的一个。唯一的要求是你必须要在这个岛上和岛上的居民一起生活至少半年的时间。请不要考虑其他因素，仅凭自己的兴趣挑选出你最想前往的岛屿。

R：自然原始的岛屿。岛上的自然生态保持得很好，有各种野生动物。居民以手工见长，自己种植花果蔬菜、修缮房屋、打造器物、制作工具，喜欢户外运动。

I：深思冥想的岛屿。有多处天文馆、科技博物馆及图书馆。居民喜好观察、学习，崇尚和追求真知。常有机会和来自各地的哲学家、科学家、心理学家等交换心得。

A：美丽浪漫的岛屿。充满了美术馆、音乐厅、街头雕塑和街边艺人，弥漫着浓厚的艺术文化气息。居民保留了传统的舞蹈、音乐与绘画。许多文艺界的朋友都喜欢来这个地方找寻灵感。

S：现代、井然的岛屿。岛上建筑十分现代化，是进步的都市形态，以完善的户政管理、地政管理、金融管理见长。岛民个性冷静保守，处事有条不紊，善于组织规

划，细心高效。

E：显赫富庶的岛屿。居民善于企业经营和贸易，能言善道。经济高度发展，处处是高级饭店、俱乐部、高尔夫球场。往来者多是企业家、经理人、政治家、律师等。

C：友善亲切的岛屿。居民个性温和、友善、乐于助人，社区均自成一个密切互动的服务网络，人们重视互助合作，重视教育，关怀他人，充满人文气息。

你最想去的岛屿是哪个呢？

然后，在剩下的五个岛屿中你最想去的是哪个呢？最后，在剩下的四个岛屿中你最想去的是哪个呢？

依次写下来：1.　　　2.　　　3.

这六个岛屿分别代表着六种职业兴趣类型。选择 R 岛的人是现实型；选择 I 岛的人是探索型；选择 A 岛的人是艺术型；选择 S 岛的人是社会型；选择 E 岛的人是企业型；选择 C 岛的人是常规型。

任务三　兴趣与职业生涯发展

一、兴趣与能力

兴趣与能力有着密切的关系。人们在他们感兴趣的事情上投入更多的时间，往往得到能力的培养。由于有较强的能力，人们在从事自己喜欢的事情时就会感到得心应手，因此，便增添了对这些事情的兴趣，从而形成良性循环。也有一些人因为担心自身能力不足而放弃或怀疑自己的兴趣，却忘记了以兴趣为动力，能力是可以培养出来的，所以需要注意的是，兴趣并不等同于能力，兴趣测评的分数也不代表能力的高低。因此，在进行职业兴趣的探索时，请不要考虑自己是否有能力做好某件事情，而只需要考虑你对某一项活动的喜好。

二、兴趣与现实

当然，并不是所有的兴趣都应该或能够在自己的职业中得到满足，兴趣也可以通过兼职、志愿活动、参加社团、业余爱好等多种方式来实现。关键在于工作和生活（不同的生活角色）之间的协调与平衡，以及工作与个人爱好的适度统一。在选择职业时，人们有必要将兴趣作为一个重要的因素考虑进去。在现实的基础上进行"择业"，是成功"就业"的前提和基础。

在实际生活中，兴趣与职业也往往交织在一起。虽然人们将兴趣划分为职业兴趣和非职业兴趣，但这两者之间往往很难明确划分，几乎每种兴趣都可以与某种职业联系起来。例如，逛商场、购物的兴趣可以演变为采购或着装指导的工作；饲养小动物的兴趣可以与动物饲养人员、宠物医生、野生动物保护专家挂钩。有很多人也的确将自己的业余爱好变成了自己的职业。例如，有的人因为喜欢收集地图而成为文物所的研究人员，也有的人因为喜好旅游而成立野外探险俱乐部，或成为旅游器材经销商。

◄》案例小链接

　　王新在大学的专业是医护理疗。她23岁毕业后的前五年在两家不同的医疗机构工作过，都从事医疗护理工作，积累了不少专业经验。28岁时她考取了国家认可的医护资质证明，进一步加强了从业的竞争力。她不断拓展自己的职业发展领域，发现在国外也可以从事护理专业的相关工作，于是她开始在新加坡的私立医疗机构从事护理工作，也承担上门的护理服务。她喜欢国外的工作环境，待遇也很高。

　　在新加坡她结识了做IT的男友并和他结婚，怀孕后回国生子。休息了一年后，她在一家私立的健康保健机构做保健咨询，每天只需要工作半天，并能灵活调休。在这里她工作了六年，正好同时兼顾了抚养孩子。这份工作也能用到她多年积累的经验，客户的反馈很好。

　　六年后，她又回到了医院做临床的护理和理疗工作，因为她发现还是更喜欢做临床护理工作。同时，她开始接手管理层的工作。

　　40岁以后随着年龄增加，她开始对临床高强度的护理工作感到疲倦，正好她丈夫那时候需要出国两年，她考虑到家庭的责任，辞去了工作，专心在家照顾孩子的学业和生活。孩子读高中后，她打算重新找工作，但考虑到年龄偏大，不适合原来的临床工作，她设想过到社区做档案管理的工作，但最终没有付诸实践。

　　最终她找到了一个医护培训机构，做医护培训工作，工作强度不大，而且也没有放弃专业。她喜欢这份工作，一直做到退休。

　　【点评】王新的案例说明，一个人的专业性职业生涯能够持久地带来工作动力。在专业兴趣的引领下，一个可以在不同的工作组织中流动，在工作和家庭之间流动，而且能获得不同的工作经验。王新也考虑过其他工作，但最终还是因远离专业兴趣而放弃。兴趣是她职业生涯的主要影响因素，并且给她带来了更多的工作机会，也督促她在专业上不断进步，以适应前进的社会脚步。

◆› 实践训练

训练一　我的愿望

写出七件让你感到高兴、骄傲，而且希望自己常常从事的活动，你也可以写一些自己很喜欢做但未做过的活动。如果可能，请尽力在纸上写出 15~20 件事情，每件事情用一张纸写，对于你所提到的每项活动，问自己如下问题："它与工作或职业有关吗？"如果有关就在该活动后面把职业的名称写下来。

你希望常常从事的活动 ＿＿＿＿＿＿ 与工作 ＿＿＿＿＿＿＿（工作或职业的名称）有关吗？

（1）

（2）

（3）

（4）

（5）

训练二　我的过往经历

（1）从小到大你担任过哪些职务？你喜欢的是哪些职务？不喜欢的是哪些？请说明为什么。

（2）你最敬佩的人是谁，他对你产生了什么影响？

（3）你最喜欢看哪种杂志？这些杂志中的哪些部分吸引你？或你到书店通常会停留在哪类书架前？

（4）你最喜欢什么科目，为什么喜欢它们？

（5）通常你喜欢哪个频道的电视节目，为什么？

（6）你的答案中有什么共同点？是否可以归纳为主题或关键词？这些词和霍兰德职业兴趣理论的哪些类型相对应？

项目三
我适合做什么——性格与职业

📝 学习目标

知识目标：

1. 了解性格的含义；掌握性格对职业的影响。

2. 掌握利用 MBTI 理论和 CSMP 性格测试选择职业的方法。

能力目标：

能够通过对自我性格的分析，认知适合自己的职业。

素质目标：

了解自己的性格，并结合自身的性格，分析自己可能选择的各种职业方向及发展前景，基于此目标优化自己的性格。

👤 案例引导

　　一家公司的老板准备向自己很相信的甲、乙、两三人委以重任，让他们分别负责公司的财务管理、业务推广、策划与后勤工作。但究竟该怎么安排呢？这位老板想出了一个主意，他安排了一次只有他自己和这三个人参加的会议，假装是商谈公司的发展计划，开会中制造了一起假火警。结果，甲见状便起身说："走，咱们赶快先离开，然后再想办法。"乙一言不发，马上冲到屋角去拿灭火器寻找火源；丙却坐着不动说："这里很安全，绝对不可能失火。"

　　同样的情景，三个人的反应却不同。甲主张先离开危险区，说明他沉稳老练，能使自己始终立于不败之地，显出其性格谨慎、稳重的特点；乙显然是比较勇敢、果断且敢于冒险，表现出了他性格中大胆、富于进取的一面；丙对公司的安全设施早已了如指掌，充满信心，甚至可以说是才智过人，可能早已看穿了这个假局。

　　经过这一事件，老板决定，让甲去负责财务管理工作，乙负责公司的业务推广，丙则负责策划和公司的后勤工作。结果证明，这三个人的性格特征均符合各自工作的要求，他们都在各自的岗位上为公司做出了巨大的贡献。这家公司就是著名的日本索尼公司。

上面这则案例充分表现出了性格与职业的关系，企业可以根据员工的性格安排不同的工作。同时，员工也可以选择适合自己性格的职业，以便更好地发挥自身优势。大学生应在了解个人性格特征的基础上，结合将来的职业生涯规划做好性格的优化。

任务一　认识性格

一、性格的含义

性格是指个体以先天生理素质为基础，经过后天不断的社会实践活动的影响和不同环境的熏陶，逐渐形成的比较稳定的心理特征。性格也称为人格特质，指个体在特定的生活情境中面对具体的人、物及外在环境所表现出的特有的应对方式。因此，个体在日常生活中所表现出的态度和行为都能反映特定的性格。

正所谓"龙生九子，九子各不同"。个体的生理禀赋和所处的社会环境的差异也使个人的性格多种多样。恩格斯说："刻画一个人物不仅应表现他做什么，而且应表现他怎样做。""做什么"和"怎样做"说明了个体的目标、追求和选择，体现了人的动机和态度。所以，了解一个人必须了解其性格。

知识拓展：易与性格混淆的概念

二、性格对职业的影响

性格是个体职业发展中的关键因素，两者之间是相互促进又相互制约的辩证关系。了解自身性格、明确性格对职业的影响是高等院校学生进行科学职业生涯规划的前提。

1. 性格影响职业的选择

人作为具有主观能动性的个体存在，其性格在很大程度上影响了职业选择，甚至决定了职业的方向。因为个人性格是在继承先天禀赋和接受后天教育中逐渐形成的，是思想、行为和习惯的集合，个人在思考和实践时性格都在起着作用。例如，有的人的性格测试为建筑师型（INTP），其性格表现为内倾、直觉、理智、独立，在现实中他会喜欢思考多于社交活动，善于分析。在选择职业时，他的性格就会驱使他选择与自己性格相符的职业，如科技工作者。

2. 性格影响职业的发展

性格对职业发展有促进作用，选择与自己性格相符的职业才会充分发挥一个人的长处。同时，性格对个人的职业发展也可能产生阻碍，如果从事着与自己性格差异较大或相反的工作，个人在职业生涯中就更容易出现懈怠、疲惫、应付了事的情绪，既感受不到工作的快乐，也难以实现自己的人生价值。另外，良好的性格对个人职业的健康发展至关重要。国外研究发现，在有成就的杰出人物中，绝大多数人属于性格坚强、有毅力、人际关系和谐的类型，其中有的人要经过数年甚至数十年的努力，花费大量的精力和劳动，才能取得一项或几项成果，在他们身上，很少有那种暴躁、冲动、懦弱等不良性格。

3. 长期的职业生涯也会改变个人性格

现实中，每种工作都对从业者的性格有特定的要求，这些要求会对个人性格产生很大影响，给人们贴上职业的标签。例如，一位工程技术人员的工作，从计划、设计、准备、生产、检查、实施等各个环节都有严格的要求，他必须做到工作条理清晰、秩序井然、数据精确，才能保证工程的顺利开展。长期的工作生涯会让工程技术人员形成严谨认真、一丝不苟、精益求精、善于合作等性格特征。

大学阶段是青年性格形成的关键时期，可塑性很大，只要充分认识自己、了解自己，注意扬长避短，加强修炼，就能铸造出适应各种社会环境的性格，使自己成为自身命运的主宰者。许多伟大的科学家对性格都非常看重，他们所提出的勤奋、顽强、进取、自信、独立、敢于冒险、责任感等都是良好的性格特征。所以，高校学生应该根据自身性格特点，选择更适合发挥自己性格特长的工作。

◀)) 案例小链接

某职业指导中心首席职业规划师陈功说，职业规划师就是要帮助咨询者了解自己，了解职业，认识人和职业的关系，最终达到人职匹配。他建议："选准一个方向，坚持走下去，深挖一口井。"在陈功接触的咨询案例中，一旦他帮助咨询者找准了职业方向，他们的成功度甚至超过了他的预料。他说起近来让他印象最为深刻的一个案例。

这个男士32岁，大学里学的是体育专业，毕业后曾经做过销售，修过计算机，还从事过网站设计、网管等职业，但始终没有找准方向。通过测评，陈功发现他的性格其实更适合做户外拓展培训师。于是给了他一个户外拓展训练公司的网址，让他浏览。接下来，他开始参加拓展培训师的培训，从兼职培训师做起，如鱼得水，很快便成为全职培训师，后来做到培训总监。如今，他的年薪是过去的两三倍，最重要的是他非常享受自己的工作。"没想到天底下还有这么适合我的工作。"他说。他去这家公司应聘时，其中一项考核是系绳索，尽管他之前从来没有接触过这个行业，但他的表现竟然令考官以为他是熟手。最合适的职业就是这样，可以发挥天赋，无师自通。

在职场，人们探索职业方向的过程中，很多人容易步入一个误区。"他们不知道根据什么去探索，只是凭感觉、兴趣或收入在找，结果探索了很多年还是没有方向，不知道做什么好。"陈功说。这种基于一时的感觉和兴趣基础上的探索，导致的结果常常是：要么不成功，要么还是不喜欢，没有满足感。陈功感叹说："凭感觉找方向很容易找不准方向。找不到很正常，找到了只能说是运气好。"感觉，或者说对一份职业的兴趣难道不是寻找合适职业中最重要的因素吗？

【点评】陈功给出了自己的答案。首先，兴趣是会变的，是不可靠的。其次，感兴趣的不一定是你所擅长的。他认为，兴趣是在变化的，多数人都把握不住，不能依此来确定职业方向。人们能把握的应该是不变的、根本的、更稳定、更可靠的东西，那就是一个人的性格和天赋。

任务二　性格类型与职业选择

一、MBTI 理论

世界上划分性格类型的理论有很多种，MBTI 性格类型理论是目前国际上最权威、最普遍使用的理论，已被翻译成十多种语言。MBTI 全称 Myers-Briggs Type Indicator，是一种迫选型、自我报告式的性格评估工具，用以衡量和描述人们在获取信息、做出决策、对待生活等方面的心理活动规律和性格类型。它以瑞士心理学家荣格的性格理论为基础，由美国的凯瑟琳·库克·布里格斯（Katharine Cook Briggs）和伊莎贝尔·布里格斯·迈尔斯（Isabel Briggs Myers）母女，在对人类的性格差异进行了长期的观察和研究后，共同开发研制出来的。MBTI 理论经过了百年的研究和发展，现已被广泛地应用于职业发展、职业咨询、团队建议和婚姻教育等方面，成为当今全球最为著名和权威的性格测试。

1. 四维八极特征

1913 年 9 月 7 日，国际精神分析学代表大会在慕尼黑召开。荣格在该次会议上提出个性的两种态度类型，即内倾和外倾。1921 年他在《心理类型学》一书中又做了详细的阐述，并提出了四种功能类型：理性功能的相互对立的两种类型——思维功能与情感功能；非理性功能的相互对立的两种类型——感觉功能和直觉功能。由此，荣格将两种态度类型和四种功能类型组合起来，形成了八种个性类型，即外倾思维型、外倾情感型、外倾直觉型、外倾感觉型、内倾思维型、内倾情感型、内倾知觉型和内倾感觉型。

美国人布里格斯和迈尔斯母女在荣格的两种态度类型与四种功能类型的基础上，又增加了判断和知觉两种类型，由此组成了个性的四维八极特征，如图 3-1 所示。

（1）内倾（I）—外倾（E）维度。该维度用以表示个体心理能量的获得途径和与外界相互作用的程度，即个体的注意力较多地指向于外部的客观环境还是内部的概念建构和思想观念。

外倾（Extrovert）	感觉（Sensing）
精力（Energy）	感知（Perception）
内倾（Introvert）	直觉（Intuition）

判断（Judgment）	思维（Thinking）
风格（Life Style）	判断（Judgment）
知觉（Perceiving）	情感（Feeling）

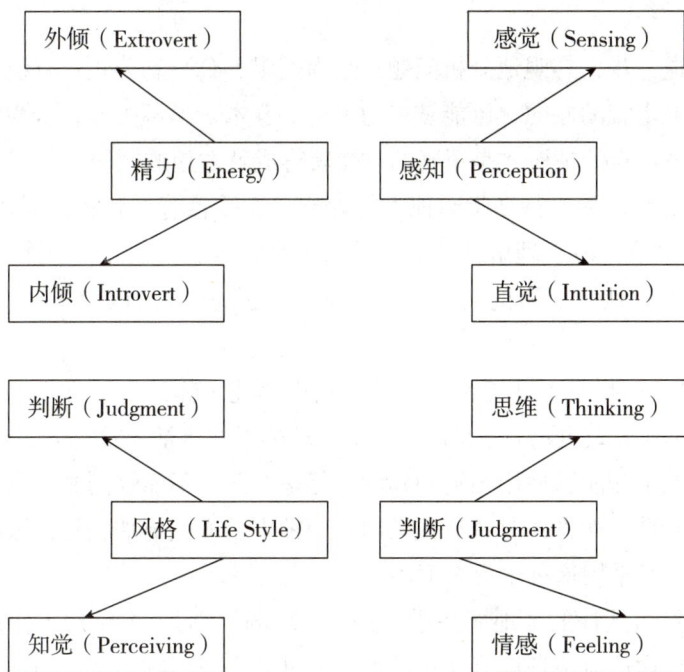

图 3-1　MBTI 的四个维度

内倾型：独自一个人感到振奋；避免成为关注的焦点；先思考、再行动；注重隐私、只与少数人共享个人信息；听得比说得多；不将热情表现出来；思考之后再反应，喜欢慢节奏；较之广博更喜欢精深。

外倾型：与他人在一起时感到振奋；希望成为关注的焦点；先行动、再思考；喜欢边想边说出声；易于被了解；愿意与人共享个人信息；说得比听得多；热情地交流；反应迅速、喜欢快节奏；较之精深更喜欢广博。

（2）感觉（S）—直觉（N）维度。该维度又称为非理性维度或知觉维度，表示个体在收集信息时注意的指向。

感觉型：相信确定而有形的事物；喜欢具有实际意义的新主意；崇尚现实主义与常识；喜欢运用和琢磨已有的技能；留心特殊的和具体的，喜欢给出细节；循序渐进地给出信息；着眼于现在。

直觉型：相信灵感和推理；只出于自己的意愿喜欢新主意和新概念；崇尚想象力和新事物；喜欢学习新技能，但掌握之后容易厌倦；留心普遍和有象征性的事物，使用隐喻和类比；跳跃式是以一种绕圈的方式给出信息；着眼于未来。

感觉型的个体被视为较具有实际意识；而直觉型个体被视为较有改革意识。感觉—直觉维度在问题解决过程中具有重要的作用。

（3）思维（T）—情感（F）维度。该维度又称为理性维度或判断维度。该维度用于表示个体在做决定时采用什么系统，即做决定和下结论的方法，是客观的逻辑推理还是主观的情感和价值。

思维型：后退一步，客观地分析问题；崇尚逻辑、公平和公正；有统一标准；自然地发现缺点，有吹毛求疵的倾向；可能被视为无情、麻木、漠不关心；认为诚实比机敏更重要；认为只有合乎逻辑的情感才是正确的；受获得成就欲望的驱使。

情感型：向前看，关心行动带给他人的影响；注重感情与和睦；看到规则的例外性；自然地想使他人快乐；易于理解他人；可能被视为过于感情化、无逻辑、脆弱；认为诚实与机敏同样重要；认为所有的感情都是正确的，无论是否有意义；受理解与被理解的驱使。

（4）知觉（P）—判断（J）维度。该维度用以描述个体的生活方式，即倾向于以一种较固定的方式生活（或做决定）还是以一种更自然的方式生活（或收集信息）。该维度是一种态度维度。虽然个体能够使用知觉和判断，但是这两极不能够同时被运用。多数个体会自然地发现采用某种生活方式时总是比采用另一种生活方式更加轻松，因此，他们总是在和外部世界打交道时采用这种生活态度。

知觉型：因保留选择的余地而快乐；具有"玩的原则"，先玩后工作；当有新的情况时便改变目标；喜欢适应新环境；注重过程；通过着手新事物而获得满足；将时间看作无限的资源，认为时间期限是活的。

判断型：做完决定后感到快乐；具有"工作原则"，先工作再玩；确立目标并按时完成任务；想知道自己的处境；注重结果；通过完成任务获得满足；将时间看成有限的资源，认真对待时间限制。

由 MBTI 的四个维度和每个维度的两个方面，一共可以组成 16 种性格类型，表 3-1 简要介绍了这 16 种性格类型及它们对应的职业偏好和可能适应的职业环境类型。

表 3-1　16 种性格类型与可能的职业兴趣和职业环境偏好

性格类型	可能的职业偏好	可能适应的职业环境类型
ISTJ 内倾、感觉、思维、判断	会计、办公室管理人员、工程师、警察／法律工作或者其他能够让他们可以利用自己的经验和对细节的注意完成任务的职业	注重事实和结果 提供安全结构和顺序 能保持稳定的情绪
ISTP 内倾、感觉、思维、知觉	科研、机械、修理、农业、工程师和科学技术人员或者其他能够让他们动手操作、分析数据或事情的职业	注重迅速解决问题 目标和行动取向 不受规律限制 着眼于眼前的经历
ESTP 外倾、感觉、思维、知觉	市场销售、工程和技术人员、信用调查、健康技术、建筑、生产、娱乐或者其他能够让他们利用行动关注必要细节的职业	注重第一手经验 工作具有灵活性 及时满足需要、技术取向
ESTJ 外倾、感觉、思维、判断	商业管理、银行、金融、建筑生产、教育、技术、服务或者其他能够让他们运用对事实的逻辑和组织完成任务的职业	注重正确高效地做事 任务取向，注重组织结构 提供稳定性和可预知性 实现可行的目标

续表

性格类型	可能的职业偏好	可能适应的职业环境类型
ISFJ 内倾、感觉、情感、判断	保健专业、教学／图书馆工作、办公室管理、个人服务、文书管理或者其他能够让他们运用自己的经验亲力亲为帮助别人的职业，这种帮助是协助或辅助的	着重有条理的任务 注重安全与隐私 结构清晰、有效率、安静、服务取向
ISFP 内倾、感觉、情感、知觉	机械和维修、工厂操作、饮食服务、办公室工作、家务工作或者其他能够让他们运用友善、专注于细节的相关服务的职业	善于合作、喜爱自己的工作 允许有自己的私人空间 灵活、具有审美能力、谦恭
ESFP 外倾、感觉、情感、知觉	保健服务、销售工作／设计、交通工作、管理工作、机械操作、办公室工作或者其他能够让他们利用外向的天性和热情去帮助那些有实际需要的人的职业	注重现实、行动取向 活泼、精力充沛、适应性强、和谐 以人为本、舒适的工作环境
ESFJ 外倾、感觉、情感、判断	保健服务、接待员、销售、看护孩子、家务工作或者其他能够让他们运用个人关怀为他们提供服务的职业	喜欢帮助他人 目标明确的人和组织 气氛友好的、善于欣赏的 有良心的、喜欢按实际条件办事
INFJ 内倾、直觉、情感、判断	宗教工作、教学／图书馆工作、媒体专家、社会服务、研究和发展或者其他能够促进他们情感、智力或精神发展的职业	关注人类的思想和心理健康 协调、安静、有组织的 有情感、喜欢有反省的时间和空间
INFP 内倾、直觉、情感、知觉	咨询、教学、文学、艺术、戏剧、科学、心理学、写作、新闻工作或者其他能够让他们运用创造和集中于他们价值观的职业	关注他人的价值 合作的氛围 允许有思考的时间和空间 灵活、安静、不官僚
ENFP 外倾、直觉、情感、知觉	教学、咨询、宗教工作、广告、销售、艺术、戏剧、音乐或其他能够让他们利用创造和交流去帮助、促进他人成长的职业	关注潜能、丰富多彩、积极参与的氛围 活泼的、不受限制的 提供变化和挑战、思想进取
ENFJ 外倾、直觉、情感、判断	销售、艺术家、演艺人员、宗教工作、咨询、教学、保健或者其他能够让他们帮助别人在情感、智力和精神上成长的职业	愿为帮助他人而改变 社会化的、和谐的 有秩序、以人为本、鼓励自我表达
INTJ 内倾、直觉、思维、判断	科学、工程师、政治／哲学、计算机专家或者其他能够让他们运用智力创造和技术知识去构思、分析和完成任务的职业	注重长远规划的实现 有效率的、以任务为重 允许独自一人思考 支持创造性和独立、人员多产、有效率
INTP 内倾、直觉、思维、知觉	科学、研究、工程师、社会服务、计算机编程、心理学、法律或其他能够让他们基于自己的专业知识独立、客观分析问题的职业	喜欢解决复杂的问题 鼓励独立、隐私 灵活的、不受限制的、安静的 喜欢自我决定

续表

性格类型	可能的职业偏好	可能适应的职业环境类型
ENTP 外倾、直觉、思维、知觉	摄影、艺术、市场营销、销售、促销、计算机分析、娱乐或者其他能够让他们有机会不断承担新挑战的工作	独立处理复杂问题 灵活的、喜欢挑战的、不官僚 求新取向、喜欢冒险
ENTJ 外倾、直觉、思维、判断	管理、操作和系统分析，销售经理，市场营销，人事关系或者其他能够让他们运用实际分析、战略计划和组织完成任务的职业	结果取向的、独立的 喜欢解决复杂的问题 目标取向、果断 有效率的系统和人 挑战性的、结构性的、顽强的人员

2.MBTI 理论与职业选择

根据 MBTI 理论，每种个性类型均有相应的优点和缺点、适合的工作环境、适合自己的岗位特质。使用 MBTI 进行职业生涯开发的关键是如何将个人的人格特点与职业特点进行结合。

很多同学看了表 3-1 以后，会有各种困惑。如有一个 ENFP 类型的同学，在这个表格中，他的职业倾向是"教学、咨询、宗教工作、广告、销售、艺术、戏剧、音乐"。他开始迷茫困惑了。"我想毕业以后去企业工作，或者做一些自己的事业，这样看来岂不是不适合？我不想当老师啊！宗教？难道我适合出家？"这样的困惑会在一段时间里影响他的学习状态，而从长远来说可能会直接动摇他的奋斗目标。

所以需要特别注意的是，职业倾向都是从大的类别去描述的，从表 3-1 中我们可以去了解自己的职业倾向，但不要只陷入类别名称的描述，更重要的是应看到这一类别工作的特点。

符合 ENFP 类型的同学，他的性格类型是外倾、直觉、情感、知觉。他适合的工作，就是能够使其利用创造和交流去帮助、促进他人成长的职业。企业工作需不需要这样的特质？这样的特质在工作中是否重要？回答是肯定的。每个人现在或将来从事的职业也不是都会完全符合自己的性格特点，可能会受到现实因素的制约。

是不是从事与自己的职业性格倾向不符合的工作后就不能获得成功呢？其中除去个人职业价值观、职业技能、职业兴趣影响外，个人后天的主观努力也是至关重要的。就像经常会举的例子一样，习惯用右手的人，用左手一样可以写下自己的名字，只是可能会多花费一些时间和精力。

另外，还有的学生会觉得自己的性格类型适合的职业倾向不如他人的好，其实职业类型只有不同，没有好坏，更没有对错。每种类型都是独特的，都有适合自己发挥的环境。认识自己的性格类型，是使自己更好地了解自己、更清晰地理解自己的行为特点。同时，理解自己和周围同学、朋友的区别，接受这种不同。

世界上没有人的性格百分之百地适合某种职业的需求，也没有百分之百不适合某种职业的性格，懂得利用自己性格的长处，整合周围的资源，才是学习职业性格的目的。

认识到性格的差异性，了解自己与周围其他人的区别，对于以后走入职场、进入社会工作是非常重要的。认识性格差异，对于工作环境下的团队建设、问题的解决、时间管理、压力缓解等也是至关重要的。

例如，对于一个性格内倾的人来说，在实际工作中，遇到问题的时候他总是三思而后行，而不是急于得出结论；而与内倾的同事相处时，需要给其时间去消化和思考。

一个感觉型的人面对一个知觉型的工作伙伴时，需要尽可能清晰、简练地向对方表达观点；而知觉型的人需要把握必要的细节。

一个思维型的人需要注意，对自己的工作伙伴不要有过多的理性批评，因为这样可能会起到破坏性的作用；一个情感型的人，要想到有时候为了团队，可能要勇敢地面对冲突，当团队不可避免地出现异议时，不要将它当作对自己的人身攻击。

一个判断型的人，要给自己留出适合的自由时间去应对工作中可能遇到的突发情况，留出时间进行"头脑风暴"；一个知觉型的人，要尽量使工作伙伴知道你对灵活性和多项方案的重视，也要意识到时间结构和程序也是必要的。

▶ 测试

性格测试 MBTI

请在每题 a，b 的方格中评分，a+b 评分的总和为 5 分，见表 3-2。

提示：0- 从不，1- 很少，2- 居中，3- 很多，4- 极多，5- 总是。

表 3-2　MBTI 性格测试表

1	☐ a ☐ b	先了解他人的想法，再作决定 不与他人商量就作决定
2	☐ a ☐ b	认为自己是一个富于想象或凭直觉的人 认为自己是一个讲求精确、讲求事实的人
3	☐ a ☐ b	根据现有资料及对情境的分析，对他人作评断 运用同理心与感觉以了解他人需要及价值观，并以之对他人作评断
4	☐ a ☐ b	顺着他人的意思做出承诺 作明确的承诺，并确实加以实践
5	☐ a ☐ b	有安静、独自思考的时间 与他人打成一片
6	☐ a ☐ b	运用所熟悉的方法来完成任务 尝试运用新的方法来完成工作
7	☐ a ☐ b	以合乎逻辑思考及按部就班的分析得到结论 根据过去生活的体验及信息得到结论

8	☐ a ☐ b	定下完成工作的最后期限 拟定时间表，并严格遵行
9	☐ a ☐ b	与人稍谈话题后，再自我思考一番 与他人尽兴畅谈某事后，再自我思考一番
10	☐ a ☐ b	设想各种可能发生的情况 按实际的情况处理问题
11	☐ a ☐ b	被认为是一个擅长思考的人 被认为是一个感觉敏锐的人
12	☐ a ☐ b	事前详细考虑各种可能性，事后反复思考 收集需要的数据，稍作思考后，做出明确决定
13	☐ a ☐ b	拥有内在的思想和感情而不为他人所知 与他人共同做某些活动或事情
14	☐ a ☐ b	抽象与理论 具体与实际
15	☐ a ☐ b	协助他人探索他们自己的感受 协助他人做出合理的决定
16	☐ a ☐ b	问题的答案保持弹性，且可修改 问题的答案是明确的，可预知或可预测
17	☐ a ☐ b	很少表达自我内在的想法或感受 自在表达自我内在的想法或感受
18	☐ a ☐ b	从大处着眼 从小处着眼
19	☐ a ☐ b	运用常识，凭着信念来作决定 运用资料分析事实来作决定
20	☐ a ☐ b	事先详细计划 临时视需要而作决定
21	☐ a ☐ b	结交新朋友 独处或只与熟识者交往
22	☐ a ☐ b	重视概念 重视事实
23	☐ a ☐ b	相信自己的想法 相信经证实的结论
24	☐ a ☐ b	尽可能在记事簿上记下事情 尽可能少用记事簿记载事情
25	☐ a ☐ b	在团体中详细地讨论新奇且未决定的事 自己先想出结论然后和他人讨论

续表

26	☐ a ☐ b	拟订详细的计划，然后切实地执行 拟订计划，但不一定实行
27	☐ a ☐ b	是理性的 是感性的
28	☐ a ☐ b	随心所欲地做些事情 尽量事先了解他人期望我做什么
29	☐ a ☐ b	成为众人的焦点 退居幕后
30	☐ a ☐ b	自由想象 检视实情
31	☐ a ☐ b	体验感人的情境或事物 运用能力，分析情境
32	☐ a ☐ b	在预定的时间内开会 在一切妥当或安适的情况下，宣布开会

内倾型（I）	外倾型（E）	直觉型（N）	感觉型（S）	思维型（T）	情感型（F）	知觉型（P）	判断型（J）
1，b	1，a	2，a	2，b	3，a	3，b	4，a	4，b
5，a	5，b	6，b	6，a	7，a	7，b	8，a	8，b
9，a	9，b	10，a	10，b	11，a	11，b	12，a	12，b
13，a	13，b	14，a	14，b	15，b	15，a	16，a	16，b
17，a	17，a	18，a	18，b	19，b	19，a	20，b	20，a
21，b	21，a	22，a	22，b	23，b	23，a	24，b	24，a
25，b	25，a	26，b	26，a	27，a	27，b	28，a	28，b
29，b	29，a	30，a	30，b	31，b	31，a	32，b	32，a
合计：	合计：	合计：	合计：	合计：	合计：	合计：	合计：

[评分方法]

将计分表中每栏的总分相加，共4对，8个分数。

分别找出每对分数中，数字较大的，即你个人的风格，每人均可有4种风格。例如，内向型18分，外向型22分，则取外向型为个人风格，其他依此类推。

每个风格都有程度上的区别，如果在相对应的两个风格中（如外向型对应内向型），有一方的程度较强，即表示另一方的程度较弱。

[诊断结果]

30~40分表示此风格非常强，几乎没有另一对应风格。

25~29 分表示此风格比另一风格强。

22~24 分表示此风格比另一风格稍强一些。

20~21 分表示兼具两个风格的特质。

经过测评，我的 MBTI 类型为 ＿＿＿＿＿，＿＿＿＿＿，＿＿＿＿＿，＿＿＿＿＿。

二、CSMP 性格测试

1. C（Choleric）——能力型

能力型性格的人总是在实现目标、完成任务，一生都不能停下来，属于典型的工作狂。而在工作过程中，往往又表现出热情奔放、精力充沛的特点。能力型性格的人无论是外形还是仪表、仪态都显示出非同寻常的自信，并且通常喜欢穿比较深色的、显示权威的衣服，从气质上来看就是天生的领导人。

能力型性格的人是以事业为重心的人，他们坚持原则的做法往往导致其偶尔会忽视一些人际关系。不仅如此，作为天生的领导人，他们的独立性非常强。对于与工作无关的社交，他们都觉得是浪费时间，因此，出于实际的考虑而要求控制。做任何事情他们自己的感觉永远是正确的，因此态度通常会很强硬，更别说主动道歉了。然而，尽管他们从来不承认自己有什么明显的错误，口头上也不会有任何的表示，但一旦发现问题他们通常会采用实际行动去予以改善。

由于总是坚持己见，所以能力型性格的人通常都喜欢与人争论、讲道理。但值得注意的是，他们有时就容易陷入"为争论而争论，忽视结果"的陷阱之中，忘记了争论的目的究竟是什么。实际上，处理事情"有效果"比"有道理"更为重要，有效果的道理才是真正的道理。因此，对于能力型性格的人而言，一定要避免犯所谓的"比他人更正确"的错误。

能力型性格的人一般都是非常有主见的人，能够在关键的时刻当机立断做出一个决定。因此，类似消防队的队长、指挥官及将军等职业岗位就非常适合能力型性格的人，不需要他们桎梏于细节和原因，只需要他们能够果敢地在关键时刻指出方向、做出决定。

能力型性格的人都是非情绪化的，一般不容易动真感情。面对困境时，他们强调的是迎难而上，敢于冒险和挑战，绝对不相信眼泪能够解决问题。因此，他们往往在亲情方面容易被人误解。

能力型性格的人是对他人要求严格，对自己无所谓。他们充沛的注意力与精力总是向外集中于这个世界。健康的能力型的人不会被内省的默想所分心，因此，从不会在实际行动的世界退缩。相反，他们神采奕奕地随时准备投入新的领域。他们对这个世界的喜爱总是一再把其引导向前，从而不断地获得新的兴趣和能力。如果没有他们，也很难想象这个世界的文明进程和发展程度将会怎样。

2. S（Sanguine）——活跃型

活跃型性格的特点表征是非常活泼、好动、爱说话。活跃型的人能很容易地从人群中被发现，因为这种人总是笑声朗朗，脸庞如同一朵含苞待放的花儿一样随时准备开放。他们往往是人群中说话最多的人，旁人越表现出爱听，他们越讲得眉飞色舞。在他们的旁边总会有一群忠实的听众。

如果偶尔不得不停下来听他人的发言，活跃型的人坐姿也会比较特别：半个屁股坐在椅子上，另一半屁股则悬在椅子外边，同时其手脚也在不停地抖，这说明他们随时都准备发言。

活跃型人的注意力也很容易转移，喜欢新鲜的事物，乐于冒险，静下来处理事情比较难，并且偏好不断变化的环境。他们易于结识新朋友：源于他们天性中对人际交往"三宝"（所谓的"三宝"，即"点头""微笑"和"赞美"）的注重。

活跃型性格的人属于那种先张嘴后思考的类型，他们很容易犯"言多必失"的禁忌。但他们的优点在于知道错了就会赶快道歉，可是他们犯错误的速度总是远远大于他们道歉的速度，所以刚道完歉可能又犯错误，他们只好连声说"对不起，对不起，我又错了"。

在日常工作、生活中，活跃型性格的人往往不修边幅、马马虎虎，住所、办公桌上乱七八糟就是他们最好的写照。不注重事物的细节，做事情也没有什么条理，凡事完全依据自己的心情而定。活跃型性格的人通常不会将昨天发生的事情放在心上。而对于明天发生什么也先不做考虑，只求今天快乐即可。

活跃型性格的人通常是一群艺术爱好者，并且是很感性的情感表达者。在看完一部感人至深的电影之后，他们往往会因为其中的某个浪漫情节而感动得痛哭流涕，而只要接触到欢快的东西，他们又能够很快地转换情绪，一下子笑得前仰后合。

3. M（Melancholy）——完善型

完善型性格的人眼中没有完美的东西，因此他们在处理事物，或者与人交往中总是抱着审慎的态度及挑剔的眼光，通常表情都会相对严肃或冷漠，不会像活跃型性格的人那样容易让人接近。另外，由于这个世界上没有完美的东西，所以他们活得总是很累。但也正因为他们对完美的不懈追求，所以他们通常都可以把事情做到最好。

完善型性格的人为人严谨，不愿意成为人群中的焦点。与活跃型性格的人不同，完善型性格的人随时在监视自己，与自己的思想进行对话，所以他们不能做出任何逃出其规范内的事情。他们一般都是先思考后发言，而且善于分析并且往往剖析得非常深刻，于是通常表现出来的解决问题的能力都特别强。

对于完善型性格的人而言，"要么不做，要做就做到最好"是其座右铭，因此，他们往往考虑事情非常周全详细，凡事都是三思而后行。也正因为如此，谨言慎行的他们通常都会觉得与活跃型性格的人在一起很别扭，比较反感他们那种"马虎、缺乏条理及口无遮拦"的处事态度和风格。而且，完善型性格的人在谨言慎行方面往往还会走到另一个极端，即总是停留在思考的阶段而迟迟不行动。

完善型性格的人通常是甘愿留在幕后的人，不愿意抛头露面，心甘情愿做配角。因此，他们往往能够结交到关键时刻能够提供有实际价值和帮助的真心朋友，弄虚作假的承诺很少，朋友之间都是真诚相待、相互欣赏的。

完善型性格的人对他人要求严格，对自己也要求严格。总体来讲，他们是内向的思考者，属于悲观的一群人。但他们不会因为悲观就失去积极的意义，由于敏感，他们往往会提早发现一些危机。对于完善型性格的人而言，其生命的意义就是贡献牺牲，这是非常难能可贵的。

健康的完善型人对每件事情都很擅长，他们是所有人格形态中最具才能者，很多杰出的思想家、律师、医生、艺术家、工程师及科学家都具备这种性格特征。如果没有他们，这个世界同样也不知道会发展成什么样子，因为完善型的人是很好的规范者和策划者，世界需要他们的力量。

4. P（Phlegmatic）——平稳型

平稳型性格的人脸上总是带着微微的笑容，既不矜持勉强，也不夸张虚浮。穿着打扮也十分随和，不抢人风头，也不落后于时尚。与人相处时相对害羞和腼腆，非常保守，不愿意引人注意。在工作和生活方面也不喜好变化，工作岗位和电话都很少更换。平稳型性格的人最大的也是最明显的优点在于没有任何缺点，也没有什么特别。

与活跃型性格的人拥有大量欣赏他们的簇拥者不同，平稳型性格的人是全世界最好的聆听者，他们可以静下心来，面带微笑地听他人说任何东西，并基于聆听的结果对他人表示关心和体谅，因此，他们也容易结识真心的朋友。

平稳型性格的人很难拒绝他人，他们最难说的一个字就是"不"，同时，为了维护好所有的人际关系，他们也很难去做出决断。需要特别指出的是，平稳型性格的人并不是没有能力做出决定，而是不容易或者害怕承担相应的责任。由此可见，平稳型性格的人以人为重心，十分在乎人际关系，但他们是在刻意地追求人与人之间的和谐。

平稳型性格的人通常对人际关系都处理得非常到位。一般情况下，尽管心里有自己的想法，但是出于避免破坏和谐的考虑，他们都会表现得任劳任怨、没有借口。这种隐忍顺从的个性特点，使他们容易成为能力型性格的人所支配的对象。同时，他们也善于调节不同人之间的矛盾，并且能够处理很多沉闷的、重复性的工作。

平稳型性格的人能够笼络人心，成就大事。虽然表面上不怎么起眼，并不十分突出，但一旦他们愿意承担责任，就往往能够成为最了不起的领袖，相当多杰出的社团领袖、企业家及国家元首都具有这样的性格特征。这是因为平稳型性格的人具备发掘并笼络很多有才能的人士为之工作的能力，他们乐于为人才提供资源和空间，为他们搭建施展才能的舞台，并在其中平衡好各种关系，促使大家同心同德、齐心协力地把事情做好。

平稳型性格的人的情感不容易表现出来，会令他人感觉到比较轻松。作为父母，他们通常是孩子们眼中最好的父母，不会以任何标准来对孩子进行苛求；作为领导，也会使员工觉得没有压力，反而容易使员工自觉地努力工作。

　　平稳型性格的人是对他人不要求，对自己不苛求。他们普遍内向，乐于做旁观者，属于悲观类型。平稳型性格的人的写照是自制、自律、实践、平静、满足、敏锐、不忸怩、情绪稳定、温和、乐观、让人安心；他们支持他人，有耐性、脾气好、不自夸，是个真好人；也正因为他们的存在这个世界才称得上"和平"。

　　综上所述：

　　（1）活跃型性格，是乐观且感性的，以人为重心，属于外向型。

　　（2）能力型性格，是乐观且理性的，以事为重心，属于外向型。

　　（3）完善型性格，是悲观且理性的，以事为重心，属于内向型。

　　（4）平稳型性格，是悲观且感性的，以人为重心，属于内向型。

5. 性格力量

　　由性格的优缺点引申出来，可以看到性格也是具有力量的，不仅如此，性格的力量还可分为正面的力量（对应性格中的优点）和负面的力量（对应性格中的缺点），见表 3-3。实际上，每个人都能够通过对自己性格力量的控制，将自己的人际关系调整到一个最好的状态。

表 3-3　四型性格各自的正负力量

性格类型	积极的正面力量	消极的负面力量
活跃型性格	顺应	妥协
	善于应对人际关系	阿谀奉承，失去尊严
	适应性强	没有主见
	诙谐幽默，善于调动气氛	轻佻，不够稳重
	能够变通	前后不一致
	富有试验精神	漫无目标
	想象力丰富	多变
完善型性格	分析力特别强	鸡蛋里挑骨头，吹毛求疵
	处事脚踏实地，稳健	缺乏想象力，过于小心
	精于盘算和设计	过分吝啬
	非常讲究事实，逻辑性强	桎梏于结构和方法，缺乏远见
	原则性强	过于固执
能力型性格	充分自信	自我为中心，骄傲
	行动力和紧迫感很强	处事容易冲动，耐心不够
	强悍	给他人很大的压力
	具有冒险精神	赌性

续表

性格类型	积极的正面力量	消极的负面力量
能力型性格	有恒心有毅力	无畏的坚持
	当机立断，雷厉风行	指挥性太强
	自动自发	未经授权或越权做事
平稳型性格	善于合作	过于迁就
	谦虚礼让	否定自己
	关心体谅他人	过于为他人着想
	接受能力强	过于被动
	回应力强	容易过度投入

从这个角度出发，每个人都应该主动地总结"最令自己感到自豪的三个性格优点是什么"及"在生活和工作中自己最明显的三个性格缺点又是什么"，以此发现自己最明显的优点和缺点之后，着眼分析与之相对应的缺点和优点。从而对优点予以很好的控制，而对弱点则进行有针对性的改善。

每个人的性格都是一种组合，因此，所谓的"双重或者多重"性格只是每个人各自的性格特点而已，也同样不存在好坏之分。人的性格在形成后都会有真我的一面和戴着面具的一面，这种情况非常普遍。戴着面具的那部分性格的形成常常是因为沟通的需要，也有一些是因为"被要求"而形成的。这其中有的是被工作要求的，有的是被父母要求的，除此之外还有其他一些特殊的因素。

假如真我的一面与戴着面具的一面能够做到理性的平衡，那么这个人的性格就比较好，相对来说也比较容易成功。但要是真我的一面与戴着面具的一面矛盾太大，思维与行动之间就会陷入混乱，甚至会导致显著的分裂、不稳定和犹豫善变，人生也就很难成功了。

6. 与不同性格的人交往的秘诀

掌握了与四种不同性格的人交往相处的40条秘诀，每个人都能够得心应手、事半功倍地处理自己的人际关系，使之得到改善和提升。

（1）与活跃型性格的人交往的秘诀。

1）了解他们对于"感染和影响他人"的强烈希望，而且注重以人为重心。

2）了解他们有才华、需要舞台、乐于出风头，强烈希望获得众人的关注和称赞。

3）引导他们甘愿扮演配角和分享荣誉，表现出风度而赢得众人的欣赏。

4）理解他们完成任务的困难，最有效的激励就是公开表扬和奖赏他们。

5）明白他们非常健谈的特点，在困难和质疑面前他们更多的只是想倾诉和表达。

6）理解他们经常说话不思考的习惯及其对礼物和意外惊喜的向往。

7）帮助他们三思而后行，凡事规定最后的期限，避免他们承诺超过自己范围的事情。

8）不要更多地期望他们听你说话。

9）记住他们注意力容易转移，会忘记约会的时间，喜欢新事物，容易受环境影响。

10）记住他们喜欢兴奋和刺激。

（2）与完善型性格的人交往的秘诀。

1）要了解这种内向型性格。

2）理解他们是以事为重心的。

3）无休止地对完美极限挑战，使他们显得很叛逆，应给予他们更大的耐心和理解。

4）尝试用为什么来回应他们的问题，强迫他们自己思考，满足其自己解决问题的需要。

5）心口一致，实话实说。

6）要理解他们的天生悲观。

7）即使不喜欢他们的态度，也不要阻止其畅所欲言。

8）了解他们敏感，容易受伤害，要鼓励他们说出内心感受，而且通过训练来给予帮助。

9）了解他们需要衷心的关怀，给予客观的赞美。

10）他们需要独处，喜欢安静，要求井然有序，帮助他们不要成为工作和家庭的奴隶。

（3）与能力型性格的人交往的秘诀。

1）理解他们是天生的领导者，想控制一切的事情和人，不喜欢顺从，渴望独立和自由。

2）小心不要被他们控制，同时要帮助他们保持冷静，控制其情感。

3）坚持要求跟他们做适度的双向沟通，引导他们回应而不是回击不同的意见。

4）给他们台阶和出路以挽回其面子，他们"置之死地而后生"的反击力量相当可怕。

5）明白他们不是恶意的伤害，只是快人快语。

6）工作时给他们该项目主人的感觉，但首先要就范围和性质进行说明，在划清界限的基础上向他们充分授权。

7）了解他们喜欢公开的表扬，接受私下的批评和建议的特点。

8）知道他们总觉得自己是正确的，引导他们服从权威，团队合作。

9）欣赏他们天生具有当机立断的能力。

10）避免过分逼迫使他们遭受攻击，给他们台阶和出路以挽回其面子。

（4）与平稳型性格的人交往的秘诀。

1）要了解他们不是冒险者。

2）他们不欣赏那种咄咄逼人的、高嗓门或发脾气的能力型性格。

3）要理解他们担心伤害和挫折，恐惧挑战和目标。

4）理解他们渴求多接触，希望感觉是家庭和团队的一分子。

5）了解他们内心的需求。

6）理解他们不喜欢意外。

7）了解他们不愿意成为先行者。

8）了解他们以人为重心。

9）鼓励并强迫他们做决定，承担责任。

10）了解他们在没有冲突、没有人催促的情况下，做事情会做得最好。

◀)) 案例小链接

林茵，女，23岁，本科，师范类中文专业。性格内向，不善于口头表达，不善于与人沟通。希望的职业方向：能够发挥自己文字特长的工作。工作经历：中学语文教师，两年工作经验。她面临的问题如下：在两年的教学过程中发现自己并不适合做老师。虽具备相应的学历，但不具备教师应有的管理学生的能力，课堂上调动学生积极性的能力也不够，所带班级成绩并不理想，学校对其工作表现不是很满意，林茵自己也很苦恼。但学校工作环境稳定，福利优厚。

【思考】林茵苦恼的原因是什么？她的性格特点适合教师职业吗？你认为她转业的可行性如何？应该转到什么行业合适？

【规划意见】重新择业，建议尝试广告公司文案，多媒体行业文字编辑，传统媒体行业文字工作。

林茵的问题表面上看是"择业"问题，实质是"方向"问题。正是因为当初选择的工作不适合自己，不能提供职业生涯的发展点，所以才须重新择业，重新找寻适合自己的发展方向。我们发现，工作经验在两到三年阶段的职业者，往往会发现自己当初刚刚走出校门时懵懵懂懂选的工作并不适合自己，于是就面临一个重新择业的问题。

从林茵的性格特点分析，林茵的确不适合教师行业，教师不仅需要所教学科相应的学科知识，更需要懂得如何管理学生，调动学生的积极性。文静、不善表达的林茵虽具备专业的学历资质，但显然不具备教师应有的教学技巧。

林茵希望能够发挥自己的文字特长，而中学语文教师一职缺少创意，教师一职不仅没有满足林茵的兴趣，反而由于工作不顺利严重打击了林茵的自信心。通过分析，我们认为：林茵虽然不善管理学生、口头表达差，但她文笔优美、驾驭文字能力强，其内心职业倾向也是希望发挥自身的文字能力。故我们推荐林茵从事广告行业的文案职务或文字编辑类工作，这些岗位对工作人员的管理能力、口头表达能力要求不高，相对重视个人的文字创作能力，对于林茵来说正好扬长避短，发挥优势，转行的成功概率也较大。

【点评】学习什么专业，就应该从事什么行业和职业，这是我们从小所接受的传统教育。林茵到中学教书似乎是理所当然、顺理成章，然而实践中有太多例子表明，一个师范类毕业生并不一定就是一个称职的教师，职业成功必须全面具备专业技能、学历资质、良好的综合素质。根据这个标准，林茵在教师岗位上可以说很难成功。眼前的教师工作的确能给林茵带来稳定的收入和不错的福利，但凭林茵的表现，这个"稳定"还能维持多长？所以，林茵必须果断做出选择，重新择业，找一份真正适合自己发展的工作。

拓展阅读

气质与职业

1. 气质的含义

气质，也就是人们常说的"秉性""脾气"，现代心理学将气质定义为是表现在人们心理活动和行为方面的典型的、稳定的动力特征。对此定义的理解应注意以下四点：

（1）气质是个体心理活动和行为的外部动力特点，主要表现在心理活动的速度、强度、稳定性、指向性方面的特征。如一般把知觉的速度、情绪和动作反应的快慢归结为速度方面的特点；把情绪的强弱、意志的坚强程度归结为强度方面的特点；把注意力持续时间的长短、情绪起伏变化等则归结为稳定性方面的特点；而把心理活动倾向于外部事物还是倾向于自身内部归结为指向性方面的特点。

（2）气质作为人的心理活动的动力特征，与人的心理活动的内容、动机无关，即气质特点一般不受个人活动的目的、动机和内容的影响，具有较强的稳定性。

（3）气质受先天生物学因素影响较大，即先天因素占主要地位。气质较多地受神经系统类型的影响。研究表明，在婴儿生命最初几星期内，对刺激物的敏感度、对新事物的反应等有明显的差异，这些气质上表现出的明显个性特征，显然不是由于后天生活条件所造成的，而是由于神经系统的先天特性造成的。

（4）气质具有一定的可塑性。气质虽然具有先天性，但并不意味着它完全不发生变化，在生活环境和教育条件的影响下，在性格的掩盖下，气质可以得到相当程度的改造。例如，在集体生活的影响下，情绪容易激动的学生，可能变得较能控制自己；行为动作较为缓慢的学生，可能变得行动迅速。

2. 气质的类型

气质是一个古老的心理学问题，气质的差异也是广泛存在的。古代的智者已注意到了这一点，并把气质划分成了不同的类型。早在公元前5世纪，古希腊著名医生希波克拉特就提出了四种体液的气质学说。他认为人体内有血液、黏液、黄胆汁和黑胆汁四种体液。四种体液协调，人就健康；四种体液失调，人就会生病。我国古代的思想家孔子从类似气质的角度把人分为"中行""狂""狷"三类。他认为"狂者进取，狷者有所不为"。意思是说，"狂者"一类的人，对客观事物的态度是积极的、进取的，他们"志大言大"，言行比较强烈表现于外；属于"狷者"一类的人比较拘谨，因而就"有所敬畏不为"；"中行"一类的人则介乎两者之间，是所谓"依中庸而行"的人。我国春秋战国时期的古代医学中，曾根据阴阳五行学说，将人的某些心理上的个别差异与生理解剖特点联系起来。按阴阳的强弱，可分为太阴、少阴、太阳、少阳、阴阳和平五种类型，每种类型各具有不同的体质形态和气质。又根据五行法则将人分为"金形""木形""水形""火形"和"土形"，也各有不同的肤色、体形和气质特点。本书介绍比较流行的两种分类方法。

（1）外向型和内向型。第一种分类方法可将气质分为外向型和内向型两类。

1）外向型的人善交际，喜欢聚会，有许多朋友，喜欢交谈而不愿意独处。易激动，行动常碰运气，凭一时冲动而不假思索，易惹麻烦，粗心大意，随便而乐哈哈。爱开玩笑，什么场合都有话可说，对一切问题都有现成答案。喜欢变化，闲不住，爱活动，常不停地做些事情。富有冲动性，有攻击倾向，爱发脾气，也容易忘掉。外向型的人可以进一步分为社交型、行动型、过于自信型、乐天型和感情型。

2）内向型的人安静、自省，喜欢读书而不喜欢与人交往。除密友外，与他人保持距离，朋友甚少。做事有周密的计划，深思熟虑，极少冒失妄动，以适宜的谨慎态度严肃处理日常生活与事物。喜欢整齐有序的生活方式，能控制自己的情感，很少以攻击性方式行事，极少发脾气。内向型的人可以进一步分为孤独型、思考型、丧失自信型、不安型和冷静型。

在生活中，人们常用内向或外向来描述一个人。其实，在现实生活中，绝对内向或绝对外向者并不多见，绝大多数人身上都有内向和外向的双重体现，在不同的场合下会表现出不同的倾向。如一个体格高大、爱发脾气、攻击性特别强的人却不喜欢与人交往，害怕在公众面前讲话。

（2）四分法。第二种分类方法是传统的四分法。四分法将人区分为多血质、胆汁质、黏液质和抑郁质四种类型。

四分法主要依据以下的标准：感受性、耐受性、反应的敏捷性、可塑性、情绪的兴奋性、外倾性和内倾性。每个人对同样的外部事件的感受是不同的，在做事情时所表现出来的耐受性也是不同的，有的人能长期坚持一项简单重复性的工作，而有的人则无法忍受；个体的差异还体现于反应的灵敏度上，这不仅表现于动作技能方面，还表现于记忆、理解等心理能力上。由于神经系统自身的特点，人们受外部世界的影响程度也是有差异的，有的人能很快调整自己适应变化的外界环境，而有的人则较难使自己做出改变。另外，在情绪反应方面也有很大的不同，有的人容易摆脱一种情绪状态而进入新的情绪状态，而有的人则总是带着昨天的悲喜来面对今天的生活。最后，内倾和外倾者的差异也广泛地存在。正是由于这些方面的不同，我们可以用来描述多血质、胆汁质、黏液质和抑郁质的不同表现。

3. 气质与职业的关系

气质与职业是彼此制约、相互促进的。下面根据四分法的划分，从神经特点、心理特点、典型表现等角度来分析气质与职业之间存在的关系。

（1）胆汁质。胆汁质的人神经活动强而不均衡，情绪兴奋性高，抑制能力差，反应速度快但不灵活，表现为情绪产生迅速，具有爆发性的特点。胆汁质的人能以很高的热情埋头事业，兴奋时，决心克服一切困难，精力充沛，坚忍不拔，遇事处理果断。热情耗尽时，情绪容易一落千丈，性情急躁，办事粗心，有时表现得刚愎自用，傲慢不恭。

胆汁质的人，适合从事与人打交道，工作内容环境充满变化性的工作，如导游、勘探工作者、推销员、节目主持人、外事接待人员和演员等，但对长期安坐的细致工作很难胜任。

（2）多血质。多血质的人神经活动强而均衡，热情，有能力，适应性强，喜欢交际，精神愉快，机智灵活，注意力易转移，情绪易改变。但办事重兴趣，富于幻想，不愿意做耐心细致的工作。

多血质的人，适合与外界打交道，从事灵活多变、富有刺激性和挑战性的工作，如政府及企事业单位的管理工作、外事工作、公关工作、纺织、驾驶员、医生、律师、运动员、新闻工作者、演员、公安侦查员、服务员等。多血质的人不适合做过细的工作和单调机械的工作。

（3）黏液质。黏液质的人，神经活动强而均衡，平静，善于克制忍让，生活有规律，不为无关事情分心，埋头苦干，有耐久力，态度持重，不卑不亢，不爱空谈，严肃认真。但是不够灵活，注意力不易转移，易墨守成规。

黏液质的人，适合做稳定的、按部就班的、静态的工作，如外科医生、法官、文员、播音员、会计、出纳和统计工作等，而不太适合需要经常策划创造的工作。

（4）抑郁质。抑郁质的人，神经活动弱，沉静、深刻、易相处，人缘很好，办事稳妥可靠，做事坚定，能克服困难。但比较敏感，易受挫折，孤寂、寡欲，反应缓慢。

抑郁质的人，适合安静、细致的工作，如人力资源、机要、秘书、编辑、档案、化验、保管工作，也适合从事研究和艺术造型等工作，而不适合热热闹闹的场合。

◆ 实践训练

训练一　分组讨论

请结合自己的判断，将思维型的同学分为一组，将情感型的同学分为另一组，两组分别讨论：假如你是一名班主任，最近你所在的班级出现纪律涣散、学习积极性很低、成绩严重下降的情况，对此，你会采取一些什么样的措施来解决此现象？每组形成一致意见后写在白纸上。

另请四位同学作为观察员，观察两组在讨论时有什么不同。

每组请一位代表来陈述本组观点，观察员最后陈述两组的不同。

通过本练习我们得出怎样的结论？

训练二　职业判断

（1）请列出你曾经想过的三个职业。

（2）请详细描述你理解的这三个职业需要做的具体事项和工作环境。

如设计师：

1）与客户沟通设计相关内容；

2）主要在办公室内工作；

3）更多的时间是自己独自进行工作；

4）通过网络、杂志等收集前沿的信息；

5）注重与其他设计的差别，看中原创性；

6）……

（3）用你学到的 MBTI 相关知识判断这三个职业适合你吗？

（4）如果你要去面试其中一个职位，你可以用 MBTI 来描述你在这个职位上的优势和劣势吗？这样的描述你感觉对听众来说，是否更加实在与可信？

项目四
我能做什么——能力与职业

📝 学习目标

知识目标：

1. 了解能力的概念，职业能力的类型。
2. 掌握结合能力选择职业时应遵循的原则，培养职业能力的方法。

能力目标：

能够通过对自我能力的分析，认知适合自己的职业。

素质目标：

了解自己具备的能力，并结合自身的技能，分析自己可能选择的各种职业方向及发展前景，基于此目标培养自己的职业能力。

👤 案例引导

小李是学土木工程专业的，因为不喜欢这个专业，心理上很排斥，学习盲目无效，对专业的认知很差，是应付考试式的学习。所以毕业后，虽然在一个大集团工作，因为没有兴趣，于是交了违约金辞了职。之后又换了几份工作，但还是没能找到自己的兴趣特长，更没找到适合自己发展的职业方向，生活过于盲目，有逃避生活的感觉，在郁闷中度过很多日子。于是来到职业顾问公司咨询，职业顾问在测评中发现她的文字运用水平能力很强，自己又喜欢相关工作，就为她定位做建筑类编辑工作。按照这个方向，一周后，她就得到了一份出版社编辑的工作，现在干得很好。对她的结果进行跟踪时，她说："现在开始接触选题报告，下周起要做个简单的项目，我们老板有意培养我，给我半年时间打基础。"

任务一　认识能力与职业能力

一、能力

能力是人在实践活动中形成和发展起来的、直接影响活动的效率和成功率，使活动的任务得以顺利完成的个性心理特征。

人的能力可分为一般能力和特殊能力两类。一般能力是指人在任何活动中所必需的基本能力，如感觉、记忆、想象、思维、判断等方面的能力；而特殊能力是指人在某种专业活动中表现出来的并保持这种专业活动获得高效率的能力，如数学能力、音乐能力、机械操作能力、绘画能力等。职业能力是从事某种职业多种能力的综合，例如，一位教师只具有语言表达能力是不够的，还必须具有对教学的组织和管理能力，对教材的理解和使用能力，对教学问题和教学效果的分析、判断能力等。职业能力是了解自己能否胜任某种职业的依据，与职业选择具有直接的联系。

二、职业能力的类型

职业规划专家将职业能力分为功能性／可迁移技能、内容性技能及适应性技能或自我管理技能三种类型。

（一）功能性／可迁移技能

人们已经获得了许多功能性技能，如写作、组织、计算、操作、设计和思考。这些能力帮助人们竞争。这些技能可以应用到职业社会的各个领域，基本上没有行业阻隔。在生涯规划中应当大力发展，在各行各业都可以用得上。

（二）内容性技能

学习工作内容或专业知识技能是为了从事某项工作。要辨别这样的知识、确认其为技能应该没有什么困难。人们在学校学习了许多具体的科目，如人体解剖学和生理学、发动机如何运转、计算机编程等，都是为了培养出日后能用来推销自己的技能。当人们进入某个工作领域后，熟悉里面的专业知识，一般要花费 3~5 年的时间，再经过几年时间的学习、体验，他们才可能成为某个行业的专家。而这些技能，在转行之后，基本上用不上了。因此，在职业生涯规划中，应当注意选择适合自己发展的职业领域，以求长期的职业稳定。

（三）适应性技能或自我管理技能

适应性技能或自我管理技能几乎难以被识别为技能，它们更多的时候被认为是人格特质。适应性技能包括精力充沛、善于分析、强壮、善表达、机智、通情达理、精确、乐于助人、成果丰富、可靠、真诚等。只要稍微想一想，你就会意识到这些技能是非常有价值的。因为如果没有它们，你将不能胜任自己的工作。一个获得了许多专业知识，但缺乏与同事合作能力的人会有失业的危险。实际上，更多的人被解雇就是因为他们缺乏适应技能或自我管理技能，而不是其他任何原因。

三、职业能力对职业发展的影响

（1）一定的职业能力是胜任某种职业岗位的必要条件。如果职业兴趣或许能决定一个人的择业方向，以及在该方面所乐于付出努力的程度，那么职业能力则能说明一个人在既定的职业发展中各方面是否能够胜任，也能说明一个人在该职业生涯中取得成功的可能性。任何一个职业岗位都有相应的岗位职责要求，一定的职业能力则是胜任某种职业岗位的必要条件。

（2）职业能力也与职业发展和职业创造关系紧密。职业能力是人的发展和创造的基础。个体的职业能力越强，各种能力越是综合发展，就越能促进人在职业活动中的创造和发展，也就越能取得较好的工作绩效，并给个人带来职业成就感。

任务二　能力与职业选择

一、职业选择时应遵循的原则

能力不同，职业选择就有差异。从能力差异的角度来看，在职业选择时应遵循以下原则。

（一）注意能力类型与职业相吻合

从能力差异的角度来看，人的能力类型是有差异的，即人的能力发展方向存在差异，职业研究表明，职业也可以根据工作的性质、内容和环境而划分为不同的类型，并且对人的能力也有不同的要求，因而，应注意能力类型与职业类型的吻合。能力水平要与职业层次一致或基本一致。对一种职业或职业类型来说，由于所承担的责任不同，又可分为不同层次，不同的层次对人的能力有不同的要求。因而，在根据能力类型确定了职业类型后，还应根据自己所达到或可能达到的能力水平确定相吻合的职业层次。只有这样，才能使能力与职业的吻合具体化。

（二）注意一般能力与职业相吻合

不同的职业对人的一般能力的要求不同，有些职业对从业者的智力水平有绝对的要求，如律师、工程师、科研人员、大学教师等都要求有较高的智商；智力在很大的程度上决定着其所从事的职业类型。

（三）注意特殊能力与职业相吻合

要顺利完成某项工作，除要具有一般能力外，又要具有该项工作所要求的特殊能力，如从事教育工作需要有阅读能力和表达能力；从事数学研究需要具有计算能力、空间想象能力和逻辑思维能力。如法官就应具有很强的逻辑推理能力，却不一定要有很强的动手能力；而建筑工应有一定的空间判断能力，却不需要良好的语言表达能力。

（四）确定职业层次

要使职业选择具体化，不仅需要确定所要从事的职业类型，还需要确定相应的职业层次。职业层次是指在同一种职业或职业类型内部，由于工作活动及其对人员要求的不同而造成的区别。一般按照工作所要求的技能和责任心程度的不同，可分为以下六种层次：

（1）非技能性工作。这种层次的工作简单、普通，不要求独立的决策和创造力。

（2）半技能性工作。要求在有限的工作范围内具有一些较低程度的技能知识，或具备一种高程度的操作技能。

（3）技能性工作。具备熟练的技能、专门知识和判断能力，能完成所分配的工作。

（4）半专业性和管理性工作。要求有一定的专门知识和判断能力的脑力工作，对他人有低程度的责任。

（5）专业性工作。要求有大量的知识和判断能力，具有一定的责任和自主权。

（6）高度专业性和管理性工作。要求具有高水平的知识、智力和自主性，承担更多的决策和监督他人的责任。

由以上描述可知，决定一个人职业层次的应该是他的能力水平。一般可用一个人的受教育程度或培训水平来代表他所达到的相应能力水平。因而，不同层次的工作要求不同的教育程度或培训水平，一个人的受教育水平在相当程度上决定了其所要从事的职业层次。一般来说，第（5）、（6）两个层次的工作要求接受过大学和研究生教育；第（3）、（4）两个层次的工作需要大中专教育水平或中等程度的培训；而第（1）、（2）两个层次的工作只需要进行适当的工作培训即可。

由于人性的作用，每个人都试图登上职业阶梯的最高层次，但实际上这是不可能的，因为社会分工要求人们必须在所有领域和层次上工作。因此，当人们确定了自己的工作领域或职业类型后，还需要进一步探索自己的能力、价值观，以决定自己在所选择领域的哪个层次上开始工作及想要达到的目标层次。

二、培养职业能力

1. 通过专业知识的学习来培养职业能力

要想通过专业知识的学习来获得专业能力，就要对专业知识的含义和专业能力有一定的了解。专业知识是指在特定行业、环境、工作、活动等特定条件下，履行岗位职责，完成工作任务所必需的知识，与所从事的职业密切相关，具有一定的针对性和适用范围，包括专业理论、专业技术等方面的知识。专业能力是职业能力中的核心内容，随着职业的日益分化、细化，无论从事何种工作，都必须具备过硬的专业能力，否则就无法履行自身的岗位职责。一个人的专业能力越强，在职业活动中所发挥的作用就越显著。专业知识是职业能力，尤其是专业能力形成的基础。

2. 通过通识知识的学习来培养职业能力

通识知识是指在普遍的条件下，工作和进行与工作相关的生活、学习等方面所必须具备的基本知识，是一个人开展工作、活动的前提，具有普遍的适用范围。通识知识是一个人的基本能力形成的基础。随着职业要求的不断提高，单纯的专业能力不能满足工作的发展需要，因此，需要从业人员具有广博的综合知识和基本能力，能够辅助工作顺利开展。通识知识的学习能够培养一个人适应社会的能力、组织管理能力、沟通协调能力、创新能力等。

3. 通过加强社会实践来培养自己的职业能力

社会实践活动对于培养一个人的能力具有重要的作用。社会实践活动能够使人积累社会经验，提高基本能力。它还能够加强实际应用能力，提高专业技能。通过社会实践活动，能够促进个人的专业理论学习与实践更紧密地结合，更系统地了解领域的知识结构，巩固和拓宽所学习的专业知识，培养分析问题和解决问题的能力、创新能力，提高专业知识的应用能力、实践动手能力和创业能力，使之对本专业建立感性认识。

◗ 案例小链接

小张到某公司工作快三年了，比他后来的同事陆续得到了升职的机会，小张却原地不动，心里颇不是滋味。终于有一天，冒着被解聘的危险，他找到老板理论。"老板，我有过迟到、早退或违纪的现象吗？"小张问。老板干脆地回答"没有"，

"那是公司对我有偏见吗？"老板先是一怔，继而说："当然没有。""那为什么比我资历浅的人都可以得到重用，而我却一直在微不足道的岗位上？"老板一时语塞，然后笑笑说："你的事咱们等会再说，我手头上有个急事，要不你先帮我处理一下？"一家客户准备到公司来考察产品状况，老板叫小张联系他们，问问何时过来。"这真是个重要的任务。"临出门前，小张不忘调侃一句。一刻钟后，小张回到老板办公室。"联系到了吗？"老板问。"联系到了，他们说可能下周过来。""具体是下周几？"老板问。"这个我没细问。""他们一行多少人？""啊！您没让我问这个啊！""那他们是坐火车还是飞机？""这个您也没叫我问呀！"老板不再说什么了，他打电话叫小王过来。小王比小张晚到公司一年，现在已是一个部门的负责人了，他接到了与小张刚才相同的任务。一会儿工夫，小王回来了。"哦，是这样的……"小王答道："他们是乘下周五下午3点的飞机，大约晚上6点到，他们一行5人，由采购部李经理带队，我跟他们说了，我们公司会派人到机场迎接。另外，他们计划考察两天时间，具体行程到了以后双方再商榷。为了方便工作，我建议把他们安置在附近的国际酒店，如果您同意，房间明天我就提前预订。还有，下周天气预报有雨，我会随时和他们保持联系，一旦情况有变，我将随时向您汇报。"小王出去后，老板拍了小张一下说："现在我们来谈谈你提的问题。"小张说："不用了，我已经知道原因，打搅您了。"

【点评】能力的差距直接影响到办事的效率，任何一个公司都迫切需要那些工作积极、主动、负责的员工。优秀的员工往往不是被动地等待别人安排工作，而是主动去了解自己应该做什么，然后全力以赴地去完成。

实践训练

训练一　初识我的能力与技能

1. 活动目标

初步探索自己拥有的能力与技能（注意多写正向的）。

2. 规则与程序

（1）拿出一张白纸，请用五分钟的时间尽可能写你所拥有的全部能力。

（2）请问有多少同学在清单上写下的能力超过50条？

（3）咨询另外两三个人的看法，去请教那些了解你的人，让他们列出你擅长的技能，他们会认为你有哪些长处和强项？

（4）请写下你未来的领导会认为你的长处有哪些？

知识拓展：能力不足如何应对——树立正确的能力观念

（5）把他人眼中你的强项和技能清单上的强项相比较，有什么不同吗？为什么会出现不同？

3. 讨论

通过上述练习，看看清单上出现的强项，有哪些是你以前没有想到过的？哪些方面是你的长处？通过这个活动，你对自己有什么新的认识？

4. 总结

每个人都有很多独特的优势与技能，我们需要不断地探索、澄清，发现自己的优势和能力所在。

训练二　成就事件练习

写下你生活中的五个或更多的成就事件，这些"成就事件"不一定是工作或学习上的，也可以是课外活动或家庭生活中发生的，如同学聚会，一次美好难忘的旅游等，它们不必是惊天动地的大事情，可以是你做过的让你感兴趣的事情，或让你有历险感、有成就感的事情。

在撰写成就故事时，应当包含以下因素：

（1）你想达到的目的，即需要完成的事情；

（2）你面临的障碍、局限；

（3）你的具体行动步骤，描述你每步都做了什么（如何克服障碍，实现目标的）；

（4）对结果的描述，即你取得了什么成就，最好能够量化评估。

完成后，与小组成员一起分析这些成就事件中你所运用的技能。这些经历中反复出现的技能就是你喜欢运用的技能，按照这些技能出现的频率排序。

举例：

• 学习烹饪：15岁时我曾为五个人准备晚餐，每个人都说这顿饭很好吃，整个晚餐都由我负责，包括购买蔬菜和肉，加工和烹饪、上菜及随后的收拾整理。

（识别的技能：用心地学习烹饪、仔细地购买蔬菜和水果、富有想象力地准备食品、将餐桌布置得很诱人、迅速上菜、将餐具和桌子收拾得十分整洁。艺术能力/持家能力）

• 销售报纸：大一时，我在一周内售出价值500元的报纸，并鼓励其他的同学一起参加这项销售活动。

（识别的技能：积极地鼓励其他学生、有说服力地推销杂志订购单、持之以恒地上门推销。经营/销售/市场经营能力）

• 当选为副班长：高中时我与其他学生交谈并赢得了他们的选票。我承诺：当他们和老师出现麻烦时，我将提供帮助。而且，我保证会经常组织班级活动。

（识别的技能：成功地赢得班级竞选，积极地说服同学支持自己，建设性地支持、热情地推进班级活动的展开。领导/语言/口头表达能力）

表 4-1 为成就事件举例。

表 4-1 成就事件举例

年龄	付酬的和没付酬的或是志愿的工作上的成就	学校、学业和课外的成就	在家庭/信仰/娱乐/爱好/个人兴趣方面的成就	人际关系；在家庭以及社交上的成就
20~21	提高了当地报纸的发行量；当月最佳家庭健康助理	为校报写新闻稿；第二学期的总评成绩得了优秀	摄影比赛得了第二名	经过尝试终于帮助了一位朋友
18~19	假期在超市上班从不迟到；这份工作赚了1 000元	在市乒乓球比赛中取得第二名；班长	制作陶器并作为礼物送给家里人；修好了家里的电动车	与一位原以为讨厌我的老师交上了朋友
16~17	暑假在照相机店打工；店里的公告栏撰写广告词	在学校的集会上发表演讲，编辑学校的年鉴	获得三年级奖学金	负责协调毕业生晚会组织委员会；吸引会员一起工作
14~15	在叔叔的农场里工作了很长一段时间	担任一年级的班长；科学作业得了"A"	为我自己写了个小故事	在妈妈生病的时候照顾她
12~13	递送报纸	在学校从不缺勤，并因此得到了奖励	装配了一辆自行车；在妈妈的带领下做了两件衣服	组织了一个俱乐部，成员是我的朋友们
10~11	暑假靠捡瓶子和废纸挣了100元	因为写的东西有创意而在语文课上受到老师的表扬	做了一个飞机模型	
0~9		在学校话剧中演出	在放风筝比赛中得了第一名	在爷爷家待了3个星期（虽然我不想待在那儿）

项目五
我应该做什么——价值观与职业

📝 **学习目标**

知识目标：

1. 了解价值观、职业价值观的概念。
2. 掌握价值观对职业生涯发展的影响，确定职业价值观应处理好的几个关系。

能力目标：

能够通过对自我价值观的分析，认知适合自己的职业。

素质目标：

了解自己的价值观，并结合自身的价值观，分析自己可能选择的各种职业方向及发展前景，基于此目标完善自己的价值观。

👤 **案例引导**

艾柯：毕业后回到家乡，托关系找到一份稳定无忧的工作，工作很轻闲，虽然挣得不多，但工作压力小，空闲时间她就和朋友一起出去旅游度假。

小菲：毕业后去了北京闯荡，人生地不熟，工作繁忙，每天面对难缠的客户，处理棘手的问题。她的努力换来了回报，在公司树立了自己的名气，工作也越来越得心应手。她和男朋友两个人在北京贷款买了房子，每月需要还不少的贷款，尽管如此，她仍对生活充满希望和信心。

刘莉：毕业后先是到一所私立中学担任英语教师，工作表现优秀。结婚生子后，为了有时间照顾儿子，她到一家中型幼儿园担任幼师工作，一边工作，一边有时间照看并教育自己的孩子。

林飞：公司高管，每天工作12小时以上，她的丈夫是另外一家公司的高管，两个人工作忙碌，早出晚归，相聚时间少，周末才得以见面。她的生活紧张而充实，虽然累，但工作上的成就感可以带给她心理上的安慰。

小洁：毕业后到贫困山区支教，条件艰苦，远离都市的繁华，每日面对的是孩子渴望知识的面孔，她深感自己责任重大，日子过得虽苦犹甜。在工作中结识了一位同样来支教的青年教师，两人决定永远不离开这里，把青春献给这里。

每个人都有自己不同的价值观，这决定了他们对自己的定位及以后的职场轨迹。很少有工作能够完全满足一个人所有的重要价值观。因此，我们总是要不断地作出妥协和放弃。只有对自己的价值观进行澄清和排序，才能知道如何取舍。

任务一　认识价值观与职业价值观

一、认识价值观

如果"选择即人生"，那么什么决定人的选择呢？人选择职业，涉及性格、气质、兴趣、能力的因素，但是人与人选择不同的关键在于职业价值观的不同。即为什么具有相同或相近兴趣、性格、能力的人，对于同一职业，有人珍爱一生，有人却弃之于沟壑？有人苦苦追求一生，有人却随手放弃？人们选择职业，如果有一个"网"，那么构成这个选择之网的兴趣、性格、能力、价值观中，价值观是最重要的。价值观的探索与兴趣、性格、技能相比较更有难度，而且更为重要。因为价值观会从内心告诉你值不值得做这份工作，它决定着你选择进入什么样的组织、是否能够坚定自己的选择，搞不好会出现迷茫、困惑。解决的办法就是澄清自身的价值观，融入主流核心价值观，学会排序、取舍，努力实现自身价值观。价值观属于个性特征中最深层次的特质，起着核心作用。价值观无时无刻不在影响着每个人，决定着每个人的职业生涯。价值观是人们对价值的根本看法，提供关于是非、好坏、善恶、美丑的判断标准，是人做出选择取舍的伦理依据。简单地说，价值观回答值不值的问题，即这件事情这样做有没有价值、价值大小的问题。

价值观是在生活和工作中所看重的原则、标准与品质。价值观指向我们内心最重要的东西，它是我们强大的内在驱动力，是引导行为的方向，是自我激励的机制。工作价值观是指无论你从事什么工作都会努力在工作中追求的东西。从另一个角度来讲，工作价值观就是你最期待从工作中获得的东西。世界观、人生观、价值观决定着一个人的人生追求和人生道路，决定着一个人的思想境界、道德情操和行为准则。如在社会主义核心价值观中，富强、民主、文明、和谐是国家层面的价值目标；自由、平等、公正、法治是社会层面的价值取向；爱国、敬业、诚信、友善是个人层面的价值准则。敬业是对公民职业行为准则的价值评价，要求公民忠于职守、克己奉公、服务人民、服务社会，充分体现了社会主义职业精神。世界上没有完全相同的两片树叶。大到一个民族、一个国家，小到一个人，必须知道自己是谁、是从哪里来的、要到哪里去，想明白了、想对了，就要坚定不移地朝着目标前进。习近平于2014年五四青年节在北京大学讲话中提到，价值观的养成十分重要，就像穿衣服扣扣子一样，如果第一粒扣子扣错了，剩余的扣子都会扣错。人生的扣子从一开始就要扣好。职业生涯规划与扣扣子是一个道理。核心价值观，其实就是一种德，既是个人的德，也是一种大德，即国家的德、社会的德。国无德不兴，人无德不立。

◀)) 案例小链接

秋兰在银行工作了十年，30多岁的她，猛然发现自己常常在盘算还有几年就可以退休。

当初，她毕业考进银行，同学们都很羡慕，父母高兴得到处炫耀，上菜市场还不忘带着她去光宗耀祖一番。考进银行是对自己能力的一种肯定，但是到银行上班却是自己始料未及的。秋兰知道自己喜欢和人接触的工作，喜欢扮演大姐的角色，帮助大家解决问题，虽然银行的文书事务工作可以做，且做得不错，可是她并不感兴趣，常常问自己："这就是我想要的生活吗？"

她喜欢慈善家的精神，希望从助人的过程中得到快乐。银行的工作和自己的价值观不相符，她早就心知肚明，这半年来升迁上的不如意，让她更加怀疑这份工作的意义。仔细思量，她很清楚离职是现实上最不理智、经济上最不划算的决定（理想与现实的冲突），但是情感上她真的很想更换工作环境。有一天，她从广播中得知市生命线在招募义工，有一连串助人的辅导训练，包括一阶段、二阶段的训练课程……秋兰想通了，为了现实，她继续待在银行；为了理想，她到生命线去工作，两全其美，对自己、对家人都有交代。对于过程的辛苦，她相信自己撑得过来。

【点评】这样的例子在生活中是很常见的。其实好多毕业生都面临这样的问题：升学还是就业？想升学的同学也并非确定自己是否真的想读，只是现在就业形势严峻，随大流的情况很多。每个人都有诸多的考虑，一方面，想升学，但又觉得自己想工作，想赚钱，不想再在学校里浪费大好的时光；另一方面，大家都想拿高学历，我不拿就没面子。就业时也面临多重的困惑与问题。"鱼与熊掌，到底要什么？或者，哪个是鱼，哪个是熊掌？""什么是工作？什么是最适合自己的工作？""在哪项工作中，我能真正开开心心地投入并实现自己的价值？"等。

人是否面临这样的选择？是否已经做出最适合自己的选择？还是迫于形势根本没得选择？清楚自己到底在意和重视的是什么吗？其实这个问题搞清楚了，所有的疑惑也就迎刃而解了。于是就产生了这样一个问题：如何清楚、明确自己所重视的是什么呢？对自己来说，到底什么才是最重要的呢？这些问题的答案就构成了自己的价值观。而当这些问题应用到工作中时，就成为职业价值观。

二、认识职业价值观

职业价值观是人们依据自身和社会的需要对职业行为与工作结果的稳定且有概括性及动力作用的一套信念系统，是个体一般价值观在职业生活中的体现。它是属于个性倾向范畴的概念。它不但决定了人们的择业倾向，而且决定了人们的工作态度，是个体在长期的社会化过程中所获得的关于职业经验和职业感受的结晶。这种职业选择决定了我们的职业状况，从而也决定了我们的生活方式，这种生活方式最后又决定了人们的人生幸福感。因为从价值观的角度来说，职业发展成功还是失败的判别标准就是你是否得到了想要的生活，你的职业所带来的生活方式是否符合你的价值观。

知识拓展：职业价值观测试工具

任务二　价值观与职业生涯发展

一、价值观对职业生涯发展的影响

1. 了解自己的价值观，有助于推进自我追寻与抉择

不同的价值观会产生不同的行动选择。一个适应社会、身心健康、人格成熟的人应该清楚自己的价值观。一个人越清楚自己的价值观、越了解自己在工作和生活中想要寻求什么、什么对自己来说是最重要的，他的生涯发展目标也就越清晰，自我生命成长轨迹就越稳健；而当现实环境与理想发生冲突、鱼与熊掌不可兼得时，他也更容易做出决策，因为他清楚哪些东西是可以放弃的，哪些是不可或缺的；相反，价值观不清晰的人往往会陷入迷茫与盲从，难以抉择。

2. 审视自己的价值观，有助于加强自我激励与坚持

价值观不仅影响个人对事物的态度与选择，影响与他人的相处和沟通，也影响个人对自我生命愿景的坚守与追寻，最终影响个人的生活与发展。因此，通过不断地审视自己的价值观，可以强化你的分析、判断事物的能力；可以提升你处事、做决定的能力；还可以找到你的行动动力与生命力量。

3. 辨析自己的价值观，有助于促进自我发展与圆融

价值观源于生活经验，每个人的成长是他个人经验的结晶。随着社会化的发展，价值观不是某种不变的教条，而是会发生、发展与改变，价值的辨析与澄清不是一种静态的澄清，而是始终指向一个人价值观的发展过程。因此，个人的价值观是会随着自身的发展成

熟而不断完善的，价值澄清的目的就是发展个人的良好价值观，从而达到促进人的发展与生命的圆融。

拓展阅读

职业价值观的分类

根据不同的划分标准，人们对职业价值观的种类划分也不同。美国心理学家洛特克在其所著《人类价值观的本质》的一书中，提出了13种价值观，即成就感、审美追求、挑战、健康、收入与财富、独立性、爱、家庭与人际关系、道德感、欢乐、权利、安全感、自我成长和社会交往。我国学者阚雅玲将职业价值观分为以下12类：

（1）收入与财富。工作能够明显有效地改变自己的财务状况，将薪酬作为选择工作的重要依据。工作的目的或动力主要来源于对收入和财富的追求，并以此改善生活质量，显示自己的身份和地位。

（2）兴趣特长。以自己的兴趣和特长作为选择职业最重要的因素，能够扬长避短、趋利避害、择我所爱、爱我所选，可以从工作中得到乐趣和成就感。在很多时候，会拒绝做自己不喜欢、不擅长的工作。

（3）权力地位。有较高的权力欲望，希望能够影响或控制他人，使他人按照自己的意思去行动；认为有较高的权力地位会受到他人尊重，从中可以得到较强的成就感和满足感。

（4）自由独立。在工作中能有弹性，不想受太多的约束，可以充分掌握自己的时间和行动，自由度高，不想与太多人发生工作关系，既不想治人也不想治于人。

（5）自我成长。工作能够给予受培训和锻炼的机会，使自己的经验与阅历能够在一定的时间内得以丰富和提高。

（6）自我实现。工作能够提供平台和机会，使自己的专业和能力得以全面运用与施展，实现自身价值。

（7）人际关系。将工作单位的人际关系看得非常重要，渴望能够在一个和谐、友好甚至被关爱的环境工作。

（8）身心健康。工作能够免于危险、过度劳累，免于焦虑、紧张和恐惧，使自己的身心健康不受影响。

（9）环境舒适。工作环境舒适宜人。

（10）工作稳定。工作相对稳定，不必担心经常出现裁员和辞退现象，免于经常奔波找工作。

（11）社会需要。能够根据组织和社会的需要响应某一号召，为集体和社会做出贡献。

（12）追求新意。希望工作的内容经常变换，使工作和生活显得丰富多彩，不单调，不枯燥。

二、确定职业价值观应处理好的几个关系

1. 处理好职业价值观与金钱的关系

金钱是一种成就的报酬，它是在确定职业价值观时首先要面对的问题。有些经济条件不太好的大学毕业生在求职时，将金钱作为首选价值观，从根本上讲这并没有错。但是对于一些人来说，拥有的知识、能力、经验和阅历还不足以使其走上社会就获得大量金钱回报。怀有一夜暴富的心理是不正常的，更是危险的，容易被社会上的不法分子利用，甚至误入歧途。特别是面对严峻的就业形势，更应理性地降低对金钱的期望值，把眼光放远一些，应尽可能地将自我成长和自我实现作为在毕业求职时的首选价值观。

2. 处理好职业价值观与个人兴趣和特长的关系

职业价值观、个人兴趣和特长是人们在择业时需要考虑的最重要的三个因素。在确定职业价值观时，一定要考虑它是否与自己的兴趣和特长相适应。据调查，如果一个人从事自己不喜欢的工作，有 80% 的人难以在他选择的职业上成功；而如果选择了自己喜欢的工作，则可以充分调动人的潜能，获得职业发展的源动力。另外，选择一项自己擅长的工作，也会事半功倍。

3. 处理好职业价值观的排序与取舍的问题

职业价值观的特性决定人们不会只有唯一的职业价值观，人性的本能也会驱使人们希望什么都能得到，但在现实生活中"鱼和熊掌是不可兼得的"。然而在职业选择中，人们却不能理性对待。既然是选择，就要付出代价，只有舍，才能得。所以，要对自己的职业价值观进行排序，找出你认为最重要、次重要的方面，并提醒自己不可能什么都得到。否则就会患得患失，终其一生也不清楚自己到底想要什么，更谈不上职业生涯的成功和对社会的贡献了。

4. 处理好职业价值观中个人与社会的关系

人不能离开社会而独立存在，个人只有在工作中为社会做贡献才能实现自己的职业价值。当然我们并不是说要忽略择业中的个人因素，只去尽社会责任，这样不但不利于个人，也是社会的损失。例如，让一个富于科学创造力、不善言辞的学者去从事普通的教师工作，可能使国家损失一项重大的发明，而社会不过多了一个也许并不出色的教师。因此，我们反对只为个人考虑、毫不考虑国家和社会需要的职业价值观。

5. 处理好淡泊名利与追逐名利的关系

当一个人有了名利才有资格去谈淡泊，没有名利说淡泊那叫"吃不到葡萄说葡萄酸"。名利是人的欲望使然，欲望可以使人成就大的事业，也可使人自我毁灭。以合理、合法、公正、公平的方式追名逐利在一定程度上对个人对社会都会有益，但它需要一定的度，该知足时则知足，该进取时则进取。

▶测试

以下是五个阐明生活目标和职业选择之间重要关系的例子，请标出你最能认同的一个。

A 最想要的就是金钱。由于家境贫寒，A 一心想过衣食无忧的富裕生活。这种愿望十分强烈，以致他想在实现目标之前一直保持单身。A 的一些朋友认为他思维狭隘且自私，但 A 毫不在意。他在目标的激发下进行了全方位的职业搜索，成功地成了一个注册会计师，实现了他的梦想。尽管失去了朋友，但 A 变得比他的这些朋友们都富有。

B 有两个生活目标。一个是旅行；另一个是要促进世界人民的相互理解。B 为达到她的目标奋斗了很长一段时间。结果，当她成为旅行代理商时，已到了不惑之年。由于参加了继续教育课程，B 会说两种外语。在旅行中，B 以"亲善大使"的姿态辛勤工作。B 告诉她的朋友："当我发现某些事情更为重要而需要我为之献身时，我会全身心投入。我希望不久后能发现一个更好的生活目标。"

C 职业高中毕业后在建筑行业干了三年。他从未过多想自己的职业生涯，直到遇见了一个特别的女孩。在 C 的生活中，第一次想拥有一个属于自己的美好未来。从那时起，他们两个人就一起忙碌起来了。现在 C 已拿到本科文凭，而且成了一名建筑设计师。

D 从一位小学老师那里得知自己有艺术才能。后来，D 听了家人劝告，接受学校教育，考上大学，进入了外企工作。在变换了一个又一个无法令她满足的工作之后，她开始反思。正巧，一位艺术家的成功给了她灵感，她觉得自己也可以做得同样出色。于是，她到美术学院进修。今天，D 已是一位成功的商业艺术家，并且被时常邀回到她的母校做演讲。

E 厌倦了现在整天都要在计算机前的工作，决定给自己放一个长假。他除一边旅游、结交新的朋友外，还一边利用一切方法了解有前景的工作机会。他发现保险精算师现在及可预见的未来将是中国就业市场中的抢手职业，不算累，但收入却很高，在美国已被认为是最令人羡慕的职业。E 一直数学很好，计算机又是他的强项。因国内精算领域没有什么学校可选，E 决定出国深造。他对自己的未来充满信心。

参考答案：心理投射需要分析人员具有心理学知识和经验。分析时不仅要基于被试者所表达的语言，还要结合其表达时的语气语调和身体语言。对于以上五个例子，即使不同的被试者都认同一个例子，结果也会因人而异。以下分析只是一些较为可能的答案：

认同 A 的人可能会有较强的成就欲；适合从事单打独斗的工作，如保险销售。

认同 B 的人可能有较强的亲和力，喜欢从事与人打交道并为人服务的工作，如人力资源、工会工作。

认同 C 的人可能十分注重人际关系，把情感、精神激励看得比物质激励更重。

认同 D 的人可能具有较强的责任感，善于自我激励，是一个可以被充分授权的人。

认同 E 的人可能思想相当开放，不太爱受约束，喜欢从事有较大自由度的工作。

▶ 实践训练

训练一　价值大拍卖

1. 活动目标

认识价值观、了解自己的价值观；学会做出选择，真正地体现自己的价值；学会抓住机会，不要轻易放弃。

2. 规则与程序

（1）教师指导语：今天，我们进行一场价值拍卖会，在面对爱情、友情、健康、自由、美貌、爱心、权力、财富、快乐、亲情的时候，同学们是怎样选择的呢？选择不同，体现了我们对人生的追求和事业的追求也不同。希望通过这次价值拍卖会，使同学们更清晰地了解到自己的价值取向，预测自己的职业生涯。

（2）拍卖的东西见表5-1，每样东西都有它的底价。每组同学象征性地发10 000元，代表你一生的时间和精力。将15项人生美事和优良品质作为商品进行逐一拍卖，每人出价以500元为单位，价高者得。有效利用手中的10 000元，尽可能买更多的东西。

（3）请你根据这些工作价值在自己心目中的优先地位按1~15排序，1表示最重视，15表示最不重视，填在表5-1中的第一栏内。你手里有十万元，对于各个工作价值项目，你愿意花多少钱买？请将自己预估的数额在表5-1中第二栏内填写，成交价在第三栏内填写。

表5-1　拍卖价值

工作价值项目	顺位	预估价	成交价
1. 为大众福利尽一份力			
2. 追求美感与艺术气氛			
3. 寻求创意、发展新事物			
4. 独立思考，分析事理			
5. 有成就感			
6. 独立自主，依己意进行			
7. 受他人推崇并尊敬			
8. 发挥督导或管理他人的能力			
9. 有丰厚的收入			
10. 生活安定有保障			
11. 良好舒适的工作环境			
12. 与主管平等且融洽相处			
13. 与志同道合的伙伴一起工作			
14. 能选择自己喜爱的生活方式			
15. 工作富有变化不单调			

3. 讨论

你们买到你想要的东西了吗？有没有后悔得到你所买的东西？为什么？拍卖过程心情如何？在这么多项价值中，哪些价值是相对重要的？哪些价值是相对不重要的？为什么？假如现在已经是生命的终点，你是否后悔刚才你所争取的东西？这个东西是不是你最想要的？金钱是否就会带来幸福和快乐？有没有一些东西比金钱更重要？

（1）我重视的价值观是什么？

（2）我所选择的五个价值观是我一直都重视的吗？如果曾经有改变是在什么时候？

（3）有哪些价值观是我父母认为重要的，而我却不同意的？有哪些价值观是我和父母共同拥有的？

（4）价值观的改变是否曾经改变我安排生活的方式？

（5）我理想的工作形态与我的价值观之间是否有任何关联？

（6）我是否因为谁说的一句话或某件事情，如考试的成绩，而对自己的价值观感到怀疑？

（7）以前我曾经崇拜哪些人？他们目前对我有什么影响？

（8）我的行为是否反映我的价值观？例如，重视工作变化、成长与突破的你，能适应一成不变的工作吗？你会在父母的期待下选择他们认为理想的工作吗？

4. 总结

每个人不可能同时获得这些价值满足，那么在面临抉择的时候，该如何选择呢？在这次价值拍卖会中可以看到同学们的不同价值观，他们在选择价值时要认识到哪些是相对重要的价值观，要树立正确的价值观。我们要学会选择，选择真正属于自己的价值观。

训练二　有关价值观的完形填空

完成下面的句子，每句话建议用一张纸来写，在空白处填上出现在你脑海中的第一反应：

（1）如果我有100万美元，我将用来＿＿＿＿＿＿＿＿＿。

（2）在生活中我最想得到的是＿＿＿＿＿＿＿＿＿。

（3）我最关心的是＿＿＿＿＿＿＿＿＿。

（4）我最想得到的是＿＿＿＿＿＿＿＿＿。

（5）我认为我生命中最大的喜悦是＿＿＿＿＿＿＿＿＿。

（6）如果我只剩下24个小时，那我将＿＿＿＿＿＿＿＿＿。

（7）如果我在一场火灾中只能救出一件东西，那么它将是＿＿＿＿＿＿＿＿＿。

（8）我的工作必须能给我＿＿＿＿＿＿＿＿＿。

项目六
职业社会认知

📝 **学习目标**

知识目标：

1. 了解职业、专业的概念与关系；掌握专业和职业对应关系分析。

2. 了解职业的构成要素，职业的特征与功能；熟悉职业的分类。

3. 掌握外部环境分析的内容。

4. 了解职业世界的维度；掌握认识职业世界的途径和方法。

能力目标：

能够有效收集相关资源，对自己所选择的职业社会进行探索。

素质目标：

通过对社会大环境进行分析，来了解和认清国际、国内和自己所在地区的政治、经济、科技、文化、法治建设、政策要求及发展方向等，以更好地寻求各种发展机会。

👤 **案例引导**

大二学生周洪想在上海的某企业从事人事助理的职位，经过对人事助理职位的调查，他了解到这类职位的要求是：必须掌握人力资源管理系统的理论知识；具备助理人力资源管理师的证书；而且还需要具备一定的人力资源管理的实践经验。

于是，周洪在他剩余的两年大学时间里，着手探索人事助理职位的要求，培养相关职业素质，考助理人力资源管理师的证书，掌握人力资源管理系统理论知识，进入一些名企实习积累实践经验，参加社团活动培养自己的组织能力和沟通能力等。等到毕业的时候，他如愿地进入上海名企从事他所期望的人事助理的职位，实现"人职匹配"。

我国传统的职业教育观念是：学校就是"两耳不闻窗外事"的知识殿堂，学生要专心于学习，学有所成再谈论职业，大多数中国学生对社会上各行各业所知甚少，"职业"对于他们来说，还是一个非常遥远的概念。

目前，科技的高速发展使工作专精化。如果对工作世界未有明确认知，将无法了解工作的意义，对未来工作更加无从选择。职业认知是生涯发展的首要任务，大学生应认识与试探各种职业工作，培养从事各种职业工作的基本能力；根据个人兴趣与能力，完备职业所需的知识与技术，使个人素质适应于工作世界。

任务一　职业与专业

一、职业与专业的概念

职业是参与社会分工，利用专门的知识和技能，为社会创造物质财富和精神财富，获取合理报酬作为物质生活来源，并满足精神需求的工作。

专业的理解有两个方面，即学科专业与业务专业。所谓学科专业就是指在学校教育活动中，大学与中职学校根据社会职业中专业分工的需要，所设立的学业类别；而在科学研究和知识管理活动中，它又是根据所要研究或处理的对象性质和涉及领域的差异所做的门类划分，如数学、物理和化学等。所谓业务专业是指人们在社会科学技术进步获得和生产实践中描述职业生涯某阶段、某一人群长期从事的业务作业规范，是用于区别各种业务工作业绩的重要标志，如医院外科、内科及骨科等的医务人员。

二、职业与专业的关系

职业与专业有联系，也有区别。专业是相对于学科而言的，而职业则是所从事的工作，专业数与职业数的比例至少为1∶10，而每种职业又有许多不同的岗位，因此这里就涉及针对性和适应性问题。专业与职业的这种关系给专业内的课程组合带来了复杂性和困难性，以致引发专业对口和不对口的问题。

通常，大学生在择业时主要考虑自己的专业，再考虑以自己的兴趣爱好、特长选择就业单位。反过来，用人单位在招聘新员工时一般首先考虑的是应聘者的就业素质和所学专业、特长及相关经历。专业对人的影响比大学对人的影响还要大，专业在极大程度上影响着择业的决策过程，在一定程度上也影响着一个人的职业生涯。

人生好比马拉松比赛，选择专业，就像比赛刚刚开始。事实证明，一个人无论是主动还是被动地选择了某专业，他都无法保证该专业一定是自己将来要从事的职业。尤其是在就业形势日益严峻的今天，就业市场竞争日益激烈，虽然通过某个专业的学习，具备了某一方面的技能，拿到了毕业证书和技能等级证书，但并不等于马上就可以找到理想的、对口的职业。

所谓"学以致用"，狭义上是指"专业对口"；广义上是指高校毕业生无论将来从事何种类型的职业。其工作性质都与所学专业有密切联系，可以是本专业内的工作，也可以是相近专业的工作。学以致用，可以发挥大学生的专业特长，使其在工作中如鱼得水，脱颖而出，取得事业上的成功，同时，也能避免人才浪费。许多用人单位在招聘人才的时候，除考虑专业外，往往非常重视综合素质。那些走出校门很快能融入社会并被用人单位认可和接受的大学生，都是在知识准备、能力准备和心理准备相对充足的前提下，才获得发展机会的。即使他们会遭遇挫折，也能依靠自己的实力重新调整。

三、专业和职业对应关系分析

专业与职业之间呈现出的是一种复杂的相关关系，可以概括为三种，即一对一的关系、一对多的关系、多对一的关系。

一对多就是指一个专业对应多个职业方向，一般是学习内容比较广博、发展方向可以分散的专业，如哲学、历史、中文、经济学等专业。

多对一就是不同的专业可以发展成为同一个职业方向，这种职业一般技术含量不高，但要求个人在实践中自己领悟和学习，如业务开拓人员、新闻记者、企业管理人员等。

1. 一对一

一对一最为简单。它是一个专业方向对应一个职业目标，这类专业一般都存在于中职类学校或高职学院。培养目标单一明确。此类职业的技术含量比较高，也比较单一。它属于学业规划中比较主动的一种态势。我们可以先定目标，后选路线，在各种路线中选择求学成本最低的一条，这类专业和职业一般都适合专业技术人员。

2. 一对多

一对多一般存在于普通高校中，人们常说的"宽口径，厚基础"，就是指这类专业。它们所对应的职业目标有多个，从职业的人格特征来看，两种甚至六种人格类型的职业它都有涉及。例如，前面所说的经济学专业，从职业人格来看，它可以对应研究型人格职业（如经济学研究），也可以对应管理型人格职业（如企业管理者或新闻记者），还可以对应艺术型人格职业（比如营销策划）、事务型人格职业（如企业信息管理）等。这样，我们在确定了专业方向后，还要确定适合自己发展的职业目标。这里需要注意的是，确定职业目标时，一定要和自己的职业人格一致。例如，你属于管理型的人格，你就要选定属管理型人格的职业（如企业管理者或新闻记者），并根据具体职业目标的标准要求来有针对性地学习和开发其他必要的知识和技能。如还是经济学专业，你确定自己毕业后从事新闻记者这一职业，那么你在学经济学知识的同时，还要根据新闻记者所需要的其他知识和技能，有针对性地开发和学习，如写作能力、社交能力、新闻敏感度、驾驶技术等。此种类型适合在学业规划时先确定专业、后确定职业目标的情形。应该说，先定专业、再定职业目标是一种比较被动的人生发展态势，然而这一类型可以使学生比较顺利地由被动转化为主动。

因此，作为大学入学的新生，一定要抓住这一关键时机，从被动走向主动。否则自己的人生发展将陷入更大的被动之中。

3. 多对一

多对一是多种专业都可以发展到某一种职业的情形。这类职业一般属于管理型人格的职业。如新闻记者、政府公务员、营销主管、企业管理等。这种类型也适用于先确定职业目标、后确定专业方向的情形。它其实和第一种比较类似，学生在进行学业规划时处于比较主动的态势，能够比较好地找到一条求学成本最低的学业路线。

任务二　深度认知职业

一、职业的构成要素

职业的要素是用来描述职业基本特征的信息点。其含有如图 6-1 所示的七项职业要素。

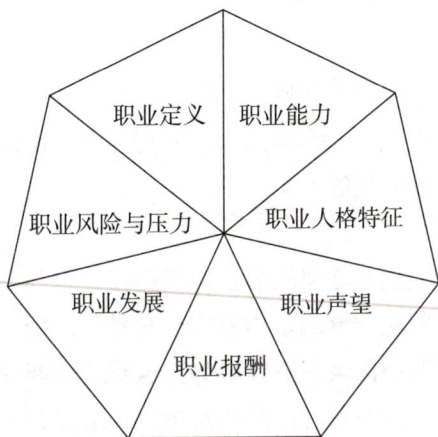

图 6-1　基本职业要素

1. 职业定义

职业定义是对使用工具所从事工作活动的说明，是职业信息中最重要的内容。它规定了该职业的基本任务、开展工作的基本方法、需要使用的基本仪器和设备。

职业定义勾勒出职业的基本线条，有助于我们初步了解职业。例如，机械制造工程技术人员的职业定义是：从事机械制造加工工艺、检测方法及其工艺装备的开发、设计等的工程技术人员。从事的工作主要包括研究和开发工艺技术；编制工艺规划，设计平面布置方案；进行工艺设计和编写工艺文件；进行工艺管理；设计、制造、装配、安装和调试工艺设备；研究、设计测量几何尺寸的方法；对材料和毛坯进行化学分析、力学性能测试、金属材料的金相组织及冶炼质量的检验；对制造过程的质量进行监控，并分析失效原因；进行材料、毛坯、零部件的无损检测和设备、设施的无损检测及可靠性分析与评估；研究、开发、推广、应用加工和测试的新技术；编制、推广、应用加工工艺、测试方法及所需装备的标准；进行设备的技术鉴定、评估和仲裁等。

2. 职业能力

职业能力是指从事该职业的综合能力。职业能力包括教育水平、职业资格等。教育水平和执业资格从不同侧面反映了职业能力的要素。

3. 职业人格特征

职业人格特征是指从事该职业的人需要具备的心理特征。不同的职业对从业者的心理特征有着不同的要求，如教师要求有亲和力，良好的思维能力、学习能力和表达能力；汽车驾驶员则要求有较好的动作反应性和速度感知能力，性格稳重、不轻易冒险。

4. 职业声望

职业声望是人们对不同职业社会地位高低的评价，反映了一定社会发展阶段和一定时期的职业观。由于社会分工使职业之间在劳动强度、智力水平、收入状况、工作条件、拥有的权利、受尊敬的程度、为公众服务等方面形成了差别，这种差别就形成人们对职业地位的不同看法和态度。

5. 职业报酬

职业报酬反映了从事该职业的大体收入状况，这是从业者最关心的内容，也是选择该职业的主要参考指标。职业报酬往往具有地域性和行业性，即同一职业在不同的地域和不同的行业报酬不同，有时有较明显的差距。

6. 职业发展

职业发展包括初始就业、就业趋势及职业发展路径与空间。初始就业描述了从事该职业的初始状况，表明了进入职业领域的基本方式，对最初的择业和就业具有参考价值。就业趋势描述了未来若干年该职业的就业总体趋势，这对选择职业和进行职业发展规划有着重要的意义。职业的发展路径与空间讨论的是入职后未来可能的职位升迁路径。

7. 职业风险与压力

职业风险是指在执业过程中具有一定发生频率并由该职业者承受的风险。其包括经济风险、政治风险、法律风险和人身风险。

职业压力是指当职业要求迫使人们作出偏离常态机能的改变时所引起的压力。

职业风险小未必职业压力也小，有些职业的从业者往往感受到的压力比其面临的风险要大得多。了解职业风险和压力有助于更全面地评价职业，对选择职业具有积极意义。

二、职业的特征与功能

(一)职业的特征

职业的特征包括技术性、经济性、社会性、同一性、差异性和时代性等。

(1)技术性。技术性包括职业本身的技术要求与个人可在职业岗位上发挥个人才能和专长两个方面。由于不同职业之间存在着差异,再加上随着技术的进步、经济结构的变动,每种职业本身对技术的要求也有所不同。因此,对从业者的知识和技能的要求也各有不同。而对于个人而言,要想最大限度地发挥自己的个性和才能,需要通过某种职业在劳动岗位上来完成,这样才能使自己不断增长知识和才能,使自己不断地成长。

(2)经济性。经济性即维持生存,从中取得收入。职业是获得个人收入的主要来源,是个人赖以生存及维持家庭生活的手段。这是职业活动区别于其他劳动,如义务劳动、勤工俭学等的一个重要标志。获得报酬是人们从事职业活动的目的之一,也是支撑其完成其他活动的条件和基础。人类社会的各种文明,大多建立在职业分工、分化、分类,即职业范畴进步的基础上。

(3)社会性。职业需要人来承担,人从事了某种职业,也就参与了某种社会劳动,同时,承担起了某种社会角色,因此,要尽义务。例如,法官既是一种职业,又是一个社会角色,需要承担起维护法律尊严、维护社会秩序的社会义务。对于社会而言,职责具有实现社会控制、维持社会运转、为社会创造财富的功能。

(4)同一性。某一类别的职业内部,其劳动条件、工作对象、生产工具、操作内容、人际关系等都是相同或相近的。由于情境的同一,人们就会形成同一的行为模式,有共同语言,很容易认同彼此。同行、同事就是有一定类似之处的人群。正是基于职业的同一性,才会构成工会、行会、同业公会等社会组织,才有从业者的利益共同体。例如,工会就是保障会员们的工资收入、就业机会、福利保险等共同利益的团体。

(5)差异性。不同职业之间可能有巨大的差异,这些差异包括职业劳动者的社会心理、从业者个人的行为模式等。一般来说,人类社会作为一个有机体,必然存在分工,存在多种多样的职业。古人说世上有"三百六十行",现代社会则有几千甚至上万种职业,各类职业间大相径庭,隔行如隔山。职业的这种差异性导致了不同职业者的不同社会人格,以及人在职业转换中的矛盾与困难。随着劳动分工的深化、技术的进步、经济结构的变动和社会的发展,新的职业不断产生,职业差异还在继续加大。

(6)时代性。职业的时代性有两个含义:一是职业随着时代的变化而变化,一部分新职业产生,替代一部分过时的职业;二是每个社会都有自己的"时尚",它表现为该社会中人们所热衷的职业。

(二)职业的功能

职业活动与职业角色对个人和社会均产生作用与影响,作为社会生产和生活的基础,其功能包括个人功能和社会功能两个层面。

1. 职业的个人功能

从个人层面分析，职业的功能主要表现在以下四个方面：

（1）职业是获得经济收入、维持生存的重要手段。职业是人们参与社会生产、从事社会劳动、获得经济收入的主要方式，因此，决定了个人的行为特点和社会角色会影响到个人的生存环境。人生在世，离不开衣食住行，而这一切需要有相应的经济收入作为保证，以便维持个人和家庭的生计，满足人们生存和发展的基本需要。人们总是通过一定形式的职业来进行劳动，以获得经济报酬来换取生存和发展所必需的产品与服务。

（2）职业是获得非经济利益的主要途径。职业还能使人们获得各种非经济利益，如权力、地位、名誉和成就感等，这些利益会使一个人的内心获得满足，使这个人更加喜欢自己的职业，更加努力工作。人们获得的由职业所带来的社会地位及权力等往往使其处于不同的社会阶层。人们为了提高自己的社会地位，在职场上不断努力地奋斗。

（3）职业是个人价值发展的基本手段。职业本身意味着需要专业的技能和知识，以胜任某种特定的工作，完成相应的体力或脑力劳动，并在劳动过程中创造价值。每个人都有发挥个人价值的愿望，从事与自己性格、兴趣和技能相吻合的工作，可以充分发挥自己的才能，不断实现自我价值。因此，职业为个人价值的发挥提供了基本手段。

（4）职业是承担社会义务的重要方式。人们通过职业参与社会生活，从事社会活动，以此来不断提高自我、发展自我。人只有通过参与社会生产和生活才能显示自己的才能，并且体现自己对社会义务的承担，从而形成特定的社会角色，受到群体的认可，满足个人的社会需求，为社会创造物质财富和精神财富。职业承载着一个人特定的社会角色，是个体生命价值的体现。

2. 职业的社会功能

从社会层面分析，职业的功能主要表现在以下三个方面：

（1）职业是社会发展的基本要求。职业是社会分工的必然结果，是社会化大生产的产物。职业的发展与分化反映了社会的发展程度，也必然成为社会经济制度和社会经济结构的重要组成部分，反映了社会经济发展水平。近年来，大量新兴职业的出现，反映了现代社会生产的发展和社会经济运行的需要。

（2）职业是劳动者分类的必要途径。从人类社会的发展看，专业化分工极大促进了社会生产的发展，也使人们按照不同的职业形成了完整的职业分类，从而促进了社会生产的发展和进步。职业促使具有相同或相近技能的人群更加便于沟通和交流，有利于对劳动者进行分类和培训，实现有效的管理和控制。

（3）职业是国家管理劳动者的基本手段。职业作为人们生存的重要方式，为人们的生存和发展提供了稳定的经济来源。国家通过有效的职位分类方法和职业资格鉴定制度来保证劳动者的工作权利，同时，也满足了不同职业劳动者的具体需求，这有助于社会经济的发展。

三、职业的分类

1. 我国的产业分类

产业是国家经济部门按照国民经济的产业结构进行划分的，通常可分为三大产业部门，即第一产业、第二产业、第三产业。

（1）第一产业包括农业、林业、牧业、渔业和水利业。广义上讲，农业包括采集、种植、狩猎、捕鱼、畜牧在内。农业部门的职业包括农林牧渔劳动者、管理人员、专业技术人员、技术工人等。

（2）第二产业包括工业和建筑业。按照生产产品的经济用途，可以将整个工业分为生产资料的工业和生产消费资料的工业两大类。前者称重工业，包括机械、冶金、电力、煤炭、石油、燃料、化工等工业；后者称轻工业，包括纺织、造纸、食品、皮革等工业。

（3）第三产业是指除第一、第二产业外的流通和服务两大产业。它包括以下四个部分：

1）流通部门，如商业、饮食业、交通运输业、邮政电信通信业、物资供销和仓储业等。

2）服务部门，如金融、保险、房地产业、公用事业、居民服务业、旅游业和咨询服务业等。

3）科教文卫体部门，如教育、文化、广播、电视、科学研究、卫生、体育和社会福利等事业。

4）机关团体，如国家机关、党群组织和社会团体等。

2. 我国的行业分类

行业是指从事相同性质经济活动的所有单位的集合。行业是按照经济活动的同质性原则划分的，即每个行业类别都按照同一种经济活动的性质划分。国民经济行业分类是对全社会经济活动进行的标准分类，它为国民经济核算和各项专业统计按照经济活动观察事物提供了科学、详细的分类依据。

《国民经济行业分类》（GB/T 4754—2017）将国民经济行业划分为门类、大类、中类和小类四级，共有20个行业门类，97个大类，473个中类，1 380个小类。下面只列出20个门类：

（1）农业、林业、牧业、渔业。

（2）采矿业。

（3）制造业。

（4）电力、热力、燃气及水生产和供应业。

（5）建筑业。

（6）批发和零售业。

（7）交通运输、仓储和邮政业。

（8）住宿和餐饮业。

（9）信息传输、软件和信息技术服务业。

（10）金融业。

（11）房地产业。

（12）租赁和商务服务业。

（13）科学研究和技术服务业。

（14）水利、环境和公共设施管理业。

（15）居民服务、修理和其他服务业。

（16）教育。

（17）卫生和社会工作。

（18）文化、体育和娱乐业。

（19）公共管理、社会保障和社会组织。

（20）国际组织。

3. 职业分类

《中华人民共和国职业分类大典（2022年版）》职业分类结构为大类8个、中类79个、小类449个、细类（职业）1 636个。第一大类为"党的机关、国家机关、群众团体和社会组织、企事业单位负责人"，包括6个中类、16个小类、25个细类（职业）；第二大类为"专业技术人员"，包括11个中类、125个小类、492个细类（职业）；第三大类为"办事人员和有关人员"，包括4个中类、12个小类、36个细类（职业）；第四大类为"社会生产服务和生活服务人员"，包括15个中类、96个小类、356个细类（职业）；第五大类为"农、林、牧、渔业生产及辅助人员"，包括6个中类、24个小类、54个细类（职业）；第六大类为"生产制造及有关人员"，包括32个中类、172个小类、671个细类（职业）；第七大类为"军人"，包括4个中类，4个小类，4个细类（职业）；第八大类为"不便分类的其他从业人员"，包括1个中类、1个小类、1个细类（职业）。

拓展阅读

职业资格证书制度

职业资格是对从事某一职业所必需的学识、技术和能力的基本要求。根据原劳动部、人事部联合颁发的《职业资格证书规定》的有关精神，我国从业人员的职业资格可分为从业资格和执业资格两种。从业资格是指从事某一专业职业（工种）应具备的学识、技术和能力的起点标准；执业资格是指政府对某些责任较大、社会通用性强、与公共利益关系较大的专业职业（工种）实行进入资格的控制，这是依法独立开业或从事某一特定专业职业（工种）学识、技术和能力的标准。

职业资格证书制度是劳动就业制度的一项重要内容，也是一种特殊形式的国家考试制度。它是指按照国家制定的职业技能标准或任职资格条件，通过政府认定的考核鉴定机构，对劳动者的技能水平或职业资格进行客观公正、科学规范的评价和鉴定，对合格者授予相应的国家职业资格证书。

职业资格证书是劳动者具有从事某一职业所必备的学识和技能的证明。它是劳动者求职、任职、开业的资格凭证，是用人单位招聘、录用劳动者的主要依据，也是境外就业、对外劳务合作人员办理技能水平公证的有效证件。

我国国家职业资格证书采取等级式结构，国家职业资格通常分为五个等级，即国家职业资格五级（初级）、国家职业资格四级（中级）、国家职业资格三级（高级）、国家职业资格二级（技师级）、国家职业资格一级（高级技师级）。政府还规定了国家职业资格和社会上通行的其他专业资格之间的相互对照关系，以确保国家职业资格获得者的相应社会地位和经济地位。

（1）国家职业资格一级。能够熟练运用专门技能和特殊技能在本职业的各个领域完成复杂的、非常规性的工作；熟练掌握本职业的关键操作技能技术；能够独立处理和解决高难度的技术或工艺问题；在技术攻关、工艺革新和技术改革方面有创新；能组织开展技术改造、技术革新和进行专业技术培训；具有管理能力。

（2）国家职业资格二级。能够熟练运用专门技能和特殊技能完成较为复杂的、非常规性的工作；掌握本职业的关键操作技能技术；能够独立处理和解决技术或工艺问题；在操作技能方面有创新；能够组织指导他人进行工作；能够培训一般操作人员；具有一定的管理能力。

（3）国家职业资格三级。能够熟练运用基本技能和专门技能完成较为复杂的工作，包括完成部分非常规性的工作；能够独立处理工作中出现的问题；能指导和培训初、中级人员。

（4）国家职业资格四级。能够熟练运用基本技能独立完成本职业的常规工作；并在特定情况下，能够运用专门技能完成较为复杂的工作；能够与他人进行合作。

（5）国家职业资格五级。能够熟练运用基本技能独立完成本职业的常规工作。

所谓就业准入，是指根据《中华人民共和国劳动法》和《中华人民共和国职业教育法》的有关规定，从事技术复杂，通用性广，涉及国家财产、人民生命安全和消费者利益的职业（工种）的劳动者，必须经过培训，并在取得职业资格证书后，方可就业上岗。实行就业准入的职业范围由劳动和社会保障部确定并向社会发布。

一场技术工人与数字大赛的"双向奔赴"

30台六轴工业焊接机器人依次排开，向毫米级的精度控制发起极致挑战；91架四轴无人机接续启航，以超过每小时60公里的时速花式翻飞上演空中版的"速度与激情"；94个三维建筑信息模型加载建筑全生命周期数据，鼠标键盘构建起横跨虚拟与现实的"云梯"……6月7日至9日，在全国职工数字化应用技术技能大赛决赛现场，无论是在闪动的焊弧间还是在无人机飞行的轨迹里或是在智慧建筑的模型旁，总能找到技术工人身着工装用技能赢得荣光的身影。

在数字产业化、产业数字化的浪潮里，"智能代工""机器换人"的声音四起，这场由中华全国总工会和福建省政府主办、首次面向数字技能应用领域举办的全国性职工职业技能大赛，则让赛场内外的更多人看到了数字时代"技能成才、技能报国"的另一种可能。

数字赋能：开拓职业的"可能"

"6-18-02-04""4-04-05-04""4-99-00-00"是本次大赛三大赛项——焊接设备操作工、建筑信息模型技术员、无人机驾驶员在《中华人民共和国职业分类大典（2022年版）》中所对应的职业编码。

数字技术正逐渐"刷新"大众对传统职业的刻板印象，也深刻改变着职业发展的形态，吸引更多年轻人走进数字领域的"新职场"。

大赛现场的"选手数字画像"印证着数字产业中的青春力量——参赛选手平均年龄30.6岁，年纪最轻的选手只有19岁。

"比赛对于我来说更像是一个'造梦工厂'。"1997年出生的国网四川省电力公司德阳供电公司无人机操作员邓禹在赛场内完成了无人机装配、调试、多人多机协同精准运输、高速作业、创新创意等实操考核。邓禹感叹自己至今难忘四年前刚入职时一周四天跟着师傅上山巡检的"苦日子"，"无人机巡检解放了我们的双脚，数字技术为我们这一代'新工人'在'云端'开辟了职业的新可能。"

有一组数据或许更能证明这场大赛对于技术工人的意义：自2022年7月启动以来，本次大赛共带动超过40万名职工参赛备赛。大赛全程体现数字化办赛理念，网上学习练兵参与人次超过274万。

在这背后，跃动着数字中国的强劲脉搏和数字工匠人生出彩的无限潜能。

以数提技：登上"追光"的舞台

将建设工程信息"绕于"指尖，用键盘和鼠标"起高楼"，这是北京住总第一开发建设有限公司BIM工程师赵正桥这五年来反复在"探索"的事。在他的操控之下，设计师用绘图板、丁字尺和墨线笔等工具完成的建设工程设计图，透过BIM技术的加工，成了"跃然纸上"的立体影像。

30余张图纸的信息采集、近百条毫无规律的信息数据，则是竞赛场里，赵正桥眼前电脑屏幕里这座27层"数据大厦"的虚拟骨架。高层建筑层玻璃幕墙如何有序拼接、建筑格局如何综合布置、机电各专业管道碰撞问题如何解决……选手们在BIM技术的"加持"下，在模型中寻找解决方案的最快"捷径"。

从数字化办公到协同管理平台，从3D可视化技术到VR可视化系统，从电子测距仪到三维扫描仪再到测量、放样机器人，在BIM的"技术海洋"中遨游，赵正桥感叹："过程就像探秘，令人着迷。"2021年，取得建筑专业二级BIM等级证书；2022年，在首届北京市职工职业技能BIM技术员技能大赛斩获第三名……赵正桥坦言："如同演员对舞台聚光灯的向往，BIM 工程师也有对'光'的渴望。"

想要"追光"的，不仅是赛场内的工程师们。数字产业同样期待"技能追光"的人。

"150 万"，这是本次大赛技术指导、黑龙江省建筑信息模型技术应用协会秘书长朴善植对当前建设信息模型技术人才缺口的估算。在朴善植看来，"大赛的魅力不仅在于让'能工巧匠'找到职业自信的光，还在于让更多年轻人看见：人生的魅力也能够被技能所点亮。"

数智迭代："匠心"无可取代

在大多数人的想象里，这场全国技能大赛注定是一场浸透汗水的比拼。然而真实的大赛现场，我们很难在赛场中找到那些固化在记忆中的工业"气息"。

30 台机器人组成"焊接班组"上岗劳作，机器巨臂中轴旋转灵活舞动，钢花飞溅中快速完成焊接；94 个独立工位，键盘声四起，电脑屏幕上飞旋出 3D 的模型……这些"科幻般"的场景，不仅出现在竞赛现场，也出现在一座座数字工厂的车间和一家家科技企业的写字楼里。

从表面上看，数字化智能装备似乎取代了工人成了工厂的"主角"。然而只要将观察的镜头聚焦得更深、更远一些，就能看清隐藏在这些机械背后的，是一位位复合型、综合型的新型产业工人。

蔡基伟 2012 年便跟着师傅学电焊做项目，三年学成、五年出师，而 2019 年他第一次接触焊接机器人后，学习编程他只花了不到 15 天。他说："或许机器人的机械臂可以替代工人的双手，但机器永远无法替代的是我们的匠心。工人的智慧才是数字技术发展的驱动力。"

任务三　外部环境分析

为了更好地进行职业选择与职业生涯规划，必须对外部环境进行分析，通过外部环境分析，弄清楚环境对职业发展的要求、影响及作用，对各种影响因素加以衡量、评估，并做出反应。

一、社会环境分析

我们将所选职业放在社会环境中分析，才能坚定职业方向和职业目标。

(一) 社会环境分析的概念

所谓社会环境分析，就是对所处的社会大环境的分析，了解所在国家或地区的政治、经济、法治建设发展方向，以寻找各种发展机会。

（二）社会环境分析的内容

中国现在正处于近两百年以来最好的历史时期。虽然社会上还有许多体制弊端，还有许多没有解决的矛盾，但是政治上比较稳定，法制化进程已经开始，市场经济已经初步形成并步入正轨。21世纪的中华大地充满各种人才成长发展的机遇。

但是人才的竞争日趋激烈，大学生就业难、失业率居高不下等，都使当前的就业环境看起来不容乐观，这就更需要在分析社会现状的基础上，有针对性地做好自己的职业生涯规划。对社会环境因素的了解主要包括：①社会政策，主要是人事政策和劳动政策；②社会变迁，如知识经济和信息化社会的发展，就会对人的职业生涯发展产生较大影响；③社会价值观，其会随着社会的不断发展和进步而发生不同程度的变化，从而影响社会对人的认识和对职业的要求；④科学技术的发展，其会带来理论的更新、观念的转变、思维的变革、技能的补充等，而这些都是职业生涯规划中不可或缺的要素。

二、行业环境分析

（一）行业环境分析的概念

所谓行业环境分析包括对目前所从事行业和将来想要从事目标行业的分析，具体包括行业的发展状况、国际国内重大事件对该行业的影响、目前行业优势与问题所在、行业发展趋势如何等。

（二）行业环境分析的内容

行业环境分析包括对目前从事或拟从事的目标行业的环境分析。其内容应包括行业的发展状况，国际、国内重大事件对该行业的影响，目前行业的优势与问题，行业发展趋势等。

在分析行业环境时，一定要结合社会大环境的发展趋势。科学技术的飞速发展会使某些行业如同夕阳般坠落，逐渐萎缩、消亡，更有许多极具发展前途的朝阳行业不断出现并发展。同时，还要注意国家政策的影响，了解国家对某一行业的相关政策支持与否等。要尽量选择那些有前景、发展空间广阔的行业。例如，我国近年来重点抓环境保护，推行可持续发展战略，保护生物多样性，在农业生产中控制化学制品的使用，开发"绿色食品"等，使环境保护产业如初生朝阳，充满生机，致使环保设备生产、环保技术咨询等行业迅速发展，从而提供了大量就业岗位。而这时如果不了解情况，为了一时利益，盲目进入那些污染后果严重的行业谋职，必会给自己的职业生涯造成严重的不良后果。

三、企业环境分析

(一)企业环境分析的概念

所谓企业环境分析,就是个人在选择企业时有必要通过个人可能获得的一切渠道来了解心仪的企业的有关情况,并进行相关分析。例如,可以通过公司所在地的新闻出版机构的新闻线索,来了解该企业产品及服务的详细情况和富有深度的财政经济状况;通过有关书籍和企业发展史、当地各种商业活动、企业人物获奖的细节,也能了解到可供参考的资料信息。另外,公司的网站介绍信息也会透露一些企业文化的有关线索,至少可以通过参观或参加面试时的谈话资料和知识背景来充分了解企业环境。

(二)企业环境分析的内容

企业环境一般包括单位类型、企业文化、发展前景、发展阶段、产品服务、员工素质、工作氛围等多方面内容。进行企业环境分析,首先要确定自己适合什么样的企业文化、什么样的环境,从而找到真正适合自己要求的公司。我们大部分人会面临这样一个严酷的事实:我们必须长期、努力地工作,如果用几年的时间做自己并不适合的工作(这种情况很常见),那么就是在浪费生命、浪费组织的信任。

企业环境分析包括:用人单位的声誉和形象是否良好;企业实力怎样;企业在本行业中的地位、现状和发展前景怎样;所面对的市场状况如何;产品和服务在市场上的发展前景怎样;能够提供哪些工作岗位,是否适合自己;有无良好的培训机会;企业领导人怎样,是否先进开明;企业管理制度怎样;企业文化是否与自己吻合;企业的福利待遇是否完善等若干方面。具体包括以下三个方面。

1. 企业实力

企业实力通过多方面体现:企业在社会中的地位和声望如何;企业目前的产品、服务和活动范畴是什么;企业的发展领域;发展前景如何;战略目标是什么;技术力量和设施是否先进;在本行业中是否具备很强的竞争力;是发展扩张,还是倒退紧缩;是否处于很快就会被吞并的地位;谁是竞争对手;企业目前的财政状况如何;要仔细观察是真正在"做大""做强",还是空有其壳;有没有长久的生命力;企业的组织结构是怎样的,是扁平的还是等级制的等。

2. 企业领导人

企业主要领导人的抱负及能力是企业发展的决定性因素,个人在职场的发展如何很大一部分来自领导者。很多成功的大企业都有出色的企业家作为掌舵领航人。当然"炒老板鱿鱼"也是职场的一道"家常菜"。因此,要了解企业主要领导人是真心要干一番事业,还是想捞取名利。其管理先进开明吗?他有足够的能力带领员工开创新天地吗?他有没有战略眼光和措施?他尊重员工吗?

3.企业文化和企业制度

除很好的福利、吸引人的薪酬、舒适的工作环境和出色的管理外，优秀的企业还会创造积极的企业文化，使员工感到快乐和受尊重，也使员工工作更有创造性。员工与企业相互配合是否良好的关键在于企业文化。因此，在求职时选择什么样的企业文化氛围让你觉得最舒服，才是至关重要的。

企业制度涉及的范围比较广，包括管理制度、用人制度、培训制度等，尽可能了解这些信息，了解企业在组织结构上的特征与发展变化趋势，分析这种安排对自己的未来可能带来什么样的影响，特别要注意企业用人制度如何，能否提供教育培训机会，提供的条件是什么；自己将来有没有可能在该企业担任更高级的职务或担负更大的责任；个人待遇提升的空间有多大，是基于能力还是工作年限；企业的标准工作时间怎样，是固定的还是可以变通的；当然也还要将企业提供的薪酬和福利待遇与行业内其他公司进行比较。

总之，通过以上分析，应理出一条清晰的线索，确定自己的职业生涯在这个企业有没有足够的发展空间，衡量自己的目标能够在该企业得以实现的可能性。

四、职位分析

（一）职位分析的概念

职位分析是指了解组织内的一种职位并以一种方式把与这种职位有关的信息描述出来，从而使其他人了解这种职位的过程。

（二）职位分析的内容

职位分析内容见表6-1。

表6-1　职位分析内容

职位环境分析维度	具体分析（以人力资源举例）
该职位是否能在社会分工中长期存在，当前发展趋势如何	所有组织都会涉及人力资源管理，只要有组织和人存在，这个职位就会长期存在。当前，人力资源管理已经从简单的事务管理发展为专业的管理行为，在企业生产经营中扮演越来越重要的角色，处于一个价值上升的通道中
所选职位需要哪个方面的专业知识技能	①需要用到人力资源规划、开发、薪酬管理、劳动关系管理、绩效管理等专业的人力资源知识； ②需要企业经营、组织行为学、心理学等知识； ③需要有良好的沟通能力、亲和力、人际交往能力
所选职位专业知识技能是否有足够的深度，知识经验积累时间需要多长	该职位要做到较高层次需要的知识较多，需要进行至少10年的时间积累和不断的理论学习才能得到较高层次的认可

续表

职位环境分析维度	具体分析（以人力资源举例）
该职位是如何创造价值的	通过有效的人力资源管理活动，使所在组织具备竞争所需要的组织能力和员工能力，从而提升组织竞争优势和效率
该职位可否带来所期望的报酬水平	按照当前的市场情况，在经济发达的地区，如广州、深圳、上海等地，国内中型企业人力资源经理的年收入水平在 15 万~20 万元，大型企业人力资源经理年收入在 20 万~30 万元，该职位工资在外资企业水平中相对更高，该职位可以达到预期报酬水平
需求满足程度	物质需求满足：其带来的收入水平可以满足求职者对生活品质的要求，可以满足家庭住房、汽车、教育和旅游需求。 精神需求满足：这是一个求职者愿意从事的职业，是可以实现自我价值的职位
分析结论	该职位是一个处于往上发展的职位，且有足够的职业深度，所带来的报酬能够满足求职者物质和精神上的需求，因此是理想的职位

五、家庭环境分析

（一）家庭环境分析的概念

家庭环境分析指的是对家庭软、硬环境的分析。家庭软环境是指笼罩着特定场合的特殊气氛或氛围，它诉诸人的内在情绪和感受，对人起着潜移默化的作用，是家庭生活中人与人之间相互联系所形成的一种气氛；家庭硬环境是指特定的物质条件，是人得以发展的基础条件。

每个人从出生开始就受到家庭环境的影响，这种影响往往是多方面的、深远的。个人职业发展规划的确立，往往同自身的成长经历和家庭环境相关联。个人在成长过程中，在不同时期也会根据自己的成长经历和所受教育的情况，不断修正、调整，并最终确立职业理想和职业计划。因此，正确而全面地评估家庭情况才能有针对性地设计适合自己的职业规划。

（二）家庭环境分析的内容

家庭环境分析主要是分析家庭环境对职业生涯规划产生的影响，内容具体包括以下三个方面。

1. 家庭教育的影响

一个人所受的家庭教育方式不同，在长期的潜移默化中所形成的价值观和行为模式就会有所不同，从而形成的职业理想和职业目标就会有所差异。

家庭教育方式可分为专制型、溺爱型、民主型和忽视型。

（1）专制型父母在家里操纵着子女的一切，用权力和强制性的训练使孩子听命，享有无上的权威。父母从来不考虑子女的思想感受，只从父母的主观意志出发，总是代替子女思考，强迫子女接受自己的看法和认识，子女必须按照父母的认识和意志去活动，不能超越父母的指令。这种类型的父母对子女要求过分严厉，有过高的期望，缺少宽容，有太多的限制，过分地不允许，教育子女语言和方法简单，态度生硬。这种教育方式下的毕业生经常处于被动、压抑的状态，缺乏自制能力，往往会形成两种截然不同的职业生涯规划个性：一种表现为顺从、懦弱、缺乏自信、孤独、性格压抑、自卑，择业时唯唯诺诺，缺乏独立判断和处理事情的能力；另一种表现为逆反心理强、冷酷无情、有暴力行为，择业时往往会独断专行。

（2）溺爱型父母一般很少向子女提出要求或施加控制，对孩子的爱缺乏理智和分寸，即使子女提出过分要求，往往也采取"听之任之"的态度，对孩子百依百顺、姑息迁就。这种教育方式下的毕业生经常可以无拘无束，任性胡为，往往会形成两种截然不同的职业生涯规划个性：一种为依赖型；另一种为好高骛远型。

（3）民主型父母给孩子自由发展空间，平等地对待、尊重和信任孩子，能与孩子相互沟通，交流各自的看法，鼓励孩子上进，孩子可以按照自己的爱好和兴趣发展，父母也为孩子的发展提出建议，理性地指导孩子成长，对其缺点错误能恰如其分地批评指正，提高孩子的认知能力。父母遇事总是先给孩子讲道理，从不打骂。即使有时父母错了，也会真诚地给孩子道歉。这种教育方式下的毕业生，个性得到充分发展，也容易产生发挥自身潜能的动力，在择业上表现出的主动性也较强。

（4）忽视型父母对孩子既缺乏爱的情感和积极反应，又缺少行为的要求和控制，亲子间交往甚少，父母对孩子缺乏基本关注与了解，对孩子的一切行为举止采取不加干涉的态度，给孩子一种被忽视的感觉。这样的父母认同"树大自然直"的观念，对孩子采取漠不关心、放任自流的教养方式。这种现象多存在于工作繁忙、交际应酬多、业余时间少的父母，一心扑在自己的工作学习上，很少与孩子交流沟通，忽视了孩子的内心世界和需要。这样教育方式下的毕业生在做职业生涯规划时通常不会征求家庭意见，随意做出职业抉择。

2. 家庭经济状况的影响

职业生涯规划往往受家庭经济状况的制约，家庭经济状况直接影响大学生对职业的态度，对大学生性格、能力和兴趣的形成都起着间接的作用。如品行兼优而自动放弃免试读研资格的小章所说："父母年事已高，体弱多病，我需要先找一个工作以减轻他们的负担，等到条件成熟我会再考回学校来的。"小朱是某校中文系的毕业生，从跨入大学的那天起便立志成为一名记者，但最后在毕业生就业协议书上签下的不是某某报社，而是一家企业，在收起协议书的一刻，他感慨万千，那是一种放弃曾经无限痴迷的梦想之后无奈的叹息："我没有冒险的资本，我不能那么自私，只为我自己潇洒而不考虑家人，一份高薪稳定的工作对我来说比较适合，至少在最近几年应该如此。也许有一天，当我还有那份痴迷和激情，而我又能找到更好的起点时，我还会重新选择。"

3.家庭心理因素的影响

健康的身体是孩子生存和发展的必要物质基础，孩子们有了强健的身体，才能有充分的精力进行学习、活动，家长除为子女提供他们生长发育所必需的结构合理的饮食外，还要督促并教育子女积极参加体育锻炼。然而，除生理健康外，同等重要的是心理健康。目前，许多家长只注意到了子女生理上的健康，而忽视了心理健康。例如，许多家庭的子女存在一些缺陷，如遇事漠不关心、胆怯、懦弱、依赖性强、意志薄弱、贪慕虚荣、自私、任性等，造成孩子在与人交往上遇事退缩，产生不少心理障碍。

拓展阅读

大学生投身快递行业：就业观在求职中变得越来越务实

伴随着就业环境发生了变化，大学生的择业观也变得更加务实，对形势和自己有个客观正确的评估，愿意从底层起步，慢慢积累经验。毕业于江西财经大学物流管理专业本科的葛鹏辉，进过工厂、憧憬过互联网……他的心路历程，或许就是一次生动的分享。

"关键是对自己有规划"

"以前都是在收包裹中感受电商大促，今年作为行业的一分子，感受这种氛围，还挺奇妙的。"22岁的葛鹏辉是一名应届毕业生，2023年4月入职申通快递，进入公司运营项目管理部工作。在接受采访时，虽然葛鹏辉刚结束连续两天的夜班工作，但说起对自己第一份工作的感触，略显疲惫的声音仍然遮盖不住心底对生活和工作满满的冲劲。

他是在2022年的秋招中，向申通投递的简历，与身边的同学选择考公考研的思路不同，大三开始后，他就将大部分精力都用在了找工作上。

对于就业压力，葛鹏辉有着清醒的认识，就业观也在求职中变得越来越务实。大三第二学年，班里三分之二的同学走上了考研考公的备考之路，有的人对此目标坚定，也有的人只是随波逐流。但他不同，早早就明确了自己毕业后的方向，在他看来，鉴于就业的压力，先就业再择业对于刚毕业的学生来说显得更现实。

葛鹏辉是江西财经大学物流管理专业的本科生，虽然并非就读于名校热门专业，但由于大学期间有过多次实习经验，在求职中不乏大平台向他伸出橄榄枝。

他告诉记者，入职申通之前，他共投递了包括小米、中外运、中远航、"三通一达"、顺丰、京东、菜鸟、拼多多等在内的几十家企业，涉及制造业、物流、互联网等行业，所有企业他均进入了第一轮笔试，参加了一半以上企业的第二轮面试，最后收到了六家企业的offer。

2023年被称为"最难毕业季"，但葛鹏辉坦言，自己对大环境的感知并不明显。

"如果非要说有什么求职秘诀，我觉得关键还是要对自己有规划。"复盘自己的求职经历，他总结，无论是先择业还是先就业，首先要认清楚自己，要知道自己想做什么，适合做什么。

"大二的时候，我们的专业开始分管理和技术两个方向，当时我就清楚自己对学术研究不感兴趣，所以选择了实操性比较强的方向。"他坦言，刚开始择业必然有点茫然，因此提前意识很重要，得慎重地找一家较正规的公司从基层开始学习，慢慢积累经验。

"观念一转天地宽"

大三的暑假，他就给自己安排了一次"磨炼"的机会。"珠三角制造业发达，机会也多，那里很多工厂都用上了智能仓储，我就想去学点本事。"那个假期，他在网上找了一家广东惠州的工厂实习，一入职，他就"泡"在仓储车间里，学习如何出库入库，如何把生产物料整理汇报，后来还参与设计物料库的规划。

工厂仓储管理的工作很辛苦，那两个月，一天工作十多个小时成了家常便饭，但葛鹏辉从初中开始就在外地住校生活，从小独立能力强，他描述自己是一个不想"躺平"又能吃苦的人。

临近毕业，葛鹏辉也曾有去银行工作的机会，但他最终还是决定跟随自己的性格、能力、兴趣来选择适合自己的行业。身边的不少同学都进入了金融系统，但他认为，观念一转天地宽，他更愿意有针对性地锻炼自己的能力，为自己将来的职业规划打下扎实的基础。

他说："大家说快递业是劳动密集型行业，在街上看到的都是骑三轮送快递的小哥。但是为了把快递按时递送到位，里面的技术含量、技术问题还是很多的，所以快递这个行业其实是需要很多大学生的。"

他还分享了一个自己比较独特的就业观。"我跟班里的同学聊起来，大家基本上都是先选城市，再选工作，我刚好相反，框定一个大致的范围，但对于具体要去哪座城市，我是没所谓的，关键是看去的企业是不是符合我的基本要求。"在他看来，选择职业跟自己将来要在哪里发展有很大的关系，如果你先选择了城市，那么所受到的局限可能会比较大。

他对第一份工作的要求是，能锻炼自己某一方面的素质和能力，因此他有从基层做起的心理准备。

首份工作更注重成长空间

目前很多大学生在择业时，除注重薪酬待遇外，更注重未来的成长空间。"在校招的时候，我也着重向HR老师咨询了成长平台和上升空间的一些问题。"葛鹏辉告诉记者。

"入职以后，公司的培训活动对我们这些应届生适应新环境有很大的帮助，在培训时与同届新人交流，让我增长了更多见识。"葛鹏辉告诉记者，通过申通"武备堂"等培训课堂，将实际工作与理论结合的教学方式更为直观，让他受益匪浅。

　　他说，目前在运营项目部工作，部门的学长、学姐对他照顾得很多，各类工作开展得也很顺利。

　　"入职以后我才知道，大学生是申通快递人才培养的重中之重，公司计划未来两到三年从校招生中培养出公司骨干人才。"葛鹏辉准备给自己一年的时间在岗位上学习，他说："公司更关注新人的学习能力和成长。希望2024年开始，我能和部门的学长、学姐一样，在项目中独当一面。"

任务四　认识职业世界

一、认识职业世界的维度

认识职业世界的维度，包括专业探索、行业探索和职业探索三个方面。

（一）专业探索

专业探索作为认识职业世界的一个重要维度，内涵丰富，具体介绍如下。

1. 专业探索的概念

　　专业探索，其实就是在对本专业调研中了解专业毕业后所能从事的职业，从而有效地规划大学生活。专业探索可分为对本专业的探索和对自己喜欢专业的探索，其目的都是有效充分地利用大学时间来有针对性地为就业而学好专业。

2. 专业探索的具体内容

　　（1）专业调研。专业调研是整个专业探索的核心任务，具体内容包括：这个专业是什么；这个专业学什么；这个专业有哪些名校、名师；与此专业相关的专业有哪些；这个专业对社会和生活的价值；这个专业毕业后都能做什么工作；学这个专业的名人都有谁，成就怎样；在这个专业领域权威的企业有哪些；学这个专业的上几届师长的目前状况怎样；怎样才能学好这个专业，学习的圈子和资源都有什么。

　　（2）专业选择。如果你发现自己不喜欢目前所学的专业，就要探寻自己可能喜欢的专业。充分利用相关信息，浏览专业设置目录和说明；在整体了解后确定几个专业大类（如文、理、工、法、管大类）；在了解的大类中确定专业小类（如管理大类中分公共管理小类、工商管理小类等）；在了解的各个小类中确定10个专业（如工商管理小类中的人力资源管理，公共管理类中的行政管理等）；针对每个专业进行"专业10项"的调研，最后确定三个目标专业。

（3）专业学习。专业学习有以下要求和方法：自编一个专业通论教材、明确 30 个概念、抄写一本厚厚的专业通论教材、制作一个专业学习和发展手册、拜访 50 个专业相关的人士、一篇原创的专业论文、翻译一本外文的专业通论教材、一个月的专业相关工作实习。如你能运用其中的三个方法坚持半年，那你一定是这个专业的"小专家"了，也为日后的职业探索、职业定位奠定了坚实的基础。

（4）确定适合专业。专业探索的最后结果表现为确定一个自己喜欢和适合的专业，那如何掌握和衡量呢？这里有以下几项参考：熟悉专业通论教材、能写与专业相关的文章、知道专业领域的最新活动和进展、能与专业领域对话、明确专业的毕业出路是什么、喜欢读该专业方面的书籍、总去听该专业的课程并且很愿意发表言论、愿意和他人分享对此领域的看法与见解。如果你符合其中的三条以上，那你有资格说你确定了你所喜欢的专业。在收集与分析信息时，可以询问现在的任职者，他从事了哪些和本职无关的工作，或者他认为他从事的这些工作应该由哪个部门去做，就可以区分出他的、他人的和他还没有做的工作。

（二）行业探索

行业探索有助于认识职业世界，它包含丰富的内容，现予以具体分析。

1. 行业探索的概念

行业探索就是通过理论分析和实际调研的方式对一个行业进行全方位解读。行业是社会分工的大类，通过了解行业能让个人很好地认识职业世界。

2. 行业探索的具体内容

如何了解一个具体的行业呢？经过研究，行业中有一些通用的研究因素，通过研究这些因素就可以很全面地认识一个行业。

（1）这个行业是什么？100 个人对行业会有 100 种定义，这个项目就是集众家之长，包括政府、协会、个人对行业的定义。每个定义都是对行业不同层面的阐释，而定义又是很精辟、全面的介绍，所以深入仔细地收集关于行业的定义、观点是十分有益于加深对行业的了解的。

（2）行业对生活和社会的作用及发展前景、趋势。明确行业对社会和生活的作用，每个行业在社会中都是有其特定功能的，在了解行业对生活和社会的影响之后，就可以在一定程度上了解它的发展前景和趋势，从而可以在选择行业和确定发展方向时有长期的准备。

（3）行业的细分领域。行业是大类，在行业内部还是有不同分类的，了解不同的行业分类有助于全方位地了解行业。分类的标准决定了具体的分类，可以选择政府、协会的分类标准，以此为线可以很快掌握和理清行业发展的脉络，也是个人了解行业发展空间的重要依据，如金融业就分为银行、保险、证券、基金等。

（4）国内外标杆企业的调研。当了解不同行业细分领域后，就可以找到此领域的标杆公司了。标杆公司是此领域此行业的代表，当调研国内外的标杆公司时，我们所能把握的方向也是国际化的。同时，对比国内外不同标杆公司的差距，很利于自己了解行业的核心竞争力。需要注意的是，要对每个行业的标杆公司进行不同程度的企业探索，从而使自己的行业探索更加全面。

（5）行业的人力资源需求状况及趋势。了解这个行业都需要什么样的人才，当盘点完行业的需求状况之后就可以加速自己的职业选择，也为个人的职业定位（确定具体的职业）做出可能的探索，还要对行业的未来需求做些整理和分析，便于自己站在未来的角度做选择。

（6）从事行业需要具有的通用素质和从业资格证书。每个行业都有一定的入行要求，这些就表现为通用素质和从业证书。从业证书是证明素质的一种手段，如法律从业人员需要通过司法考试；会计从业人员需要会计上岗证。一般来说，通用素质是由这个行业长期发展所决定的，具备了就比较容易发展，否则就会出现问题；大学生可以通过掌握通用素质和考取从业资格证书作为入行的敲门砖。

（7）哪些名人做过或在做这个行业。了解行业的标杆人物是进一步了解行业的有效手段，每个行业都有行业的代表人物，调研行业标杆人物的奋斗轨迹、目前状态等，可以加深对行业的了解，也为自己进入行业提供了一个参照。

（8）行业的著名公司老总或人力总监的介绍和言论。整理和访问行业老总、人力资源总监等的个人介绍、言论思想是职业访谈的一种高端调研，因为行业老总左右着企业的发展，人力资源总监左右着企业人才的招募，所以从两个层面来了解可以更全面地了解行业的发展状态和人才状况，也可以进一步拓展自身的行业知识，同时可以进一步扩大标杆人物的作用，此项侧重他们对这个行业的评价。

（9）职业访谈一般职员、部门职员的一天。与行业的高端人物交流是比较困难的，尤其是行业的标杆人物，但和公司的一般职员交流就会很顺畅。这个访谈也是实际调研的主要部分，你可以和做过或正在做这个行业的一般职员交流，去询问他们与职业相关的问题，在交流中验证和拓展你对行业的了解，尤其是要加强对所希望从事的部门或岗位的人的访谈，这样可以有效地了解职业的具体要求。

（10）校园职位及大学生的一般能力要求。当进行行业的调研后，还应对能够应聘的校园职位进行盘点，因为这才是大学生可望又可及的。一些企业有校园招聘，校园招聘中所列的岗位就是面向大学生的，毕业生可以总结这个企业三年来的校园招聘岗位，当了解十家企业的招聘岗位后，就可以合并、整理那些岗位，从而在一定程度上了解行业的校园职位。每个岗位在招聘时都会列出任职资格，当你整理相同岗位的任职资格后就可以在一定程度上明确一般能力要求了，如你确定一个岗位（定岗）并按其任职资格去努力，那你在毕业后是很容易如愿以偿的。

（三）职业探索

相关职业探索方面的知识介绍如下。

1. 职业探索的概念

职业探索是对你喜欢或要从事的职业进行理论分析和实际调研的过程，目的是对目标职业有充分了解，并在明确和职业的差距中制定求职策略，从而有效地规划大学生活。

2. 职业探索的具体内容

（1）职业描述。职业描述即定义职业的内涵，具体包括职业名称、各方对其的定义。职业描述是对职业最精练的概括和总结，是透彻理解职业和调研职业的基础。在罗列和学习他人对一项职业的看法后，也要给这个职业下一个自己的定义，为自己的职业报告做好第一手准备（可以参照联合国国际劳工组织、美国和加拿大的职业展望手册，中国的国家劳动和社会保障部，很多职业分类大典都对职业有详细介绍）。

（2）职业的核心工作内容。每个职业都有核心的工作职责，职责背后对应的就是工作内容。了解职业的核心工作内容，有利于了解完成工作内容背后必须胜任的工作能力，这样就很容易找到职业和自身之间的差距。成熟的职业都有权威人事部门给其总结确定的核心工作内容，一些企业的招聘广告中也有对工作内容的描述。作为大学生求职者，可以请教一些行业协会，或是从事此职业的资深人士，一般企业的人事部门和直接部门经理也有对职业的具体感悟。

（3）职业的发展前景及其对社会和生活产生的影响。职业的发展前景是国家、社会等对这个职业的需求程度。具体包括三个问题：第一，职业在国家阶段发展中所起的作用；第二，职业对社会和大众的影响；第三，职业对生活领域的影响。也就是说，不仅要知道这个职业对国家、对社会、对行业有价值，也要知道这个职业对大众、对生活的影响，人们对其的依存度和声望度怎样。

（4）薪资待遇及潜在的收入空间。职业是社会分工的产物，职业根据人们参与社会分工的量来确定相应的报酬，在不同的行业、企业、岗位上还有一些潜在的收入空间。福利待遇是择业的关键因素之一，所以，在考量职业时要重点调研职业的薪资状况。

（5）岗位设置及不同行业、企业间的差别。一般来说，岗位设置指一个职业是由一系列岗位划分的，而不同行业、不同性质和规模的企业对岗位的划分与理解也有很大不同，可能同一个名称的工作内容完全不同。了解职业的岗位设置能加深对职业外延的理解，有针对性地与自己进行比较。一般来说，人事权威网站、职业分类大典、业内资深人士是比较了解这个职业的具体岗位设置情况的。

（6）入门岗位及其职业发展道路。入门岗位是指针对应届毕业生的工作，职业中的一些中低端岗位是面向大学生开放的。作为大学毕业生，要了解一个岗位对应的职业发展道路是什么，这个岗位有哪些发展途径，最高端的岗位是什么。即使自己很看好这个职业，但你最终也是要做工作的，而入门岗位就是提供给大学生的敲门砖，所以，作为毕业生应了解自己能通过哪些岗位进入这个职业。从企业的每年校园招聘里就能看到哪些岗位是针对应届生的，一些校园招聘网站也可以找到这些信息。

（7）职业标杆人物。职业标杆人物就是在这个领域谁做得最好，他是怎么做到的，都取得了什么成绩，遇到了什么困难，具备什么素质等。每个职业都有一流的人物，无论国内还是国外的。研究职业标杆人物可以让自己了解他的奋斗轨迹，加深对职业的了解，也会使自己找到在这个职业领域奋斗的途径。

（8）职业的典型一天。职业的典型一天更多是在访谈中完成的，毕业生要知道这项工作的一天是怎么安排的，从早上到回家的时间是怎么安排的。了解职业的典型一天是判断自己是否适合这个职业的重要指标，如果你不想过像这个职业那样的一天，如果你不想有这个职业那样的一天，就不用再为之而努力去学习、去准备、去从事这个职业了，所以这个过程很关键。尤其是这个工作对个人生活的影响，看自己能否接受。职业的典型一天，在核心工作内容中会有涉及，但具体到个人的资料就不多了，所以更多的还是要你去访谈做这个职业的人，这样也才更真实。

（9）职业通用素质要求及入门具体能力。职业通用素质要求是指从事这个职业的一般的、基本的要求，主要是通用素质能力，也就是能将这个工作做好所要具备的能力。通过对职业外在素质要求的了解，对比自己是否能够胜任，还有哪些要加强和补充的能力，从而可以将它规划到大学生活里。其实每个岗位的岗位描述中的任职资格都有相关介绍，只是要把其整理出来，尤其要加上职业访谈中的内容，列出10项最常用的能力，然后与自己一一对照，可以促进发现和认识自我。

（10）工作与思维方式及对个人的内在要求。工作方式和思维方式是你做好做精工作的保证，有些工作对人的内在要求是很高的，如态度等，这些是从你的内在来判断自己是否适合和喜欢一个职业的核心标准。从内在出发来判断是否喜欢是科学的，因为职业是客观的，只是因为选择了职业才会有是否愿意做、适合做等问题的产生，所以当对职业全方面考量之后，最后一关就是对职业所要求的内在盘点。岗位描述中的任职资格也会有对其内在素质的要求，还有业内普遍认为的个人素质，要注意考虑不同行业、不同类型企业的差异。

二、了解职业世界的途径和方法

从不同的角度了解工作世界的核心内容之后，大学生还需要掌握一定的途径和方法来深入探索工作世界，更好地融入职场社会。

对于高等教育体制下的大学生来说，最好的了解职场社会的方法和途径就是实践，通过自我的亲身经历来感受职场，体会"人在职场"所要具备的能力和面临的挑战，从而将自己学习与探求的理念再投入实践，实现良性循环。

大学生可以通过各种形式的实践来深入探求职场社会，训练职业素养，锻炼职业能力，提升就业综合素质。

（一）积极参加课外活动，培养综合素质，适应职场需求

恒基伟业人力资源部经理袁裴认为："职场上有其游戏规则，导致职场成功的往往是非学历因素，如何对待突发事件、如何进行团队合作、如何沟通汇报工作、如何解决工作难题、如何推销自己，这些都是大学生最需要了解和亟待掌握的。"了解职场需要的这些促进职业生涯成功的非学历因素，可以通过大学校园中的活动实践来习得。大学生借助参加大学校园丰富多彩的课外活动、形式多样的各种社团活动、各级各类的学生社会工作实践，就能获得职场社会需求的多种能力，与工作世界更好地贴合。

（二）积极参加社会实践，增加社会阅历，提高工作能力

对于大学生而言，缺乏实际的工作经验是较为普遍的问题。但是现在的职场，很多用人单位要求应届毕业生具有一定的工作经验，看起来似乎是苛求，其实不然，工作经验也可以在大学培养。大学生有比较充裕的时间，如双休日、节假日、每年将近两个月的寒暑假期，可以在学习之余，利用节假日参加一些社会实践活动，了解工作世界，增加阅历，积累经验，增长才干。

现在很多企业尤其是大型企业，针对还在校园的大学生设立了很多实习职位，这些职位分布在企业的各个部门，可以锻炼学生多方面的能力，丰富学生职场的知识与信息，使企业成为学生职业素质培养的第二课堂。要想使学生掌握职业能力中的一些关键技能，没有长期的实践是不可行的。在国外，特别是在英国和美国这些重视就业能力开发的国家，企业成为学生的长期实践基地相当普遍。在我国，实习和一些社会实践活动在这方面起着一定的作用。

大学生要善于发掘企业实习岗位的信息资源，亲身走进企业，将自己的所学运用到实际工作环境中，并且尝试找到工作实践对于自己大学学习生活的差异反馈，不断调整自己学习与探索的方式，使自己能够最大限度地了解职场、发现实现自我职业期望的途径与方法。

（三）生涯人物访谈法

生涯人物访谈法方法独特，更能从榜样中学习、了解职业世界，现具体介绍如下。

1. 职业生涯人物访谈

职业生涯人物访谈是通过与一定数量的职场人士（通常是自己感兴趣的职业从业者）会谈而获取关于一个行业、职业和企业"内部"信息的一种职业探索活动。

通过访谈，了解该职业岗位的实际工作情况，获取相关职业领域的信息，进而判断自己是否真的对该工作感兴趣，这实际上是一次间接、快速的职业体验。另外，还可以和生涯人物建立长期联系。

2. 进行职业访谈的步骤

开展一次有效的生涯人物访谈，一般可以按照以下流程进行：

（1）认识和了解自己。加强对自己的了解和认识，可以借助一定的工具（如霍兰德职业倾向测试、职业能力测量表、职业价值观自测量表或测评软件）分析自己的兴趣、性格、技能和工作价值观（注意：可以使用各种测评工具或软件，但不能迷信）。

（2）寻找生涯人物。结合自己的兴趣、技能、工作价值观、教育背景和已掌握的职业知识列出未来可能从事的几个职业，然后在每个职业领域寻找三位以上的在职人士作为生涯人物。生涯人物可以是自己的亲人、教师和朋友，可以是他们推荐的其他人，也可以借助行业协会、大型同学录或某个具体组织的网页来寻找其他职场人士。

（3）拟定访谈提纲。结合目标职业信息设计访谈问题，对生涯人物的访谈可以围绕以下要点进行：行业、单位名称、职业（职位）、工作的性质类型、主要内容、地点、时间、任职资格、所需技能、市场前景、行业相关信息、工作环境、工作强度、福利薪酬、工作感受、员工满意度等。

（4）预约并实地采访。预约方式有电话、QQ、电子邮件和普通信件等，其中电话效果最佳。预约时首先介绍自己，然后说明找到他的途径、自己的采访目的、感兴趣的工作类型及进行采访所需要的时间（通常 30 分钟左右，确认采访的日期、时间和地点）。

注意：联系前的准备要充分，电话联系时还应备好纸和笔，以备临时电话采访；联系时一定要有礼貌，时间要短。

（5）访谈结果分析。在一个职业领域采访三个以上的生涯人物后，用职业信息加工的观点来分析，对照之前自己对该职业的认识进行比较，找出主观认识与现实之间的偏差，确定自己是否适合这一行业、职业和工作环境，是否具备所需能力、知识与品质，形成书面总结报告，进而详细制订大学期间的自我培养计划。如果访谈结果与自己之前的认识产生严重脱节，就有必要进入另一个职业领域，开展新一轮生涯人物访谈。

3. 生涯人物访谈的注意事项

采访的方法可以是电话采访、当面采访，也可以用邮件或书信采访，效果最佳的是在被访对象所在单位（或营业场所等）面对面的采访，这样你可以对自己感兴趣的职业的工作环境有实地的了解，但尽量不要 QQ 交谈，那样太不珍惜他人时间，况且也说不清楚。

采访前，自己需要做充分的准备，如准备好提纲、录音笔（必须经过被访者同意）、记录的纸笔等。生涯人物访谈的目的，一是了解职业的具体情况；二是与被访者建立良好的人际关系，增加自己得到实习和工作岗位的机会。

找人是个问题，但不是影响你做不做职业访谈的决定性因素，其实当你做了之后就会发现，如何得出你想要的答案才是最难的。

你提出的问题要经过仔细思考，不能随便漫无目的地问。

确定访谈对象是偶然的，但如果你不去访谈，访谈对象是不可能自动且主动地来找你的。

你最少要访谈十个人，其实对于你充裕的暑假来说，即使访谈三十个人也是不成问题的。

整理录音或记录文字是件烦琐的事情，但这是你必须做的事情，除非你让人家给你用文字作答。

你最好搭个伴，这样当你们一起敲陌生人的门或访谈时都会有个照应，更重要的是鼓励自己完成此次职业访谈作业。

拓展阅读

职业生涯访谈问题提纲（参考版本）

1. 在这个工作岗位上，每天都做些什么？

2. 你是如何找到这份工作的？

3. 你是如何看待该领域工作将来的变化趋势的？

4. 你的工作是如何为实现组织的总体目标或使命贡献力量的？

5. 你所在领域有"职业生涯道路"吗？

6. 本职业需要什么样的人？

7. 到本领域工作的基本前提是什么？

8. 就你的工作而言，你最喜欢什么？最不喜欢什么？

9. 什么样的初级工作最有益于学到尽可能多的知识？

10. 本领域初级职位和略高级别职位的薪水是多少？

11. 工作中采取行动和解决问题的自由度如何？

12. 本领域有发展机会吗？

13. 本工作的哪部分让你最满意，哪部分最有挑战性？

14. 什么样的个人品质或能力对本工作的成功来讲是重要的？

15. 你认为将来本工作领域潜在的不利因素是什么？

16. 依你所见，你在本领域工作中遇到了什么样的问题？

17. 对于一个即将进入该工作领域的人，你愿意提出特别建议吗？

18. 本工作需要特别的知识、技能和经验吗？

19. 这种工作需要什么样的教育或培训背景？

20. 公司对刚进入该工作领域的员工提供哪些培训？

21. 还有哪些方法能帮助我深入了解该工作领域？

22. 你的熟人中有谁能做我下次的采访对象吗？当我打电话给他（她）的时候，可以用你的名字吗？

23. 根据你对我的教育背景、技能和工作经验的了解，你认为我在做出最终决定之前还应在哪个领域、什么样的工作上进行深入调查研究呢？

当然，以上这些问题大家可以根据自己的需要进行整理，通过对生涯人物关于工作的主观感受，能让大家更立体地了解一种工作。另外，给生涯人物留出提供其他信息的机会，说不定会让人有意外的收获。最后，不要忘记感谢接受访谈的生涯人物，最好在访谈结束当天发一份电子邮件或发一条手机短信表示谢意。

目前，我们身处一个资讯发达的时代，了解职业世界的方法有很多很多，如浏览各种网页上的政府就业专栏、专业求职网页等；参加行业展览会；进行职场模拟面试；职业角色扮演等也都是不错的途径和方法。对于工作世界的探索，只讲方法是不够的，关键还要做到有心，随时留意周围的信息。一次谈话、一份身边的广告都可能帮助你逐渐建立起对工作世界的了解。另外，对于工作世界的探索只有太晚而没有太早。

三、职业未来发展趋势展望

1. 职业的教育含量增大

各种就业岗位，需要更多的受过良好教育、掌握最新技术的技术工人，单纯的体力劳动或机械操作职业将明显减少。

在发达国家，制造业中蓝领工人失业率高于从事管理工作的白领员工。而白领员工中从事服务性工作，如银行、广告等的失业率又明显高于从事开发和研究工作的员工。未来白领、蓝领阶层的界限将越来越模糊，职业逐渐向专业化方向发展。

2. 职业要求不断更新

一些职业，因为新的工作设备和条件变化，所以对职业内容有了新的要求。如行政工作人员，在以前只要求具备较好的组织协调能力、分析问题解决问题能力、文字能力、口头表达能力等。但现在除要求他们具备上述能力外，还要求其具备社会交往及计算机辅助管理、办公自动化操作能力等。

3. 永久性职业减少

只有少数人能拥有"永久性"的工作，而从事计时、计件或临时性职业的人会越来越多。

知识拓展：15 个未来职业

◀) 案例小链接

李兰来到学校就业指导中心寻求帮助，她读的是园林专业，她比较喜欢自己的专业，但是不知道毕业后除园林公司、园林局、规划局等外，还有什么工作可以选择。这些相关职业具体情况如何，需要什么技能她也不是很清楚，希望教师能给她提供帮助。

汪楠是一名大二第二学期的学生，最近很迷茫，对所学的国际经济与贸易专业没太多兴趣。其他人都说这个专业的就业情况还行，就是竞争优势不明显，为此他想利用业余时间再学习一些其他专业的知识或技能。但究竟社会上都有哪些工作岗位，这些工作岗位的用人要求是什么，汪楠一点儿也不知道，况且他自己喜欢哪种工作也不知道，这让汪楠发愁该怎么准备呢？

小雯在毕业前一直对自己未来的工作有清晰的想法：做一个办公室白领，优雅、干练，办公环境整洁漂亮。她毕业后如愿以偿地进入一家企业做办公室职员，但是工作不久，她就开始闷闷不乐了，因为她发现刚出校门的激情已经被日复一日的琐碎事务淹没了。小雯没想到做一个办公室白领如此没有成就感。

【点评】在学校读了十几年的书，突然要面对社会、面对工作，这份茫然对大学生而言是正常的。他们对工作世界的不了解，通常表现出两种极端状态：一无所知和想当然。这两种状态常常令他们在进行职业规划或求职时产生困惑，在生涯规划中难以决策，陷入被动，就像学生常说的那样：稀里糊涂地就把自己"卖了"。因此，探索职业世界，在毕业前清楚了解职业世界可以帮助大学生主动地把握个人职业生涯的发展。

▶▶ 实践训练

头脑风暴——"手机"

1. 活动目标

通过头脑风暴，激发学生的发散思维，扩宽学生对职业世界认识的视野，引导他们学会检索职业信息、将职业信息分类。

2. 规则与程序

（1）6~8个同学为一小组，选出组长与记录员。

（2）请组员用头脑风暴法列举出与手机相关的尽可能多的职业，并将所有联想到的职业都记录下来。

（3）各组挑选一名代表分享成果。

3. 讨论

（1）大家所列的职业有哪些是与自身所学的专业相关或相近的？

（2）你从这个活动中得到了什么启示？

4. 总结

通过对手机相关职业的探索，可以了解到一个物品的制造与使用涉及许多的人工和职业，如从管理到制造，从研发到市场。帮助学生了解学习专业知识的目的是帮助人更好地发展自己，绝不是限制人的发展。

项目七
职业决策

📝 **学习目标**

知识目标：

1. 了解目标管理的特点和具体做法；掌握目标设定原则。

2. 了解职业决策的概念、原则、影响因素；掌握职业决策的过程，决策风格分类与方法。

能力目标：

能够有效利用相关方法，进行职业的选择与决策。

素质目标：

在职业决策这一过程中，通过对外在职业环境的了解和对内在的自我认知，形成正确的就业观，勇敢面对自己的理想和目标。

👤 **案例引导**

小张，男，23岁，院学生会主席，独生子女，父母都是在职职工。现为某大学艺术学院艺术设计专业大三学生，个人爱好写作，大二曾任学校记者团副团长，多次在学校各级报刊上发表文章，个人作文也曾多次获得省级、国家级奖励。同学普遍说他有上进心，性格外向，学习能力强。教师也反映该生尊敬师长，文字功底突出，组织协调能力强。小陈的个人职业目标是能成为一名作家。

现已到大三下学期，小张非常苦恼，因为父母希望他能开始着手准备考研，毕业后继续深造学习，特别是他的父亲，坚决要求他考研，甚至希望他能硕博连读。但小陈自己对所学的专业不是很有兴趣，考研对他来说也有些难度。他当初选择艺术设计这个专业也是不得已的选择，他的最爱还是写作，希望通过自己的努力，能在文坛上有一席之地。但父母也是出于为他的将来打算，希望通过学历的提升能在今后找到一个好工作，所以他也不想违背家长的意愿。目前日益激烈的就业竞争市场，没有任何工作经验的应届毕业生找工作非常难，尤其是他学的艺术设计专业，毕业时找工作更是难上加难。明年毕业，自己是否准备就业？

小张的苦恼，也正是许多升入高年级或临近毕业的同学们的苦恼。相信通过前面几个项目的学习，面对小张的苦恼，你能很快找到解决思路。

任务一　职业目标定位

职业目标定位是职业生涯设计中非常重要的内容。不同的职业目标定位，意味着不同的职业选择，同时，也意味着将进入不同的行业，尤其是一个人的第一份工作将在相当程度上决定自己未来的人生走向。因此，进行准确的职业目标定位对大学生至关重要。

一、目标管理

为了引导大学生更好地进行职业生涯目标设定，需要首先了解企业是如何进行目标管理的。进入职业领域不仅要考虑个人目标，更多的还要了解企业组织的目标，只有企业组织的目标得以实现了，个人目标才能随之实现。

经典管理理论对目标管理的定义为：目标管理是以目标为导向，以人为中心，以成果为标准，而使组织和个人取得最佳业绩的现代管理方法。目标管理也称"成果管理"，俗称责任制，是指在企业个体职工的积极参与下，自上而下地确定工作目标，并在工作中实行"自我控制"，自下而上地保证目标实现的一种管理办法。"目标管理"提出以后，便在美国迅速流传。第二次世界大战后西方经济由恢复转向迅速发展的时期，企业急需采用新的方法调动员工积极性以提高竞争能力，"目标管理"的出现可谓应运而生，遂被广泛应用，并很快为日本、西欧国家的企业所仿效，在世界管理界大行其道。

目标管理最为广泛的是被应用在企业管理领域。企业目标可分为战略性目标、策略性目标及方案、任务等。一般来说，经营战略目标和高级策略目标由高级管理者制定；中级目标由中层管理者制定；初级目标由基层管理者制定；方案和任务由职工制定，并同每位成员的应有成果相联系。自上而下的目标分解和自下而上的目标期望相结合，使经营计划的贯彻执行建立在职工的主动性、积极性的基础上，将企业职工吸引到企业经营活动中来。目标管理方法提出来后，美国通用电气公司最先采用，并取得了明显效果。其后，在美国、西欧、日本等许多国家和地区得到迅速推广，被公认为是一种加强计划管理的先进科学管理方法。20世纪80年代初中国开始在企业中推广目标管理，采取的干部任期目标制、企业层层承包等，都是对目标管理方法的具体运用。

（一）目标管理的特点

1. 重视人的因素

目标管理是一种参与的、民主的、自我控制的管理制度，也是一种将个人需求与组织目标结合起来的管理制度。在这一制度下，上级与下级的关系是平等、尊重、依赖、支持的，下级在承诺目标和被授权之后是自觉、自主和自治的。

2. 建立目标锁链与目标体系

目标管理通过专门设计的过程，将组织的整体目标逐级分解，转换为各单位、各员工的分目标。从组织目标到经营单位目标，再到部门目标，最后到个人目标。在目标分解过程中，权、责、利三者已经明确，而且相互对称。这些目标方向一致，环环相扣，相互配合，形成协调统一的目标体系。只有每个人员完成了自己的分目标，整个企业的总目标才有完成的希望。

3. 重视成果

目标管理以制定目标为起点，以目标完成情况的考核为终结。工作成果是评定目标完成程度的标准，也是人事考核和奖评的依据，成为评价管理工作绩效的唯一标志。至于完成目标的具体过程、途径和方法，上级并不过多干预。所以，在目标管理制度下，监督的成分很少，而控制目标实现的能力却很强。

（二）目标管理的具体做法

目标管理的具体做法分为三个阶段：第一阶段为目标的设置；第二阶段为实现目标过程的管理；第三阶段为总结和评估所取得的成果。具体内容如下。

1. 目标的设置

目标的设置是目标管理最重要的阶段，第一阶段可以细分为以下四个步骤：

（1）高层管理预定目标。高层管理预定目标是一个暂时的、可以改变的目标预案。首先，既可以由上级提出，再同下级讨论；也可以由下级提出，上级批准。无论采用哪种方式，必须共同商量决定；其次，上级必须根据企业的使命和长远战略，估计客观环境带来的机会和挑战，对该企业的优劣有清醒的认识，对组织应该和能够完成的目标心中有数。

（2）重新审议组织结构和职责分工。目标管理要求每个分目标都有确定的责任主体。因此预定目标之后，需要重新审查现有组织结构，根据新的目标分解要求进行调整，明确目标责任者和协调关系。

（3）确立下级的目标。首先由下级明确组织的规划和目标，然后商定下级的分目标。在讨论中上级要尊重下级，平等待人，耐心倾听下级意见，帮助下级发展一致性和支持性目标。分目标要具体量化，便于考核；分清轻重缓急，以免顾此失彼；既要有挑战性，又要有实现的可能。每个员工和部门的分目标要与其他的分目标协调一致，以支持本单位和组织目标的实现。

（4）上级和下级就实现各项目标所需的条件及实现目标后的奖惩事宜达成协议。分目标制定后，要授予下级相应的资源配置的权力，实现权、责、利的统一。由下级写成书面协议，编制目标记录卡片，整个组织汇总所有资料后，绘制出目标图。

2. 实现目标过程的管理

目标管理重视结果，强调自主、自觉和自治。但这并不等于领导可以放手不管，相反，由于形成了目标体系，一环失误就会牵动全局。因此，领导在目标实施过程中的管理是不可缺少的。首先，进行定期检查，利用双方经常接触的机会和信息反馈渠道自然地进行；其次要向下级通报进度，便于互相协调；最后要帮助下级解决工作中出现的困难问题，当出现意外、不可测事件严重影响组织目标的实现时，也可以通过一定的手续，修改原定的目标。

3. 总结和评估

达到预定的期限后，下级首先进行自我评估，提交书面报告；然后上下级一起考核目标完成情况，决定奖惩；同时讨论下一阶段目标，开始新循环。如果目标没有完成，应分析原因，总结教训，切忌相互指责，以保持相互信任的气氛。

二、目标设定原则

（一）目标的"SMART原则"

目标管理是现代企业管理模式中比较流行、比较实用的管理方式之一。它的最大特征就是方向明确，非常有利于把整个团队的思想、行动统一到同一个目标、同一个理想上来，是企业提高工作效率、实现快速发展的有效手段之一，个人职业生涯目标原则的设定也可以参考。目标的制定应该遵循"SMART原则"，具体介绍如下。

1. 目标必须是具体的（Specific）

目标必须是具体的是指目标必须是清晰的、可产生行为导向的。如"我要成为一个优秀的大学生"就不是一个具体的目标，但"我要获得今年的一等奖学金"就算得上是一个具体的目标了。规划一定要清晰明确，能够转化成一个个可以实行的行动，也就是说，人生各个阶段的线路划分与安排一定要具体可行。

2. 目标必须是可以衡量的（Measurable）

目标必须是可以衡量的是指目标必须用指标量化表达。如"我要获得今年的一等奖学金"这个目标，就对应着许多可以量化的指标——出勤、考试成绩、参加活动的结果等。规划一定要从长远来考虑，只有这样才能真正为自己的人生设定一个大的方向，使你集中精力紧紧围绕这个方向做出努力，最终取得成功。

3. 目标必须是适度的（Achievable）

"适度"有两层意思：一是目标应该在能力范围内，如果目标经常达不到，体验不到成就感会让人沮丧；规划未来的职业生涯目标，涉及多种可变因素，这些因素有些是不可预测的，因此应该具有一定的弹性，以便增强其适应性。二是目标要具有一定的挑战性。所提出的目标必须是经过相当的努力才能实现的目标，而不是轻轻松松就能实现的。太容易达到的目标不仅很难激发自己要真正实现它的动机和潜能，长此以往也会让人失去向上的斗志。

4. 目标必须是切合实际的（Realistic）

目标必须是切合实际的，要与现实生活和环境一致，而不是简单的"白日梦"。规划一定要以事实为依据，要根据自身特点、组织发展和社会发展需要来制订，而不能想当然。目标应该具有相对的稳定性和连续性。人生每个发展阶段应能够持续、衔接，各个具体规划应与人生总体规划一致，不能摇摆不定，这样不仅会影响人生总体目标的实现，也必然会浪费各发展阶段的人力资本的积累。

5. 目标必须具有明确的时间表（Time-limited）

目标必须具有明确的时间表，必须确定完成目标的日期，不但要确定最终目标的完成时间，还要设立多个较小时间段上的"时间里程碑"，以便对进度进行监控。规划是预测未来的行动，确定将来的目标，因此，各项主要活动如何实施、何时完成，都应该有时间和时序上的合理安排，以此作为检查行动的依据。

（二）职业生涯目标确立的方法

职业生涯目标的确定是在职业选择后对目标做出的抉择，它包括人生目标、长期目标、中期目标与短期目标的确定，分别与人生规划、长期规划、中期规划和短期规划相对应。职业生涯目标的确定应从一生的发展写起，然后分别制订出十年计划，五年、三年、一年计划，以及制订出一个月、一周、一日的计划。计划制订好后，再从一日、一周、一月计划实行下去，直至实现你的一年目标、三年目标、五年目标、十年目标。职业生涯目标设定类型及其定义与任务，见表7-1。

表7-1　职业生涯目标设定类型及其定义与任务

类型	定义及任务
人生规划	对整个职业生涯的规划，时间长至40年左右，设定整个人生的发展目标。如规划成为一个有数亿资产公司的总经理等
长期规划	5~10年的规划，主要设定较长远的目标。如规划30岁时成为一家中型公司的部门经理，规划40岁时成为一家大型公司副总经理等
中期规划	一般为2~5年内的目标与任务。如规划到不同业务部门做经理，规划从大型公司部门经理到小公司做总经理等
短期规划	一年以内的规划，主要是确定近期目标，规划近期完成的任务。如一年内掌握哪些业务知识和技能等

1. 人生规划

今生今世，你想干什么？想成为什么样的人？想取得什么成就？想成为哪一专业的佼佼者？要有准确的人生定位。要弄清楚，在这一生中，你到底想以一种怎样的形象来度过自己的职业人生。把这些问题确定之后，你的人生目标也就确定了。无志之人常立志，有志之人立志长。目标一旦定下来以后，就应该有一定的稳定性，要注意储备资源，然后为它而努力。

2. 长期规划

20年计划太长，容易令人泄气，十年正合适，而且十年时间足够成就一件大事。十年以后，您希望自己什么样子？拥有怎样的事业？将有多少收入？计划哪些家庭固定资产投资？要过上什么样的生活？你的家庭与健康水平如何？把它们仔细想清楚，一条一条地计划好，记录在案。

3. 中期规划

（1）定出五年后要实现的目标：定出五年目标的目的是将十年大计分阶段实施，并使计划更加具体、详细，将目标进一步分解。

（2）定出三年的计划：俗话说，五年计划看前三年。因此，你的三年目标和计划，还要比五年的更具体、更详细。如果你现在是大一的学生，那么你毕业时想达到什么水平、想找到怎样的工作，一定要从现在开始设想，如找到一个自己感兴趣又能够充分发挥自己能力的工作或是自主创业。

（3）定出明年要实现的目标：如果从现在开始制定目标，则应单独定出一学年后的目标及实现计划的步骤、方法与时间表。务必具体，切实可行。

4. 短期规划

（1）下月要达到的目标：下月目标应包括下个月计划做的工作、应完成的任务、对质和量方面的要求，如计划学习的新知识和获取的信息、结识的新朋友等。

（2）下周计划：重点在于必须具体、详细、数字化，切实可行，而且每周的周末应提前制订好下周的计划。

（3）明日计划：选取最重要的3~5件事情，按事情的轻重缓急、先后顺序排好序，第二天按计划去做，这样可以避免"捡了芝麻，丢了西瓜"。

不要以为阅历与你的终极目标无关，人生的进程本来就是在有序的变化中重组，每个阶段虽看似无心，实则汇集隐藏了许多机巧和设计的痕迹，所以，每天、每件事你都要有目的地认真对待。

（三）职业生涯目标设定的七个步骤

（1）先拟出你期望达到的目标，如你想买车。

（2）列出好处：达到这目标你会收获什么好处？如出行方便、生活质量提升等。

（3）列出可能的障碍点：你要达到此目标之障碍，如可能是钱不够、能力不够等。

（4）列出所需资讯：思索需要哪些知识、技能、信息等。

（5）列出寻求支持的对象：一般来说，很难靠自己一个人即能达到目标，所以应将寻求支持的对象一并列出。

（6）订立行动计划：一定要有一个行动计划，如怎样筹资、学习驾驶等。

（7）订立达成目标的期限。

从制定目标到评估结果，自主自觉地参与进来，通过沟通对目标达成共识。关注过程，定期跟进自己的行动计划。持续地反馈与辅导，监督自己哪些方面做得不错、哪些方面需要努力，并不断提高管理技能。始终关注目标，把自己当成一个教练。

◀) 案例小链接

　　1984 年，在东京国际马拉松邀请赛中，名不见经传的日本选手山田本一出人意料地夺得了世界冠军，当记者问他为什么能取得如此惊人的成绩时，他说了这么一句话：凭智慧战胜对手，当时许多人都认为他在故弄玄虚。马拉松是考验体力和耐力的运动，说用智慧取胜，确实有点勉强。两年后，意大利国际马拉松邀请赛在意大利北部城市米兰举行，山田本一代表日本参加比赛又获得了冠军。记者问他成功的经验时，性情木讷、不善言谈的山田本一仍是上次那句让人摸不着头脑的话：用智慧战胜对手。

　　十年后，这个谜终于被解开了。山田本一在他的自传中这么说："每次比赛之前，我都要乘车把比赛的线路仔细地看一遍，并把沿途比较醒目的标志画下来，如第一个标志是银行，第二个标志是一棵大树，第三个标志是一座红房子，这样一直画到赛程的终点。比赛开始后，我就奋力地向第一个目标冲去，等到达第一个目标后又以同样的速度向第二个目标冲去。40 多千米的赛程，就被我分解成这么几个小目标轻松地跑完了。起初，我并不懂这样做的道理，我把我的目标定在 40 多千米处的终点线上，结果我跑到十几千米时就疲惫不堪了，我被前面那段遥远的路给吓倒了。"

　　【点评】每达到一个小目标，都使他体验到了"成功的感觉"，而这种"感觉"强化了他的自信心，并推动他进一步发掘潜能去达到下一个目标。在现实生活中，我们很多人做事之所以会半途而废，往往不是因为难度较大，而是觉得成功离我们较远。确切地说，我们不是因为失败而放弃，而是因为倦怠而失败。

任务二　职业生涯决策方法

一、认识职业决策

（一）决策与职业决策

1. 决策

决策是指做出决定或选择。决策的定义有广义和狭义之分。广义上的决策是将决策看作一个包括提出问题、确立目标、设计和选择方案的过程；狭义上的决策是将决策看作集中备选的行动方案中做出最终决策的行动。还有一种看法认为，决策是对不确定条件下发生的偶发事件所做的处理决定，这类事件既无先例，又没有可遵循的规律，做出选择要冒一定的风险。也就是说，只有承担一定风险的选择才是决策，这是对决策概念的狭义理解。

在人的一生中，我们总会遇到需要决策的事情，小到儿童时期选择一个玩具，大到成人时期选择自己生活的城市，或者选择一份工作、一位人生伴侣等。做决策是每个人都要面对的。每个决策都影响着决策者的生活。

2. 职业决策

职业决策是决策者针对个人职业的发展问题，结合自身的兴趣、性格、技能、价值观，在充分分析职业环境的基础上，全面分析自己可能选择的各种职业方向及发展前景，并通过对自己的就业方向和工作岗位类别的比较、挑选，从而做出的职业目标选择，以及基于此目标制订的个人行动方案。

职业决策也有广义和狭义之分。广义的职业决策是指一个完整职业生涯规划的过程，它包括充分了解自己、了解自己所处的就业环境、充分收集职业信息、分析评估目标职业的前景、制订长短期执行目标和行动方案、对方案执行情况进行评估和调整等环节，是一个完整的过程；狭义的职业决策是指职业规划过程中的一个环节。例如，通过澄清自己的职业价值观，分析自己的职业技能、职业兴趣等自身特点，结合社会需要做出适合自己的合理的职业方向的选择过程。

做职业决策是人生道路的关键环节之一，是个人成为社会活动主体、承担社会即将赋予的责任、实现自身人生价值的开始。在职业决策过程中既有挑战，又有风险。决策结果关联未来的程度越大，这种决策所面临的风险和挑战就越大。

决策风险是指在决策活动中，由于主、客体等多种不确定因素，而导致决策活动不能达到预期目的的可能性及其后果。降低决策风险，减少决策失误，一直广为人们关注和探讨。决策风险往往是影响决策者判断的重要因素。就大学生而言，决策风险往往会造成决策者产生迷茫困惑、犹豫不决、畏首畏尾甚至逃避等心理。

（二）职业决策的意义

职业决策需要将自身特点与职位需求相结合，只有这样才能为未来的职业发展奠定坚实的基础，这对于大学生来讲意义重大。

（1）职业决策有助于全面客观认识自我。在某种意义上，进行职业决策是一个理性审视自我的过程，在这个过程中大学生要进行一系列的自我探索，借助于相关的心理测评工具更全面地了解自己，包括了解自己的性格、兴趣、能力及职业价值观等，在此基础上正确看待自己的优势和不足，并发现自己喜欢什么、擅长做什么及想做什么。

（2）职业决策有助于了解职业信息并确立职业目标。大学生不仅需要全面认清自己，还需要了解有关的职业信息。职业决策的过程也是一个让大学生了解行业、职业的过程。在这个过程中，大学生可以通过查阅资料、生涯人物访谈、实习兼职等方式获得自己感兴趣的行业及职业的信息，并根据自己获得的信息去判断该行业或职业是不是自己真正喜欢的、适不适合自己，以及了解该行业或职业的发展前景，以根据自身特点进行职业选择，确立职业目标。

（3）职业决策有助于制订实施学业规划，为就业早做准备。职业目标确立后，大学生可以有效规划学习生活，使自己的学习目标更明确。如果一个大学生给自己的定位是将来成为一名会计师，那么他就需要在大学里重点学习会计的有关知识，并参加注册会计师资格考试，提升专业知识水平和技能，为以后的职业发展做准备。只有明确职业定位，大学生才能知道自己的职业方向和发展重点。不同的定位就意味着大学学习的侧重点不同，学习的内容和方式也会有差异，只有作出合理的定位，才能确保学习的针对性和有效性。

（4）职业决策有助于激发个人潜能，实现自我超越。每个人内心深处都有对成功的渴望，如果我们没能够意识到或激发它，那么它将永远在沉睡中。

（三）职业决策的原则

职业决策不仅是拟定职业发展的方向，还需要对整个职业生涯进行长远展望。如果职业决策太过草率，则职业生涯规划便失去了后续的支撑，容易使人丧失奋斗的热情，从而不利于职业生涯的长远发展。大学生在进行职业决策时，需要考虑的因素有很多，主要可以从生存发展的需要，个人的兴趣、能力、价值取向和社会需求等方面进行综合衡量。总体来说，职业决策的原则包含以下四点。

1. 兴趣发展原则

从事自己喜爱的工作，可以有效地将热情和兴趣发展成为从事该项工作的长久动力。兴趣是最好的老师，但在生活中人们不可能随时发现自己的兴趣，尤其是在进入大学开始独立生活以后，每个人都会经历各自不同的学习和成长阶段，都有不同的兴趣和爱好，但若要选择其中一项作为终身事业时，不少大学生则往往会显得无所适从。因此，大学生在作职业决策时，不仅要选择自己喜欢的职业方向，还要主动培养自己的职业兴趣。

2. 能力胜任原则

职业生涯发展的关键在于从事一项自己所擅长的工作。从事任何职业都需要具备相应的职业技能，以更好地满足职业岗位的需要。因此，在进行职业决策时，要认真分析自己的优缺点，根据自己的能力特征和个性特点，选择一份自己既喜欢又有能力胜任的工作，以便最大限度地发挥个体的价值。

3. 利益整合原则

职业生涯维持的关键在于从事一项收入相当不错的工作。职业作为个人谋生的手段，要满足个人在物质和精神上的需求。而影响一个人职业决策的因素，除兴趣和特长等内在因素外，还涉及职业回报、行业现状和发展前景等外在因素。在进行职业决策时，决策者不仅要考虑个人预期的经济收益，还要考虑精神需求和发展前景等，最终作出明智的选择，使个人职业生涯获得的收益最大化。

4. 社会需求原则

职业生涯的成功除需要做好规划外，还需要迎合社会的需求。然而，在时代快速发展的过程中，社会需求也随之发生巨大的改变，新的社会需求不断涌现，旧的社会需求逐渐消亡，这就给职业决策提出了新的难题。大学生在进行职业决策时，能正确地分析社会需求及其发展趋势就显得格外重要。由此可见，职业决策应该结合时代背景进行。因此，选择既能满足社会需要又符合时代发展需求的职业方向，是职业生涯规划和职业决策的关键。

(四) 职业决策的影响因素

职业决策在大学生职业选择和人生发展中起着至关重要的作用，大学生应分析清楚影响个人职业判断的因素，以便适应时代发展趋势。职业决策的影响因素较多，下面主要介绍个人因素、社会因素和家庭环境因素三个方面。

1. 个人因素

大学生是职业生涯规划的主体。在职业生涯规划的过程中，个人因素起着决定性作用。职业决策之所以受到多方面因素的影响，是因为个人与环境之间的关系是高度复杂的，个人对环境及自身的判断限制着职业生涯发展的空间进而影响着职业决策。因此，在职业决策的过程中，最关键的因素是个人因素。大学生在作职业决策时，一般会受个人综合能力、学习经验、个人经济需求等方面的影响。

（1）个人综合能力。人们对事物的决策依赖个人的素养、学识等因素的综合作用，这也是个人综合能力的客观表现。在现今社会，提高个人的综合素质尤为迫切。在日常的学习工作中，每个人都可以通过有目的的学习来有效提高个人综合能力和综合素质。大学生更应该提高自身的综合能力和综合素质，以加强对职业决策的宏观掌握。

（2）学习经验。一个人的学习经验在其进行职业决策时扮演着重要的角色。在日常生活中，个体受到刺激与强化的类型、性质及时机，常常影响个人职业偏好和职业技能提升。每个人在其成长过程中都积累了无数的学习经验，个体的学习经验是独特的，而这对于个体的职业选择又具有重要的影响，一个人是自信还是自卑，是敢于冒险还是畏惧变化，怎样看待他人，对各种职业有什么样的印象，更看重工作带来的成就感还是与家人相处的时间，这一切无不与个人的学习经验有关。

（3）个人经济需求。职业报酬决定着人们的生活水平，在很大程度上影响着个人的精神生活状况和成就感。因此，经济收入是在职业选择中应该考虑的因素。对于职业观念处于萌芽阶段的大学生来说，应在职业方向的选择上适当考虑经济收入，以满足生活和发展需求。在作职业决策时，要避免将来的经济收入不能满足生活需要的情况发生。大学生在作职业决策时，应充分考虑自身的经济需求，策划最佳的职业生涯发展方向方案。

2. 社会因素

（1）社会政治因素。任何职业都受社会政治的影响。社会时代特点，影响了很多职业的发展。在很多行业产能过剩的情况下，传统的制造业开始出现危机，而新兴的互联网、物联网等行业开始蓬勃发展。在新时期，人们的消费观也在发生改变，从以前的实用主义，到现在的审美需求和品质需求，制造业中的设计部分需求增加。

（2）性别角色。性别的影响对个体的抉择影响也是非常大的。在传统观念中，人们往往会对职业有一些刻板印象，将职业区分为针对男性的职业和针对女性的职业。例如，一个男性在选择做幼儿园教师这个职业时，即使他自己很喜欢这个职业，又很擅长，但当他考虑到这不是一个适合男性从事的职业时，就可能会选择其他的职业。但是随着社会的发展进步，这种观念的局限性也正在慢慢被突破。

（3）社会地位。社会地位的高低也会对人们的职业选择造成影响。对有的人来说这是影响职业决策的主要因素。虽然职业不分高低，但实际上人们对职业的看法和评价是不同的。

3. 家庭环境因素

家庭环境因素对职业生涯的发展有着直接的影响，其中既有积极的影响，也不乏消极的影响。家庭环境因素主要包括家庭经济状况、家庭价值观念和家庭社会关系。首先是家庭经济状况。家庭经济状况直接影响大学生对职业的态度，对大学生性格、能力和兴趣的形成都起着间接的作用。其次是家庭价值观念。家庭价值观念受家庭教育背景的影响，在很大程度上决定了大学生的发展方向。最后是家庭社会关系。家庭社会关系能为大学生提供相关就业资源和行业相关信息，这能使大学生的职业生涯规划存在很大的灵活性。若家庭社会资源丰富，则能为大学生提供较好的发展平台和机会。因此，在作职业决策时，大学生需要充分利用家庭社会资源，增加职业决策的科学性、可行性。

知识拓展：职业生涯决策的主要任务

二、职业决策的过程

职业生涯决策是一个持续的过程，也是职业生涯规划的中间环节。它是在决策者自我认识和职业认知的基础上，通过决策环节为职业规划找到方向，进而完成详细的、长期的发展规划和生涯决策步骤。职业生涯决策主要经历决策准备阶段、决策选择阶段和决策质量评估阶段三个阶段。

（一）决策准备阶段

在作职业决策时，一般考虑三个问题，即能力、机会、价值，通过回答"我能做什么""我可以做什么"和"我想做什么"三个问题来理清自己的思路。

（1）"我能做什么"主要是明确自己的能力取向，即通过对自身兴趣、技能等内部特征的分析，明确自己与竞争对手之间的差异，一方面通过学习弥补不足；另一方面可以在职业决策中扬长避短，尽量发挥自己的优势。

（2）"我可以做什么"主要是明确自己的机会取向，即通过对现有社会经济环境、政策环境特点等进行收集和分析，明确职业发展的机会、挑战及在未来的生涯发展过程中可能受到的外部因素的影响。

（3）"我想做什么"主要是明确自己的价值取向，即通过对自己的兴趣、价值观、理想、成就动机等进行分析，确定自己的目标，一般是指能够使决策者实现个人价值和社会价值的职业生涯目标，这个问题的答案直接影响决策者未来职业的满意度。

（二）决策选择阶段

决策选择对于大学生来说，不仅决定了今后将从事什么工作，还在很大程度上决定了其今后的生活；对社会来说，意味着社会资源的合理配置和利用，关系社会运转的效率和教育事业的成果。因此，大学生掌握职业选择的策略尤为重要。

（1）确定可能的职业目标。在决策准备阶段收集相关信息的基础上，决策者要综合考虑内外部条件，确定可能的职业生涯目标。一方面决策者通过之前的信息收集、分析环节和自我探索环节，会发现适合的职业；另一方面决策者可采用头脑风暴法，列出自己心目中的理想职业。在列出的职业清单的基础上，分析理想职业的共同点，对职业清单进行补充和修改，最终确定可能的职业生涯目标。在此过程中，决策者要抛开固有的观念，客观看待自己，只有这样才能容易获得有效的信息。

（2）在多个生涯目标中进行选择。在该环节中，决策者要先根据决策风格分析了解自己的决策模式。决策者要运用生涯决策的基本方法，如前面介绍的 SWOT 分析法、5W法、CASVE 循环法和决策平衡单法等基本方法，在可能的职业生涯目标中进行选择。决策者或进行"沟通—分析—综合—评估—执行"五个步骤循环的决策方法，或比较不同策略所得目标的优势和劣势及在实现过程中的机会与威胁，或按类别列出个人所有重要价值观并按重要程度赋予权重加权计分排序，或综合运用以上方法，最终在可能的策略中初步选择最优生涯目标。

（三）决策质量评估阶段

职业生涯规划是长期持续的过程，要使生涯决策行之有效，就必须不断对生涯决策进行评估与调整，在实施中对决策进行评价与检验，及时诊断各个环节出现的问题与偏差，找出相应对策，对目标进行调整与完善。由此可以看出，在整个流程中正确的决策评价是保证决策客观科学的重要环节，这一环节做不好或出现偏差，就会导致整个职业生涯规划出现问题。

1. 决策评价

决策评价阶段将针对初步选择的生涯目标进行评价与检验。

（1）要评价初步选择的生涯目标对决策者本人及家庭的影响。决策者的家庭成员会干扰有效决策的形成，因此，决策者应广泛征求父母等对于初步决策目标的意见，同时，评估初步选择的生涯目标对决策者和他人的影响。例如，如果选择出国留学或继续深造，这一选择将会给自己、父母、朋友及其他相关的人带来怎样的影响。此环节主要针对生涯目标对自己和对他人的利弊方面，并综合物质与精神方面的因素进行评估，且要尽可能列出决策目标的负面影响。

（2）决策者应关注社会环境的变化，并分析变化因素对自己职业生涯目标的影响。另外，在社会环境中流行的职业观、政治经济形势、产业结构的变动等，都可能对初步选择的生涯目标产生影响。

（3）决策者要再次进行自我评价。一方面，随着决策者不断地实践与思考，决策者会对自己有新的认识；另一方面，环境在随时变化，决策者有必要根据环境的变化回顾自己的职业决策，思考这是不是自己想要的，如果继续这样工作和生活，自己的感受是什么，坚持什么和改变什么可以让自己的满足感最强等问题，并确定决策目标是否仍适合自己。若不适合，则需要作决策调整。

2. 决策调整

结合决策评价的结论，决策者需要对决策目标进行调整。调整的内容包括职业的重新选择、生涯路线的调整和人生目标的修正等。及时调整生涯目标是为了在社会中找到真正适合自己的位置，并得到更好的发展。

综合决策评价三个步骤得出的评价结果，分析初步的生涯目标与再次的自我评价、亲友评价及社会环境变化是否吻合，确定冲突类型是没有冲突、冲突较小还是冲突较大。

如果评价结果与决策者的生涯发展规划冲突较小，则决策者可以在决策目标的实现策略上作出适当调整。例如，由于行业变化，某一职业层次可供选择的就业岗位数量发生增减，那么决策者就应调整自己在某一领域的就职意向，使生涯决策与评价结果一致。

如果评价结果与决策者的生涯发展规划冲突较大，则决策者应重新进行生涯决策，重新选择生涯决策目标。决策者需要回到初步选择阶段，收集更多的职业生涯信息，重新进行自我评价，并采用 SWOT 分析法、决策平衡单法等方法对原决策方案及备选方案重新进行分析，作出新的决策。

无论评价结果与决策者的生涯发展规划冲突程度如何，决策者都应作出相应的调整，最终得到调整后的决策结果并执行。这是决策的实施阶段，决策者将思考转化为行动，并在行动和实践中进一步进行评价与调整，使整个职业决策过程更加完善。

大学生职业决策是一个复杂的过程，职业决策的有效与否将直接影响大学生的生涯发展好坏。任何一个决策都是包含信息的收集、目标的确定、评估与调整、决策行为反应的复杂过程。因此，根据实践行动与环境变化，大学生应对自身职业决策进行评估与调整，从而作出有效的职业决策行为。

三、决策风格的分类与方法

面对决策，每个人所作出的反应称为决策风格。决策风格是指个体在长期的决策过程中形成的比较稳定的决策倾向。决策风格对决策效果影响重大，不同决策风格的人对决策制订的方式与步骤有不同的偏好，对行动的迫切性有不同的反应，对待风险的态度与处理办法也有所差异。

（一）决策风格分类

丁克里奇（Dinklage）早在 1968 年就通过访谈形式确定了成人在作职业生涯决策时所采用的策略。他将个人决策所用的风格分为八种，详见表 7-2。

表 7-2　八种决策风格类型

类型	表现形式
烦恼型	选择的项目太多，无法从中择一而行，难以作出决定
冲动型	选择"非此即彼"，不太考虑中间的其他可能
直觉型	根据感觉，而非思维来决定，只考虑自己想要的，不在乎外在的因素
拖延型	经常迟迟不作决定，或者直接到最后一刻才作决定
宿命型	自己不愿作决定，把做决定的权力交给宿命或他人，认为"船到桥头自然直"
顺从型	自己想作决定，但无法坚持己见，会屈从于"权威"的决定
瘫痪型	用麻痹自己来逃避作决定
计划型	既会考虑自身意愿，也能考虑外在的因素，按部就班，完成生涯抉择

1. 烦恼型

烦恼型的人会花费很多时间和精力来收集信息，确认有哪些选择，使用信息时又过度担心，向专家询问，反复比较，迟迟难以作出决定。他们常爱说的一句话是"我就是拿不定主意"。出现这种情况的时候，收集再多的信息进行分析比较也无济于事。需要弄清楚的是这类决策者被什么样的情绪和非理性观念所困扰，如害怕自己作出错误的决定、追求完美等。

2. 冲动型

冲动型的人与烦恼型的人相反，冲动地选择第一个能够得到的职业选择，甚至对此选择紧紧抓住不放，不再考虑其他或进一步收集信息。他们的想法往往是"先决定，以后再考虑"。例如，先找到一份工作做了再说。冲动的决策方式可能是出于对困难的回避，不愿意花费时间和精力去探索。这种方式风险太大，等看到有更好的选择时已追悔莫及。

3. 直觉型

直觉型是以置身于特定情景中的感受或情绪作为决策的依据，由于该类型的决策者作决定全凭直觉和感受，行事比较冲动，因而很少对必要的信息进行收集。该类型的决策者常常会因决策的不确定性产生负面情绪，从而渴望尽快作出决策以摆脱烦恼。由于对快速作出决策的过程有着强烈的兴趣，往往会因一时冲动而在缺乏深思熟虑的情况下作出决策，该类型的决策者通常给人留下冲动和果断的印象。直觉型决策风格以自我判断为主导，注重内在的感受，因而，该类型的决策者能在信息缺失的情况下快速作出判断，但是个人的直觉远不如理性分析准确可靠，直觉型决策者作出错误决策的可能性也比较高。

4. 拖延型

拖延型的人习惯将对问题的思考和行动都往后推迟，直到最后一刻才作决策，"过两天再考虑"是他们的口头禅。部分大学生觉得"还没准备好工作，所以打算先考研"，就是这种方式的体现。拖延型的人有潜在的思维定式：决策这样的事情到了最后一刻就会自动解决，不必过分地担心。然而，问题常常不会自动解决，有时候甚至由于拖延会变得更加紧迫。大学生必须意识到，如果现在我们没有职业发展的规划决策，那么就算读完研究生也不会马上找到适合自己的工作，不是每次都有合理的借口来拖延决定。

5. 宿命型

宿命型的人不愿意自己承担责任，而将决定交给境遇或命运，直到机会到来时才作出决策。他们会说"一切听从天命，我也没有能力改变"之类的话。当一个人将自己生活的主导权交由外部环境的时候，可以预见决策者此时的心理往往比较无助，这样的人容易成为外部环境变化的受害者，怨天尤人，甚至是放弃了自己的人生梦想。这类人最应该主动向他人说出自己的无助，寻求帮助或者鼓励。

6. 顺从型

顺从型的人倾向于顺从别人的计划而不独立地作出决定，过分遵从他人对决策的指导而缺乏自主的能力。他们常说"只要父母（家人）觉得好，我就可以"。例如，很多大学生都在本科毕业的时候选择出国、考取研究生等，这或者是父母的决定，或者是随大流，大部分不是自己的想法。从众的人固然在追随群体的过程中获得了一种虚假的安全感，有时候也不用担负任何决策后果，但是在决策的过程中，常常会忽略自己的独特性，这使得决策结果往往不适合自己的发展。

7. 瘫痪型

瘫痪型的人接受作决策的任务，但是感觉过于焦虑而不能对决策作出有建设性的工作。有时候，个体可能在理性上接受了应当自己作决定的观念，却无法开始决策过程。他们知道自己应当开始决策，却往往害怕决策过程或者因为过分地担心决策结果而不能进行决策。这种害怕承担责任的心理可能与其家庭教育和行为方式有关。

8. 计划型

计划型的人倾向使用标准化决策模型所推荐的理性策略。这一类型的人面对自己的决策时比较理性，会意识到决策对于自己未来发展的重要性，从而积极地收集相关信息，同时，在不断地自我认识的基础上进行抉择。这类人能够准确全面地说出自己的选择标准和依据，还会对周围的人或事产生一定的积极影响。计划型决策者的决策结果是动态的，会根据具体情况来调整自己的选择。

（二）决策的方法

1. CASVE 循环法

决策是一个综合的过程，在这个过程中可以做一些计划，尤其是在进行重大决策时，为了降低风险，需要尽可能地考虑多方面的因素，所以，在面临重大决策时，推荐大家对决策进行规划。CASVE 循环法是一种常用的规划方法。CASVE 是五个英文字母的缩写，每个英文字母代表一个步骤，具体是指沟通（Communication）、分析（Analysis）、综合（Synthesis）、评估（Valuation）和执行（Execution）五个步骤（图7-1）。这个方法适合在前期对所要做的问题进行详细分析，有点类似初筛的过程，先从众多的选项里选择一个大致的方向，在这个大致的方向里圈定几个目标。

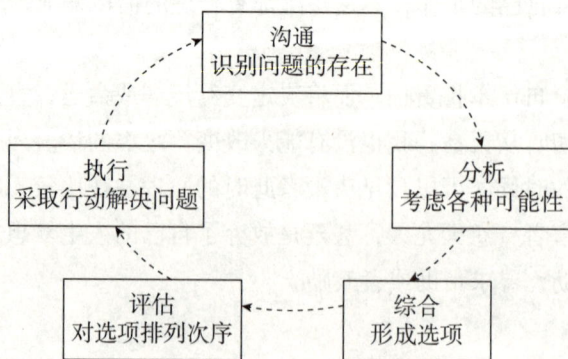

图 7-1　CASVE 循环法示意

（1）沟通。沟通包括内部和外部的信息交流，通过交流使个体意识到理想和现实之间存在的巨大差距。内部的信息交流是指个体自身的身心状态，如在毕业找工作的时候，你可能在情绪上会感受到焦虑、抑郁、受挫等情绪；在身体上会有疲倦、头疼、消化不良等反应，这些情绪和身体状态都是一些提醒你需要进行内部交流沟通的信号。外部的信息交流是指外界的一些对你产生影响的信息。例如，宿舍同学开始准备简历就是给你提供了一种外部信息，你也需要开始准备找工作了；又如在求职过程中父母、教师、朋友给你提供的各种建议。通过内部沟通和外部沟通，你意识到自己需要解决某些问题，这样的交流对开始的生涯选择十分重要。沟通阶段需要回答的最基本问题是：此刻我正在思考并感觉到自己的职业选择是什么？

（2）分析。在这个阶段，我们需要将问题的各个组成部分相互联系起来，对现状进行评估，了解自己和自己可能的选择，对所有的信息进行分析，考虑各种可能性。然后，需要花费时间来思考、观察、研究，从而更充分地了解差距，了解自己有效地作出反应的能力。好的生涯决策者阻止用冲动行事来减少在沟通阶段所体验的压力痛苦，因为他们清楚，这样做的结果大多是无效的，并可能导致问题的恶化。好的决策者善于分析要解决的这个问题，需要了解自己的哪些方面，了解环境的哪些因素，需要做些什么才可以使问题得到解决，以及这种感觉产生的原因，家庭、教师、朋友将会如何看待自己的选择等。

分析是自我认识及了解可能的选择的阶段。在这个阶段，生涯决策者通常会改善自我认识，不断了解职业环境和家庭需要。简而言之，在分析阶段，生涯决策者应尽可能了解造成在第一阶段发现的差距的原因。分析阶段还需要将各种因素和相关知识联系起来，例如，将自我知识和职业选择联系起来；将家庭需求和个人生活需求融入职业选择中。

（3）综合。综合是根据分析阶段所得出的信息，先把选择范围扩展，然后再逐步缩小，最终确定3~5个最可能的选项。这个先扩大后缩小的过程非常重要。通过分析阶段，我们对自我的各个方面都有了很多了解，每个方面都分别对应着很多职业，把这些职业都列出来，就会得到一个范围很广的选择列表；接着选取其中的交集，就得出了缩小的职业选择范围；然后，把最可能从事的职业限定到3~5个；最后，可以问自己："假如我有这3~5个选择，是否可以解决问题，消除现实和理想状态的差距？"如果答案是"可以"，就进入评估阶段选出最适合的答案，如果还是不能解决问题就需要重新回到分析阶段了解更多信息。

（4）评估。评估阶段主要是从可行性和满意度两个方面来评估信息，并按评估结果对所有选择进行排列，最终选择一个职业、工作或相关专业技能。

1）评估每种选择对生涯决策者和他人的影响。例如，如果选择了自主创业，这一选择将会给自己、父母、朋友及周围其他的人带来怎样的影响，每种选择都要从自己和他人的代价与益处两个方面进行评估，并综合物质与精神方面的因素。

2）是对综合阶段得出的选项进行排序。能够最好地消除差距的选项排列在第一位，其次的排列在第二位，依此类推。此时，职业生涯决策者会作出一个最佳选项，并且作出承诺来实施这一选择。

（5）执行。执行是实施选择的阶段，根据自己最终的选择制订计划，将思考转化为行动。很多人都觉得在执行阶段制订行动计划是令人兴奋和有价值的事情，因为终于可以开始采取积极行动解决问题。

CASVE 循环是一个不断重复的过程，在执行阶段之后，生涯决策者又回到沟通阶段，以确定已经作出的选择是不是最好的，是否能最有效地消除理想与现实间的差距。

2.SWOT 分析法

SWOT 分析法又称态势分析法，是由 20 世纪 80 年代旧金山大学管理学教授韦里克提出的一种战略分析方法。该方法通过综合分析研究对象的优势、劣势、机会和威胁因素，通过内部资源、外部环境有机结合来清晰地确定被研究对象的资源优势和缺陷，了解对象所面临的机会和挑战，从而在战略与战术两个层面调整方法和资源，以保障实现目标。

SWOT 分析法是一种能够较客观而准确地分析和研究一家企业现实情况的方法。SWOT 分析法是英文单词 Strengths（优势）、Weaknesses（劣势）、Opportunities（机会）、Threats（威胁）的缩写，韦里克将面临竞争的企业所处的环境分为内环境和外环境。其中，内部环境分析包括企业的优势（Strengths）分析和劣势（Weaknesses）分析；而外部环境分析则包括企业面临的机会（Opportunities）分析和威胁（Threats）分析。这种综合分析企业的内外环境从而为企业中长期发展制定战略的方法，即 SWOT 分析法。在生涯机会评估的工具中，SWOT 分析方法是最基本的一种方法，应遵循以下步骤：

（1）评估个人的优势和劣势。优势可分为个人优势和资源优势，个人优势属于个人因素，不随外界因素变化，如口才好、交际能力出众、有文体特长等，是显性优势，容易把握。另外一些优势相对隐性，如对数字敏感、逻辑能力强等，无论对职业有无帮助，都要先罗列出来。若担心不够全面，可请同学帮忙，互相提醒，认真发掘。资源优势包括人力资源、财力资源、品牌资源、知识资源等，如认识有能力的朋友、出身名校、所学专业紧俏，当然最重要的资源，还是知识资源。例如，电气专业的学生，电路流程能弄明白，对管理流程的制定和理解更没有问题。这些基于专业特性的思维习惯，将其适度放大，就可能成为知识资源优势。还有些大学生共有的优势，也要发挥出最大效能，如年轻、有好奇心、愿意尝试新鲜事物、渴望挑战、学习能力强、受过系统的专业训练、有良好的集体意识等。劣势是相对于优势的各方面而言，恰恰很欠缺的地方。找出劣势，对于战略规划意义重大。在了解自己能做什么之前，应先了解最好不要做什么、可能遇到什么麻烦，这样可以降低失败的概率。过度自信或自卑都可能影响我们的判断力，不要将"没有优势"直接看作"劣势"，在某方面没有优势仅仅说明不够出众，如果妄自菲薄为"劣势"，就可能真的成为劣势。客观地剖析自己的短处，如不善言辞、粗枝大叶、缺乏一技之长等，分析劣势的目的不是使自己变得沮丧，而是要了解如何避开劣势，在职业道路上走得更顺畅些。大学生也有些共性劣势需要注意，如缺乏经验、自我期望较高，从而导致跳槽频繁，知识过时不适用于企业等。

（2）识别职业生涯的机会和威胁。宏观上，包括国家经济形势、产业政策、法律法规、各区域产业发展态势、行业趋势等；微观上，包括收集到的来自各企业、政府部门、人才市场、学校或学长们提供的有利信息，尤其要关注和自己专业或自身优势相关的边缘型、复合型职业领域，还有职业竞争薄弱、国家强烈倾向的人才政策等利好信息，对机会的分析需要宽广的视角。

威胁包括人才市场竞争激烈、人才需求饱和、所学专业领域增长过缓甚至衰退、新的低成本竞争者、人才需求方过强的谈判优势、不利的政策信息、新提高的职业门槛等；也包括自身的健康隐患、家庭不稳定、财务状况糟糕等。若能对威胁有所预防，就等于先确立了一定程度的优势，普遍存在的各类威胁也能成为我们参与社会竞争的有力工具。罗列四个维度的要素时，应将内部因素和外部因素分别列出，并将各部分最重要的因素压缩到五个左右，然后开始职业机会分析。

（3）根据分析结果列出 SWOT 矩阵。通过与他人相比较，决策者在考察自己周围的职业环境，认清楚自身的优势和劣势及周围职业环境的机会和威胁后，就可以构建出自身的 SWOT 矩阵。在从这个矩阵中，我们可以清楚地看到自己的竞争力和发展机会，从而制定出恰当的职业目标；同时，还能清晰地认识到自己的不足和外在威胁，从而为提升自己提供现实依据。SWOT 矩阵示例，见表 7-3。

表 7-3　SWOT 矩阵示例

项目	内部因素		外部因素	
	优势	劣势	机会	威胁
界定	指个体可控并可利用的内在积极因素	指个体可控并努力改善的内在消极因素	指个体不可控但可以利用的外部积极因素	指个体不可控但可以使其弱化的外部消极因素
描述	1. 工作经验丰富 2. 良好的教育背景 3. 丰富的专业知识和技能 4. 特定的可转移技巧（如沟通、团队合作、领导能力等） 5. 人格特质（如职业道德、自我约束、承受工作压力的能力、创造性、乐观等） 6. 广泛的个人关系网络 7. 在专业组织中的影响力	1. 缺乏工作经验 2. 学习成绩差，专业不对口 3. 缺乏目标，且对自我和对工作的认识都十分不足 4. 缺乏专业知识 5. 领导能力、人际交往能力、沟通能力和团队合作能力较差 6. 寻找工作的能力较差 7. 负面的人格特征（如职业道德败坏、缺乏自律、缺少工作动机、情绪化等）	1. 就业机会增加 2. 再教育的机会 3. 专业领域急需人才 4. 由于提高自我认识、设置更多具体的工作目标带来的机遇 5. 专业晋升的机会 6. 专业发展带来的机会 7. 职业道路选择带来的独特机会 8. 地理位置的优势	1. 就业机会减少 2. 由同专业的大学毕业生带来的竞争 3. 具有丰富技能、经验、知识的竞争者 4. 拥有较好的寻找工作技巧的竞争者 5. 名校毕业的竞争者 6. 缺少培训、再学习造成的职业发展障碍 7. 工作晋升机会十分有限或者竞争激烈 8. 专业领域发展有限

（4）制订职业生涯决策。通过 SWOT 分析，根据结果制订相应的职业发展战略计划及对策，是该技术应用的主旨。在明确了自身的 SWOT 矩阵后，职业生涯决策者可以运用系统分析的方法，结合职业生涯规划的系统模型，将各种环境因素相互匹配起来并加以组合，从而得出可选择的职业发展对策，使自己的职业生涯规划与发展变化的外部环境相适应。

很显然，完成个人的 SWOT 分析需要投入很多精力，但无论通过什么渠道，进行一次详尽的个人 SWOT 分析是必要的，因为当完成分析后，生涯决策者将有一个连续的、可行的个人职业策略供我们参考，在未来的职业发展中将更具有竞争力。

（三）决策平衡单分析法

平衡单技术是一种卓有成效的职业生涯决策方法。人们在进行职业生涯决策的时候总是面临着许多的困难和干扰，使原本就很棘手的决策变得更加复杂而难以操作。而平衡单技术恰好给人们提供了一面镜子，帮助人们把复杂的情况条理化、模糊的信息清晰化、错误的观念正确化，尽可能具体地从各个角度评价分析各个可供选择的方案，对各个方案实施以后可能带来的后果进行利弊得失的分析，对于其结果的可接受性进行检验，最终作出成熟的决策。

"职业生涯决策平衡单"将重大事件的决策思考方向集中在四个方面来考量，包括个人物质方面的得失、他人物质方面的得失、个人精神方面的得失、他人精神方面的得失。职业生涯决策明细表见表 7-4。

表 7-4　职业生涯决策明细表

个人物质方面的得失	他人物质方面的得失	个人精神方面的得失	他人精神方面的得失
经济收入 工作难易程度 晋升机会 工作环境的安全 工作自由度 休闲时间 生活变化 对健康的影响 就业机会 其他	家庭经济收入 家庭社会地位 与家人相处的时间 家庭的环境 其他	生活方式的改变 成就感 自我实现的程度 兴趣的满足 挑战性和创造性 社会声望 符合自我道德标准的程度 达成长远生活目标的机会 其他	父母 师长 配偶 孩子 朋友 邻里 其他

职业生涯决策明细表中的四个主题，反映了我们在做职业生涯决策时要考虑的价值需求。你可以利用决策平衡单将这些价值需求按照自己心目中的重要程度进行权重赋分（1~5），并将它作为评判标准，逐项对所有项目加权计分，最后按照选项总分排序。分数高的，就是你的最佳选择。职业生涯决策平衡单见表 7-5。

表 7-5　职业生涯决策平衡单

职业选择 权重分数 （1~5） 考虑因素		选项		
		选择一 （　　） （-10~+10）	选择二 （　　） （-10~+10）	选择三 （　　） （-10~+10）
个人物质 方面的得失	（1）经济收入			
	（2）工作难易程度			
	（3）晋升机会			
	（4）工作环境的安全			
	（5）工作自由度			
	（6）休闲时间			
	（7）生活变化			
	（8）对健康的影响			
	（9）就业机会			
	（10）其他			
他人物质 方面的得失	（1）家庭经济收入			
	（2）家庭社会地位			
	（3）与家人相处的时间			
	（4）家庭的环境			
	（5）其他			
个人精神 方面的得失	（1）生活方式的改变			
	（2）成就感			
	（3）自我实现的程度			
	（4）兴趣的满足			
	（5）挑战性和创新性			
	（6）社会声望			
	（7）符合自我道德标准的程度			
	（8）达成长远生活目标的机会			
	（9）其他			

右上角：续表

考虑因素 \ 职业选择 \ 权重分数（1~5）		选项		
		选择一 （　　） （-10~+10）	选择二 （　　） （-10~+10）	选择三 （　　） （-10~+10）
他人精神方面的得失	（1）父母			
	（2）师长			
	（3）配偶			
	（4）孩子			
	（5）朋友			
	（6）邻里			
	（7）其他			
合计				
正负相加的总分				

"职业生涯决策平衡单"的使用方法如下所述：

（1）在选择一、选择二、选择三的括号里，依次填写困扰自己的选择方向，有几个就填写几个，选项格数量可以根据你的需要来增减。

（2）在考虑因素对应的空格里写下你正在思考的得失问题。

（3）在权重分数对应的空格里，按照从1~5，设定不同考虑因素在你自己心目中所占的分值。重要的因素分值高，次要的因素分值低，但都要求是整数值。

（4）把每种选项里对应的考虑因素，按照你评估和了解的情况依次打分，分数范围为（-10~+10），为整数值。如果这个职业选择带给你的价值多，就打高分，价值少就打低分，没有价值的地方可以是0分，有不良阻碍和影响的可以打负分。如果是正值，就写在"+"所在列；如果是负值，就写在"-"所在列。

（5）用权重分数分别乘以"+""-"所在列的分数，可以计算出合计分值。

（6）将同一选项获得合计里面的正负分相加，得到的总分就是这一选项的最终得分。我们根据最终得分就获得了多种选项的排序。可以依据此理性的计算方式，获得客观判断的结论，从而摆脱难以取舍的局面。

◀》 **案例小链接**

小敏的父母都是高校的教师，他们希望小敏能够再继续深造，以后到大学任计算机专业教师。但小敏认为虽然高校教师工作稳定，收入也高，但她不喜欢计算机专业的教学工作，且考研也有一定的困难。

下面是小敏利用生涯决策平衡单作出的职业决策的结果（表7-6）。

表7-6　职业生涯决策平衡单（范例）

考虑因素		权重分数	选项					
			中学教师（−10~+10）		销售总监（−10~+10）		考研（−10~+10）	
		(1~5)	+	−	+	−	+	−
个人物质方面的得失	（1）符合自己的理想生活方式	5		3	9			5
	（2）适合自己的处境	4	8		9		7	
	（3）有较高的社会地位	3	5			3	9	
	（4）工作比较稳定	5	9			9	9	
他人物质方面的得失	（1）优厚的经济报酬	4	5		8			9
	（2）足够的社会资源	5	8		7			9
个人精神方面的得失	（1）适合自己的能力	4	8		9		7	
	（2）适合自己的兴趣	5	5		9			8
	（3）适合自己的价值观	5	6		8		5	
	（4）社会自己的个性	4	7		9		6	
	（5）未来发展空间	5		3	8		9	
	（6）就业机会	4	3		8		9	
他人精神方面的得失	（1）符合家人的期望	2	6		5		9	
	（2）与家人相处的时间	3	7		4		9	
加权后合计			312	30	399	54	384	65
加权后得失差数			282		345		319	

【点评】小敏通过生涯决策平衡单的决策之后，她的决策方案的得分分别是市场销售总监＞教研（高校计算机专业教师）＞中学信息技术教师，综合平衡之后，市场销售总监较为符合小敏的职业生涯目标。在进行职业选择时，小敏最为看重的是职业是否符合自己的兴趣、职业价值观，职业是否有发展空间、是不是自己的理想生活的需要等几个方面。

分析你决策中的 CASVE 循环

请使用 CASVE 循环来分析你即将面临的选择或职业决策问题，可以参考以下问题进行。

（1）你是怎样意识到自己的需求的？

（2）你是如何分析这个问题，收集相关信息的？

（3）你是如何形成解决方案的？

（4）你是如何在不同的解决方案之间作选择的，你的选择标准是什么？

（5）你是如何落实行动的？过程是否如你预期的那样？

（6）你怎样评价自己当时的决策过程，你对结果感到满意吗？如果不满意，是哪个步骤出现了问题？

（7）如此分析了你的决策过程之后，你对于自己的决策模式有了什么新的发现？这对你处理职业决策有什么指导意义？

项目八
职业生涯规划实施

📝 **学习目标**

知识目标：

1. 了解职业生涯规划制定的任务；掌握职业生涯规划的步骤，职业生涯规划书的基本内容和写作方法。

2. 掌握职业生涯规划评估调整的意义和要素，职业生涯规划评估的标准，职业生涯规划修正的内容和方法。

能力目标：

能够编制职业生涯规划书，能够根据实际情况对职业生涯规划进行评估与修正。

素质目标：

成功的职业发展源于合理的规划和充分的准备。通过制订合理的职业生涯规划，帮助自己在职业生涯探索的阶段更好地把握职业方向和探寻人生价值。通过对职业生涯规划的评估和修订，对自己前一阶段的生涯发展情况进行总结分析，既可以通过成绩收获成长，提升自我效能感，增强自信心；又可以通过吸取经验教训，进行自我修正，确保生涯发展不发生偏差。

👤 **案例引导**

"以梦为马，不负韶华""当立鸿鹄之志，争做时代奋进青年""完善职业规划，点亮生涯之光，成就精彩人生"……2023 年 5 月 21 日至 5 月 23 日，大连理工大学首届"'生'临其境，'职'点迷津"生涯体验周活动在凌水主校区西山生活区顺利举办，1 300 余名同学参加本次活动，活动现场气氛热烈，同学们参与热情高涨。

本届生涯体验周活动由学校招生就业处主办，学校职业规划与就业协会承办。生涯体验周活动设置"自我探索""外部探索""生涯行动力""生涯决策力"四大主题区域，共 13 个活动关卡。其中，"生涯决策力"区域设置了"大学生进阶攻略""奔涌吧，后浪""生涯扫雷"三个游戏环节，帮助同学们探索大学期间的目标，激发他们的学习兴趣和动力，同时利用 CDDQ 评估学生的十种生涯决策困难，并给出相关报告和建议。

生涯体验周活动得到同学们的广泛好评，学生侯力嘉说："生涯体验周活动现场体验感很好，之前从未参加过类似的活动，游戏环节让我们得到了一定的放松……让我对生涯规划有了一些了解。"

任务一　职业生涯规划的制定

一、职业生涯规划制定的任务

职业生涯规划是将个人发展与组织发展相结合，对决定职业生涯的个人因素、组织因素和社会因素等进行分析，制定个人一生事业发展的有关战略设想与计划安排，大学阶段是职业生涯的重要准备期。培养职业精神、树立生涯规划意识和职业意识、提高职业素质和职业能力是大学阶段必须完成的任务。

1. 培养职业精神

培育良好的职业精神是高等教育的重要方面。职业精神在大学生身上，是可以通过学校教育和实践锻炼培养起来的。高等教育培养出的人才直接面向社会，在竞争日益激烈的现代社会，更需要高等教育以人为本，不仅要增强对学生的职业技能教育，更重要的是培养学生的职业精神，为学生在职业的长期发展中起到根本性的作用。职业精神作为德育的重要内容，包括职业理想、职业态度、职业责任、职业技能、职业纪律、职业信誉和职业作风等要素，反映了个人价值观的判断。一方面，职业精神为学生掌握职业技能提供心理支持；另一方面，职业技能的提高又增强了学生的信心，为将来学生树立职业理想以及就业的持续发展提供更有力的保障。

（1）责任意识。我们经常会看到，企业在招聘人才时，对员工的要求之一就是具有责任意识。责任心是个人职业化素质的重要组成部分，只有具有强烈责任感的人才能把本职工作做好。很难想象，一个缺乏责任意识的人，能够规划好自己的学习、生活乃至自己的未来，他必然也缺乏敬业精神。所以，对于大学生来说，在大学里培养自己的责任意识，就是答应别人的事一定要努力做好，这是培养责任意识的第一途径。

（2）主动精神。主动精神是一个人在集体生活中不可缺的一种精神特质，对大学生而言，是影响其生活质量、生涯规划的关键因素之一。21 世纪需要的是具有创新精神的人才，创新精神在大学里也可以被称为是一种主动精神，这种主动精神体现在对知识的追求、对人生目标的追求，有人开玩笑说，大学里要得一次奖学金、写一次入党申请书等，这个可以说就是主动精神的一种体现。激烈竞争的社会不需要被动做事的人，这种人就像牙膏一样，挤一点出一点。大学阶段是青年人社会化的重要时期，大学生要由他人导向型转变为自我导向型。

2. 树立生涯规划意识和职业意识

（1）生涯规划意识。一个人如果有了明确的计划，在面对多变的外在环境时，就不会手忙脚乱。一个人事先如果做好预算，生活就不会落魄。在我们的一生中，有许许多多的事情需要我们去完成，并且每个人的时间又是如此有限。面对多变的外在环境、有限的时间、无限多的事情，为了充分发挥个人的潜力，实现人生价值，就必须能够未雨绸缪，事先做好规划。

（2）树立职业意识。职业意识是指人们对自己所从事的职业所持有的认识和理解，是个人的世界观、人生观和价值观的有机构成要素。虽然学生身处校园，但提前培养职业意识很重要。例如，利用网络收集一些目标职业的信息，通过分析来形成自己对职业的看法；参加学术活动，及时了解行业的发展变化，有利于职业选择；通过参加各种职业训练活动，提前感受职场氛围。实际上，职业意识的培养过程本身也是一个自身成长的过程，通过此过程，不断提高自己分析和解决问题的能力，为将来在职场的发展奠定基础。

（3）培养自立意识。自立是指个体从自己过去依赖的事物中独立出来，自己行动、自己做主、自己判断，对自己的承诺和行为负起责任的过程。自立贯穿于整个人生，可以分为身体自立、行动自立、心理自立、经济自立和社会自立。身体自立是指个体无须扶助而能直立行走，行动自立是指个体具备生活自理能力，如会自己洗脸、刷牙、洗衣服等；心理自立是指个体能独立思考、独立判断，自己做决定；经济自立是指不依赖父母或他人的经济援助而能独立生存；社会自立是指能够按照社会所规定的行为规范、责任和义务而行动。学会自立是我们实现人格独立、开创事业的前提条件。因此，在大学阶段我们应该树立自立意识，培养自立能力。不能自立的人不仅会成为家庭的负担，而且还会成为社会的累赘。大学生作为一个成年人，无论家庭经济情况如何，从入校开始就要树立自立意识。一个人只有学会了自立，才有可能赢得职业生涯的发展与成功；只有具备自立精神，也才有可能在将来开创自己的事业。

3. 提高职业素质和职业能力

职业素质是劳动者对社会职业了解与适应能力的一种综合体现，其主要表现在职业兴趣、职业能力、职业个性及职业情况等方面。职业能力是指人们从事不同职业活动所必需的共有能力；特殊职业能力是指人们从事某一特定职业所必须具备的特殊的或较强的能力。

社会实践是一种很方便的真正了解自己的方式。大学生应该通过不同的工作环境、不同的工作经历发展清晰的自我形象，同时注意自己的感受和反应；尽可能多地寻找和获得不同的生活经历，并将这些生活事件和经历结合起来，找到价值观、兴趣和技能之间的联系，用更复杂的方式思考自我。改善与生涯决策有关的自我知识也是一个终身的过程，永远不会结束，没有生活经历，其知识也便不能发挥最大价值。

社会实践的另一个作用是帮助大学生不断改造自我，更快地社会化。大学与高中的不同在于，大学是进入社会的过渡期，是进入社会的预演；学校与社会的不同在于，衡量人才的参照系不同。学校教育以知识积累为主要目的，而职业领域更看重能力和素质。职业在满足现实的生存和发展需要之外，还有一个重要功能，就是通过和别人一起合作来克服以自我为中心的意识，换而言之，职业化的过程就是社会化的过程，而克服以自我为中心，为职业做准备是这个年龄段的大学生最重要的人生课题。

影响和制约职业素质和职业能力的因素很多，主要包括：受教育程度、实践经验、社会环境、工作经历等。一般来说，劳动者能否顺利就业并取得成就，在很大程度上取决于本人的职业素质和职业能力。职业素质和职业能力越高的人，获得成功的机会就越大。目前，虽然大学新生不能依靠实际就业来提高这方面的能力，但努力学习文化专业知识、增强现代科技意识、加强专业技能训练、进行社会实践和锻炼，是提高职业素质和职业能力的有效途径，而且是其优势所在。我们通过分析自身的职业素质，分析自己的一般能力和特殊能力状况，挖掘潜能、发挥优势，就能够不断提高职业素质和职业能力。

二、职业生涯规划的步骤

（一）自我分析

自我分析是职业规划过程的第一步，对于大学生来说，主要是了解兴趣、性格、价值观、能力等与本人相关的因素，以达到认识自己、了解自己的目的。由于自己能看到的"我"只是"自我"中很少的一部分，因此需要借助其他手段更加全面地了解自我，如自我剖析、职业测试、角色建议等。通过自我分析，可以客观审视自己的成长历程、专业优势及职业倾向，从而明确自己的职业定位及核心竞争力。

（二）环境分析

职业生涯规划中的环境分析主要涉及以下两个层次的内容。

1. 社会环境分析

如社会各行业的人才需求，当前社会人才供给情况，社会政策、价值观的变化等，通常我们一说到大学生的就业社会环境，很多人就会习惯说四个字——"形势严峻"，甚至将求职不理想统统归因为社会环境。其实，同样是"形势严峻"，每年的具体形势和特征仍然是有较大差别的。对于与我们关系密切的就业社会环境，我们只停留在笼统的"形势严峻"四个字上，显然是远远不够的。

2. 职业环境分析

进行全面的职业环境分析是我们"知彼"的核心。在面试过程中，考官一般都会比较欣赏那些对本行业、本单位"做足功课"的有心人。在选择职业或单位时有必要通过个人可能获得的一切渠道来获取信息。例如，可以通过单位所在地的新闻出版机构的新闻线索，来了解该单位产品及服务的详细情况和富有深度的财政经济状况；可以通过有关书籍和单位发展史、当地各种商业活动、单位人物获奖等细节了解到可供参考的资料信息。另外，单位网站上介绍本单位价值观念的那些主页也会透露一些组织文化的有关线索，还可以通过参观或参加面试时的谈话资料和知识背景来充分了解与考虑职业环境的各种因素。

总之，通过以上分析，应整理出一条清晰的线索，确定自己在这个单位中有没有足够的发展空间，衡量自己的目标能够在该单位得以实现的可能性，更重要的是也可以判断单位如何识人及需要什么样的人。经常看到有同学在规划书里写到，"我大学毕业之后要读研究生，研究生毕业之后我要去大学当老师"。殊不知现在大学教师都要求博士学位，甚至是"海归"背景，并且要求本科及硕士就读院校也要是"211"院校，对行情太不了解，当然不可能成为用人单位需要的人。

（三）匹配分析

所谓匹配分析，是指自身条件与环境的匹配程度分析。需要动态地分析自己、分析环境、分析自己今后几年可能的发展，以及环境可能产生的变化。来看看一位工科专业毕业的本科生在面对报考管理类的研究生与寻找管理类职位这两个选择时，对自己做的匹配分析：

如果我选择跨专业考研，考上的可能性为80%，研究生毕业后比工作了三年的本科生更有竞争优势的可能性是80%。假设工作了三年的本科生的收益是1，在比工作了三年的本科生有就业优势的条件下，研究生毕业后我的收益是1.5。那么如果我现在考研，我现在的期望收益是$1.5 \times 80\% \times 80\% = 0.96$。也就是说，撇开我为考研所花费的资源不谈，我读研究生后所获得的期望收益小于我现在工作所获得的收益1。所以，从经济学期望收益的观点分析，我应该选择工作。

再从机会成本分析，如果读研究生期间的花费为0（假设能读公费研究生，并且有补贴、打工等收入，能自己挣取生活费用），假设我工作后每月工资为3 000元，每月能结余1 000元，三年的收入除生活费用外还结余3.6万元。且由于我努力工作，勤奋好学，三年后我工作经验的积累及在实践中所学知识的增加，可能会使我比刚毕业的研究生更有就业优势。

从自身考虑，我现在的就业条件还是可以的，曾获全国大学生英语竞赛特等奖、全国大学生英语辩论赛二等奖和第二届全国大学生社会科学论文大赛二等奖等众多奖项，还辅修了工商管理。更重要的是，我还要考虑无法预知的就业环境风险。现在研究生的就业形势并不乐观，三年之后可能更糟糕，研究生的就业面本来也比本科生窄，三年之后能否找到比现在更好的工作还很难说。

从案例中这位同学的自身特点、准备从事的行业，以及就业环境来说，他大学毕业之后直接参加工作比读研究生后工作要更为有利。通过自身条件与环境的动态分析，可以帮助我们做出理性的选择。在进行匹配分析时，我们可以遵循以下两个原则：

（1）规划是根据我的个性和特长制订的吗？

（2）环境（社会、行业、家庭）支持我的规划吗？

（四）目标设定

目标设定是职业生涯规划的核心内容，在自我分析、环境分析的基础上选择自己的职业方向，确立职业生涯发展目标。在制定目标时有一个"黄金准则"——SMART 原则。好的目标应该能够符合 SMART 原则。

（1）S（Specific）：具体的、明确的。职业目标不能含混不清，要让我们能够准确地理解。如"英语较好"就是一个很模糊的目标，很难让人理解。"拿到英语六级证书"这个目标就清晰很多。

（2）M（Measurable）：可以量化的、能度量的。这样当我们评估目标的实现程度时，才会有标准。如"学好计算机"这一目标就缺乏标准，什么算是"学好"呢？如果换成"学会打字、会用 Office 办公软件"等，就很容易度量了。

（3）A（Attainable）：目标要通过努力可以实现，也就是目标不能过低或偏高，偏低了无意义，偏高了实现不了。例如，一名大学生将目标设定为"成为李嘉诚第二"，这个目标就不是靠大学四年的努力能够实现的，容易成为"思想上的巨人，行动上的矮子"。

（4）R（Relevant）：目标需有一定的意义和相关性。一般需结合自己的成长历程、专业优势及职业倾向来设定。

（5）T（Time-bounded）：有明确时间限制。对于大学生职业生涯规划而言，我们规划的重点是在大学这四年，主要确立初次择业的职业方向和阶段性目标，所以，我们界定目标实现的期限一般是在大学毕业的时候。

（五）路线选择

达到自己确立的目标的职业生涯路线需要将自己前期的学习纳入这个路线选择之中，并对即将从事的工作进行职业阶梯安排。如果目标设定并且分解合理了，路线选择就会比较容易。例如，以大学教师和专家为职业目标，则意味着需要选择技术路线。但具体是选择高校、为客户提供专业服务的企业（会计师事务所、律师事务所、管理咨询公司等），还是企业技术岗位，其生涯路径会有所差别。

每个人都有适合其发展的路径，但人与人各不相同，谁也不能完全复制他人的成功之道，职业生涯必须靠决策者不断尝试和探索。职业生涯路线的选择（图 8-1）需要考虑以下几个问题：一是个人希望向哪条路线发展，这里主要考虑自己的价值观、理想、成就动机等，由此确定自己的目标取向（"我想往哪个方面发展"）；二是个人适合向哪一条路线发展，这里主要考虑自己的性格、特长、经历、知识结构、能力水平等，由此确定自己的能力取向（"我能往哪方面发展"）；三是个人能够向哪一条路线发展，这里主要考虑自身所处的社会环境、政治与经济环境、组织环境等因素，由此确定自己的机会取向（"我可以往哪方面发展"）。

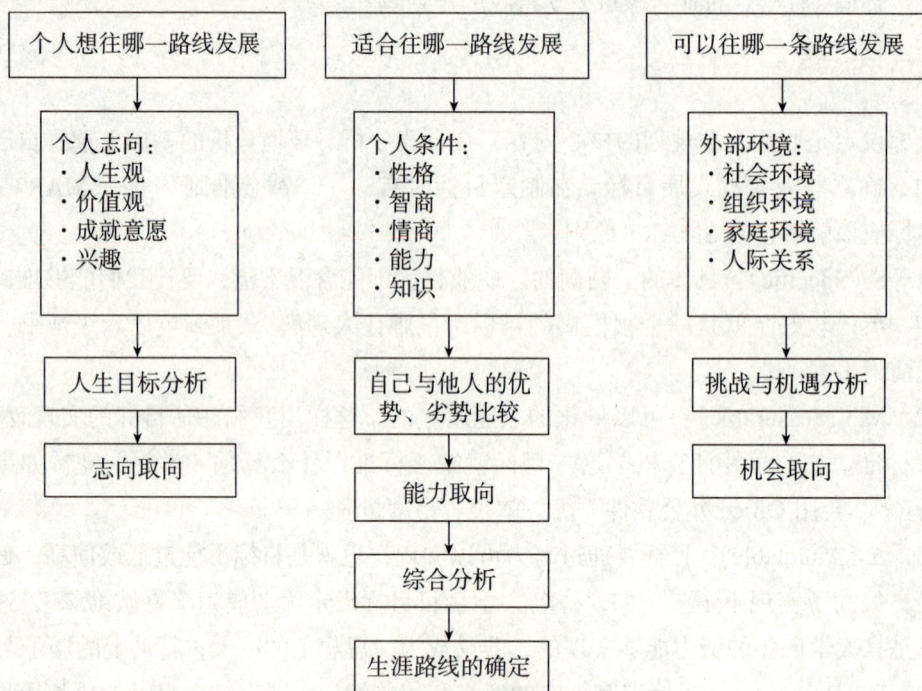

```
┌──────────────┐    ┌──────────────┐    ┌──────────────┐
│个人想往哪一路线发展│    │适合往哪一路线发展│    │可以往哪一条路线发展│
└──────┬───────┘    └──────┬───────┘    └──────┬───────┘
       ↓                   ↓                   ↓
┌──────────────┐    ┌──────────────┐    ┌──────────────┐
│个人志向：      │    │个人条件：      │    │外部环境：      │
│·人生观         │    │·性格           │    │·社会环境       │
│·价值观         │    │·智商           │    │·组织环境       │
│·成就意愿       │    │·情商           │    │·家庭环境       │
│·兴趣           │    │·能力           │    │·人际关系       │
│               │    │·知识           │    │               │
└──────┬───────┘    └──────┬───────┘    └──────┬───────┘
       ↓                   ↓                   ↓
┌──────────────┐    ┌──────────────┐    ┌──────────────┐
│人生目标分析    │    │自己与他人的优   │    │挑战与机遇分析  │
└──────┬───────┘    │势、劣势比较    │    └──────┬───────┘
       ↓            └──────┬───────┘           ↓
┌──────────────┐          ↓            ┌──────────────┐
│志向取向        │    ┌──────────────┐    │机会取向        │
└──────────────┘    │能力取向        │    └──────────────┘
                    └──────┬───────┘
                           ↓
                    ┌──────────────┐
                    │综合分析        │
                    └──────┬───────┘
                           ↓
                    ┌──────────────┐
                    │生涯路线的确定  │
                    └──────────────┘
```

图 8-1　职业生涯路线

（六）策略实施

　　一谈到大学生职业生涯规划，很多同学就会联想到职业测评、企业案例或目标分解图。但其实，行动才是职业规划最为关键的环节，也是大学生职业生涯规划的意义所在。这里的行动，是指落实目标的具体措施，也就是告诉我们：大学这四年我究竟应该学什么、做什么、提高什么。

　　例如，一位工商管理专业的同学，经过职业规划的前面五个步骤——自我分析、环境分析、匹配分析、目标设定、路径选择，他为自己设定了企业管理工作这一生涯目标，并经过目标分解，将企业行政管理岗位确立为自己初次就业的目标，接下来他是按照以下步骤行动的：

　　第一步，了解管理工作的胜任特征。所谓的胜任特征，是指能将某一职业（或岗位）中有卓越成就者与表现平平者区分的个人的潜在特征。经过相关职业及企业信息的搜集，该同学得出了管理工作的素质要求：部门工作经验、组织协调能力、语言表达能力、协作能力、激励能力、沟通能力。

　　第二步，对比自己目前的情况，分析自己现在的差距。现在有哪些差距呢？第一个差距是缺乏工作经验，这是所有大学生在求职时都存在的一个问题；第二个差距是缺乏实践操作能力，可能几年下来会学习不少理论知识，但没有真正实践过自己的专业；第三个差距是沟通能力欠佳；第四个差距是演讲能力有待提高。

第三步，针对自己分析出来的问题、不足之处，提出解决的办法。缺乏工作经验，可以从学生干部做起，多参加社会工作、社团活动；可以利用假期出去工作、实习；还可以参加一些相关的培训等。缺乏沟通能力可以通过一些系统的训练课程来解决，现在有很多专业的培训项目，教我们谈话的时候该如何开头、如何深入、如何结束；谈话中该如何倾听、视线该如何接触、身体该保持怎样的距离等。缺乏演讲能力可以参加班级演讲比赛，参加相关培训，阅读相关书籍，或者向演讲能力强的同学学习。

第四步，拿出提高相关能力的日程表。这是策略实施环节的核心，包含了前面几个步骤分析的结果。针对需要提高的能力，列出学习和改善的日程表。如将提高学生管理工作经验安排在第二个学期，具体通过当学生干部来实现，目标是了解如何认识人、观察人、激励人。将改善人际沟通能力安排在第四个学期，通过学校的心理咨询中心来学习，可以了解人的需求、谈话的技术、谈话的方法等。

大学阶段是重要的职业探索期，即扩大生涯空间与可能性。选择本身不是最大的问题，最大的问题是遵循或执行这个选择。我们制订职业生涯规划，不是为了洋洋洒洒挥就一份激情澎湃的规划书，而是为了得到一张非常简单并可行的行动表。实现理想的方式是用20%的时间把路看清楚，然后用80%的时间去"拉车"前行。

（七）设计调整

"计划赶不上变化"，在我们的职业生涯进程中，也会经常发生这样或那样的变化，其中很多变化是我们事先难以预料的。这些不确定因素的存在可能会使实际结果偏离原来的规划目标，这就要求我们时时注意内、外环境的变化，不断审视自我，不断调整自我，不断修正策略和目标。

（1）要准备好备选方案。对于职业生涯决策需要保持适度弹性，也就是对目标保持一种"不确定"，让目标浮动。我们不仅要明确第一选择，还要有后备选择。有些同学在做规划时非常决绝："我的目标是做一名大学教师，所以我大学毕业之后要考上研究生，研究生毕业之后要继续读博士，然后……"或"我的职业理想是成为四大会计师事务所的合伙人，所以我要在四大会计师事务所求职，入职之后争取用3~5年时间成为明星员工，然后……"可是万一没有考上研究生、没有进入四大会计师事务所呢？为了防止挨冻，要给自己预备一件衣服，同样我们也需要给自己预备一个职业。

（2）不断评估和调整。每隔一段时间，我们需要对自己的规划进行评估，不断依据环境变化和自身条件变化做出匹配性的职业规划，为达到自己内心的理想目标而不断努力。阶段性目标没实现，一方面说明计划本身有问题，或者努力不够；另一方面也意味着接下来的路径必须调整。这也是为什么前面我们强调，无论长期、中期还是短期目标，我们只需要重点关注离自己最近的那个目标，因为后面的阶段性目标往往要根据前一个目标的落

实情况而进行调整。

所以，不要"把所有的鸡蛋放在一个篮子"里，不要停止探索，只要开始就永远不晚，只要进步总有发展空间。

三、职业生涯规划书

职业生涯规划是对个人职业发展道路进行选择和设计的过程，规划的内容和结果应该在规划过程中及规划后形成文字性的方案，以便理顺规划的思路，提供操作指引，随时评估与修正。职业规划书主要包括职场环境分析、个人职业定位和个人职业发展计划等。比较重要的是个人职业定位，包括个人兴趣分析和个人优劣势分析。尽早做好职业规划，避免走人生弯路。

职业生涯规划书是对职业生涯规划的书面化呈现，不仅能呈现个人的宏观职业生涯规划，还能对具体的学习和工作起到指导及鞭策作用。

1. 职业生涯规划书的基本内容

（1）扉页。扉页包括题目、目录、姓名及基本情况介绍、年限、起止日期等。

（2）职业方向及总体目标。目标是行动的导航灯，是未来的现实。确立目标是制定职业生涯规划的关键，是首要的内容。有效的生涯设计需要切实可行的目标，以便排除不必要的犹豫和干扰，全心致力于目标的实现。有了目标，便有了人生奋斗的方向。

（3）自我分析。俗话说："良好的开端是成功的一半。"进入什么样的职业领域，该领域是否符合自己的个人特点，是决定职业生涯发展水平或职业生涯是否成功的重要因素。有效的职业生涯规划需要对自己及环境有充分且足够的了解，需要有切合实际的目标，即符合个人的价值观、兴趣、能力及期望的生活形态。

（4）社会环境和企业环境、行业环境分析结果。"适者生存，劣者淘汰"，在世界迅速变化，科技高速发展，整个社会的生活方式和企业的运作模式都不断变化的情况下，只有通过对职业和职业环境进行分析，认清楚所选择的职业在社会环境、行业环境和企业环境中的发展过程与目前的地位，以及社会和行业发展趋势对此职业的影响，才能保证职业生涯规划的科学性和正确性，才有助于个人更好地坚定职业方向和建立明确的职业目标。

企业的行业环境将直接影响到企业的发展状况，进而也就影响到个人职业生涯的发展。行业分析包括对目前所在行业和将来想从事的目标行业的环境分析。

2. 职业生涯规划书写作方法

（1）常见格式。

1）表格式。表格式的规划书为不完整的职业生涯规划书。常常仅写有最简单的目标、分段实现时间、职业机会评估和发展策略等项目，有的只相当于一份完整的职业生涯规划书的计划实施方案表，适合作为日常警示使用。

2）条列式。条列式的规划书具有职业生涯规划的主要内容，大多数只是作简单的表述，没有详细的材料分析和评估。文章虽精练，但逻辑性和说理性不强。

3）复合式。复合式就是表格式与条列式的综合。

4）论文格式。一份优秀的论文格式的职业生涯规划书能够对一个人职业生涯规划作出全面、详细的分析和阐述，是最完整的职业生涯规划书。

（2）撰写的基本要求。

1）资料翔实，步骤齐全。收集资料有多种途径，可以通过访谈、从报刊图书中摘抄和上网下载等方式获取资料，要尽可能注明资料的出处，并多运用图表数据来说明问题，以提高资料来源的可信度和说服力。收集资料主要可分为以下四步：

①分析需求，分析条件及目标设定。

②分析阻碍和可行性研究。

③设计方案和提升（改变）计划。

④制订详细的实施计划和措施。

2）论证有据，分析到位。要了解有关的测评理论及知识，认真审视并思考自己的测评报告并对照自我认识与测评结果的异同，分析与测评结果形成差距的原因，从而确定自我评估结果，达到"知己"；要理清楚自己所处的地理环境（包括居住的地方、喜欢的地方及亲朋的意见等），明确自己最大兴趣、最喜欢与之共事的人的类型、最重视的价值与目标和最喜欢的工作条件，再通过目前环境评估（包括社会影响、家庭影响、学校因素和就业形势等）和当前社会环境分析（包括组织环境分析、技术的发展、经济的兴衰及政策法规的影响等）来确定自己的职业方向，做到有理有据，层层深入。

3）言简意赅、结构紧凑，重点突出、逻辑严密。语言朴实简洁，用词精练准确，行文流畅，条理清楚，这是最基本的写作要求。撰写时，还应密切注意整篇文章的结构和重心所在。职业生涯规划书一般包含对职业规划的认识、对自我的剖析、对所学专业的认识、对职业方向的探索及确定目标并制订计划这五个方面的内容。在对这些内容进行分析阐述时，必须紧紧围绕职业目标这条主线来展开，从而体现文章论述的逻辑性和连贯性。要将重点放在自我评估、环境评估和目标实施上。职业生涯规划是自己将来的规划，这个规划只有建立在对自我和职业的充分认识的基础上才能体现出它的科学性和可行性。

4）目标明确，合理适中。撰写职业生涯规划书应围绕论述的中心展开，职业生涯目标不能过于理想化，应"择己所爱""择己所长""择世所需""择己所利"。职业生涯规划书撰写是否成功，在很大程度上取决于有无正确适当、切实可行的目标。

5）分解合理，组合科学，措施具体。目标分解、实现路径选择要有理论依据，而且备用路径之间要有内在联系。目标组合要注意时间上的并进、连续，功能上的因果、互补作用，全方位的组合要涵盖职业生涯、家庭生活及个人事务等方面。

6）格式清晰，图文并茂。撰写职业生涯规划书时，可合理运用图片来增加内容的生动性，在编排上应突出重点，条理清晰。

◀)) **案例小链接**

×××职业规划大赛参赛作品

       姓名   ×××

       学院   ××××××

       班级   中文专业

参赛人资料：

真实姓名：×××

笔名：×××

性别：女

年龄：19

籍贯：内蒙古

身份证号码：××××××××××××××××××

所在赛区：北京

所在学校及学院：××××××

班级及专业：中文专业

学号：

联系地址：

邮编：

联系电话：

E-mail：×××@sohu.com

引　言

实现梦想的第一步就是要有梦想。

没有梦想对于每个人来说都是非常可怕的一件事情，没有梦想会如同无头苍蝇似的到处碰壁。现代社会由于商品经济的发展变化很快，很多人很难对自己的人生进行一个长期的规划。佛家有云："缘起性空，空无自性。"的确，在现代社会，人们的生活节奏加快，社会更新换代发展非常快。如我们这样柔弱的个体，如果不加紧自己的脚步，跟随时代的步伐，不断学习，将很难有一个长足的进步。

因而有一份长期稳定的规划是有必要的。首先，职业生涯规划是帮助柔弱个体对抗变幻莫测的世界的一种不变的工具。中国人讲究"以不变应万变"，因此就更加需要有一份稳定的职业生涯规划了。其次，对稳定性的追求是符合人性的。在生活节奏快速变化的当代社会，人们的心理压力日益增加，由此导致的焦虑、心烦意乱和无根据的恐慌也呈现多发的趋势，对于稳定生活、稳定工作的向往已得到了现代人的普遍认同。在制定自己职业生涯规划的时候，稳定必然是需要重点考虑的要素之一。

　　职业生涯包括内职业生涯和外职业生涯。对于在校大学生，首先要对自己有一个清醒的认识，知晓自己的优点和缺点。其次，在对自己有一个比较完备的认识的同时要明确自己的兴趣，明确自己的目标，通过目标的明确找准自己日后的社会地位，履行好自己的社会角色。当然，在这个过程当中必须不断提高和完善自己的能力，并对当代社会对自己准备从事职业的要求和职业本身的发展前景有一个清醒的认识。

　　针对我个人而言，在人际关系中找准自己的位置是非常重要的。在人际关系复杂的社会尤其需要懂得找准自己的角色，并通过独善其身来达到一个更高的话语平台。

一、自我分析

　　1. 职业性格类型

　　我的人才素质测评报告中，与我最符合的性格类型是统帅型——一切尽在掌握。

　　我的具体情况是：

　　（1）直率、果断，能够妥善解决组织的问题，是天生的领导者和组织的创建者。擅长发现一切事物的可能性并很愿意指导他人实现梦想，是思想家和长远规划者。

　　（2）逻辑性强，善于分析，能很快地在头脑里形成概念和理论，并能把可能性变成计划。树立自己的标准并一定要将这些标准强加于他人。看重智力和能力，讨厌低效率，如果形势需要，可以非常强硬。习惯用批判的眼光看待事物，随时可以发现不合逻辑和效率低的程序并强烈渴望修正。

　　（3）善于系统、全局地分析和解决各种错综复杂的问题，为了达到目的，会采取积极行动，喜欢研究复杂的理论问题，通过分析事情的各种可能性，事先考虑周到，预见问题，制订全盘计划和制定制度并安排好人和物的来源，推动变革和创新。

　　（4）愿意接受挑战，并希望其他人能够像自己一样投入，对常规活动不感兴趣。善于需要论据和机智谈吐的事情，如公开演讲之类。

　　2. 职业能力——能够干什么

　　我的人才素质测评报告结果显示我的工作优势：

　　（1）自信且有天生的领导才能。

　　（2）敢于采取大胆行动，有不达目的不罢休的势头。

　　（3）能看到事情的可能发展情况及其潜在的含义。

　　（4）有创造性解决问题的能力，能客观地审查问题。

　　（5）有追求成功的干劲和雄心，能够时刻牢记长期和短期目标。

　　（6）对于胜任工作有强烈的动机，能通过逻辑分析做出决定。

　　（7）能创造方法体系和模式来达到目标。

　　（8）学习新东西时接受能力强。

　　（9）在有机会晋升到最高职位的机构中工作出色。

　　（10）雄心勃勃，工作勤奋，诚实而直率，工作原则强。

　　（11）积极热情，富有推动力。

（12）有韧性，在困境中不轻易放弃。

3. 个人特质——适合干什么

我的人才素质测评报告结果显示我的岗位特质是：

（1）有组织、有条理的工作环境，在清晰而明确的指导原则下与他人一起工作。

（2）充满挑战和竞争的氛围，创造性处理复杂而且难度较大的问题，提出合乎逻辑的解决办法。

（3）领导、管理、组织和完善一个机构的运行体系，确保有效运转并达到计划目标。

（4）能够提高并展示个人能力，能够不断得到提升，有机会接触到各种各样有能力而且有权力的人。

（5）成果能够得到他人肯定，并得到合理的回报。

（6）能够确立工作目标，并施展组织才能，管理监督他人，而不需要处理人际冲突。

4. 职业价值观——最看重什么

最突出的职业价值观是注重关系。注重关系表示的是期望工作的内容是能够给予别人帮助，并希望在这样的职位上同事之间关系融洽，大家都有积极的道德观念和社会服务意识。在这个方面细化分析，可以看出我：

（1）希望在工作中能够拥有与同事和谐的关系，并且与上下级也能够融洽相处。

（2）希望自己的工作是具有团队协作性质的，能够以团体共同努力的方式进行工作。

（3）希望自己的工作能够接触到不同类型、群体和层次的人。

（4）希望自己的工作是服务他人取向的，能够在工作时给予他人服务。

（5）希望自己的工作是合乎社会道德的或是能够在道德的原则下行事的。

以下几个价值观相对而言不是我最大的工作动力来源，但是了解它们对我更好地认识自己和职业有很大的帮助。

（1）追求成就：希望获得的工作能够看到及时的成果展现，并体验到可能的成就体验。即工作的追求是一种自我实现，而并非外在特质利益的满足。

（2）崇尚独立：我是一个期望在工作中能够独立工作、独立决策，而且能够表现出自己的创新，发挥自己的责任感、自主性的人。而且我能够以自我监督的形式使工作按照自己的计划顺利进行。

（3）支持满足：一个期望在职业中获得管理层的支持，如获得充分的培训机会，能够在单位的规定范畴内获得应有的待遇的人。

（4）工作条件：我非常希望获得有充分保障的工作（包括拥有良好的工作条件），例如，能够在一个比较安静和舒适的环境中工作，能够获得应有的报酬，能够获得自主决断的可能性等。而且还希望工作具有多样性，能够在工作的范围内做不同的事情。

（5）赞誉赏识：我对职业的追求，是能够使自己获得充分的领导力提升机会，并拥有充分的权威，能够对他人的工作提供指导，并且这个职位是富有社会声望的。

自我能力优势和弱势分析比较见表8-1。

表8-1　自我能力优势和弱势的比较

我的优势能力	我的弱势能力
（1）善于与别人交流、谈判； （2）注重人际关系； （3）乐于助人，热情有活力； （4）做事、学习有冲劲； （5）有一定的组织领导能力； （6）善于鼓励他人	（1）对那些反应不如自己敏捷的人缺乏耐心； （2）唐突、不机智且缺乏交际手段； （3）易于仓促做决定； （4）对一些世俗的小事没有兴趣，对那些既定问题不愿意再审查

自我分析小结：

现在我对自己的人格类型和动力已经有了一个比较清楚的了解，但这还不够。"如何通过这些信息使我在这份工作上取得更大的成功"这是关键所在。

通过分析，我觉得我成功的秘诀在于：

（1）适当放慢做事速度和行动的节拍；

（2）注重细节、增强做事的耐心；

（3）体谅他人的需要和感受；

（4）同时适当学会鼓励和欣赏他人的贡献，不要吹毛求疵；

（5）在埋头苦干之前，仔细检查各种可利用的现实资源；

（6）三思而后行，使决策更完善；

（7）需要学会认同和看重感情，体会自己和他人的感受；

（8）如果我能够针对不同的人、不同的情境采取不同的指导方式，我会在人际合作中发挥更好的作用；

（9）正确看待失败，必要时学会放弃。

二、职业分析

1. 家庭环境分析

我的父母皆是自由职业者，对我的工作类别没有刻意和深刻的影响。

2. 学校环境分析

我所就读的学院位于北京市，国际大都市和中国政治、经济及文化中心。这有利于培养自己国际化视野和接受各方面先进的知识。

3. 社会环境分析

现在的社会就业压力很大，面临着众多的毕业生及下岗职工。对于我们体育院校的本科生来说，主要的对手应当是学历更高的学生吧！但我们也有自信，因为随着中

国逐渐融入国际市场，对综合表现能力突出的人才的需求量也会越来越大，所以，就业前景还是可观的。

4. 职业环境分析

国际化程度越来越高，市场化程度越来越完善，经济活力越来越好，我相信未来。

5. 职业分析小结

无论从家庭、学校、社会还是职业环境分析，我从事企业产品营销的可行性比较大，而这个职业的前途也是非常光明的。

三、职业定位

综合第一部分（自我分析）及第二部分（职业分析）的主要内容得出本人职业定位的 SWOT（态势分析法）分析（表8-2）。

表8-2　职业定位的 SWOT 分析

	优势因素（S）	劣势因素（W）
内部环境因素	学习的中文专业知识，培养了我扎实的文字策划功底，长期的学习经历使我养成了永不服输的精神，有利于从事该职业；个人工作与协调能力都较强	缺乏纯粹的商务专业知识
	机会因素（O）	威胁因素（T）
外部环境因素	宏观形势不断向好	人才很多，就业压力大

结论：职业定位结论见表8-3。

表8-3　职业定位结论

职业目标	将来从事商业管理
职业发展策略	进入有发展前途的企业
职业发展路径	基层交流与销售—管理
具体路径	举例：销售—初级管理—中级管理—高级管理

四、计划实施

计划的实施见表8-4。

表 8-4　计划实施一览表

计划名称	时间跨度	总目标	分目标	计划内容（参考）	策略和措施（参考）	备注
短期计划（大学计划）	2009—2012年	考证书和英语口语证，加强一般能力锻炼	大二争取社会实践机会，加强英语学习	学习英语口语，掌握沟通技巧	以适应大学生活为主，大二以专业学习和掌握职业技能为主，大三以取得证书和实践尝试为主	学好本专业
中期计划（毕业后五年计划）	2013—2017年	有自己的关系人脉网	前三年踏实处理本职工作，后两年逐渐完善自己的人脉关系网络	熟练处理本职务工作，工作业绩在同级同事中居于突出地位	……	大学生职业规划的重点
长期计划（毕业后十年或十年以上计划）	2018至今	退休时要达到中高层，自己独立做贸易企业	与公司决策层有直接流畅的沟通；具备应付突发事件的心理素质和能力；有广泛的社交范围，在业界有一定的知名度	扩展客户群，使自己的业务量稳定提升	……	方向性规划

　　详细执行计划如下：本人现正就读大学一年级，我的大学计划是：在大一大二打好学习的基础，并取得一些证书，大三增加社会实践并奠定好一定的专业知识。

五、评估调整

　　职业生涯规划是一个动态的过程，必须根据实施结果的情况及环境变化进行及时的评估与修正。

　　1.评估的内容

　　（1）职业目标评估（是否需要重新选择职业？）：假如一直碌碌无为，我将尝试新的职业。

　　（2）职业路径评估（是否需要调整发展方向？）：当出现职业不景气时，我会选择别的发展方向。

　　（3）实施策略评估（是否需要改变行动策略？）：如果在实践中遇到困难，我会采取其他措施。

　　（4）其他因素评估（如身体、家庭、经济状况及机遇、意外情况的及时评估）：如果在相关方面产生问题，会依据实际情况，具体问题具体分析。

2.评估的时间

（1）一般情况下，定期（半年或一年）评估规划；

（2）当出现特殊情况时，会随时评估并进行相应的调整。

3.规划调整的原则

以上我的职业计划比较抽象，这只是我的人生大体路径。有句俗语说："计划不如变化。"没错，人不可能总是一帆风顺。一旦我的职业目标与现实不符，我会承认现实，可并不会放弃我的理想目标。我会寻找机会，寻找一个能实现理想的机会。

人生的道路我相信不会很平坦。我会把握住我的人生大体目标，不拘小节，掌控全局。

一旦遇到了难以逾越的困难，我会选择退让。然后仔细分析，从中寻找击破的方案。一次的退让是为了下次能更好地冲刺。

对于其他不太重要的因素，我会分清主次，一一解决。

对于评估时间的调整，我不想采用固定的模式。我会因时因事需要，进行适当的调整，始终确保"把握方向，分清主次"这一条原则。

六、结束语

水无点滴量的积累，难成大江河。人无点滴量的积累，难成大气候。一个不能靠自己的能力改变命运的人，是不幸的，也是可怜的，因为这些人没有把命运掌握在自己的手中，反而成为命运的奴隶。而人的一生中究竟有多少个春秋，有多少事是值得回忆和纪念的。生命就像一张白纸，等待着我们去描绘，去谱写。

没有兢兢业业的辛苦付出，哪来甘甜欢畅的成功的喜悦？没有勤勤恳恳的刻苦钻研，哪来震撼人心的累累硕果？

而如今，身为大学生的我们，在一天天消磨时光的日子里，不如抓紧时间多学习一些知识来充实自己。人的大学时光一生中也许就一次，不把握好，将来自己一定会追悔莫及。

真正的人生毕竟不是"快餐"，而是一种兼具营养和艺术价值的筵宴。它需要一张清清楚楚的"菜谱"，以使各种物料得到最佳的搭配，同时，我们也能够从从容容地烹制人生的美味佳肴。生命清单不仅是安排先做什么后做什么，更为重要的是，它使我们树立了一种精神理想和追求。

只有付出，才能有收获。未来，掌握在自己手中。让我们在沉默中爆发吧！

任务二 职业生涯规划的评估与调整

一、职业生涯规划评估调整

(一)职业生涯规划评估调整的意义

当我们掌握了职业生涯规划的相关理论知识和方法，做出自己的职业生涯决策之后，作为大学生，我们不能"躺在铺满鲜花的道路上，等待工作的降临"。此时，如何实施自己制订出来的职业生涯规划，便成为关键。

如果规划不能得到很好的实施，再好的规划也注定要失败。没有"尽善尽美"的规划决策，大学生面对相互矛盾的目标、观点与决策重点，总要进行平衡、调整。最佳的规划决策只能是近似合理的，而且总是带有风险的。真正的问题不在于你比过去做得更好，而在于你比竞争者做得更好。大学生不应该将大多数时间花费在制订职业生涯规划上，而应将重心放在既定规划的实施上。在职业生涯中，要做到知己知彼，确定个人生涯目标要符合现实，而不是一厢情愿；在从事的工作上能发挥专长，充分利用个人的强项；对工作的环境能够适应，而不是感到处处困难、难以生存。这就说明职业生涯规划不仅要做到"知己""知彼"，而且还应做出正确的"抉择"并进行有效的实施。

(二)职业生涯规划调整要素

俗话说"计划赶不上变化"，影响大学生职业生涯规划的因素很多，随着大学生年龄的增长和阅历的不断丰富，其性格、兴趣和爱好及职业倾向都有可能发生变化。加之社会转型和市场经济体制不断完善，大学生走向职场的环境因素不断变化，有时趋势的确很难预料。在此状况下，大学生要使自己的职业生涯规划行之有效，就必须不断地对自身职业生涯规划进行评估与调整。在现有的工作岗位上，是继续努力工作以获得升迁机会，还是辞职跳槽以另谋出路，抑或是准备创业？考虑这些问题时都必须特别注意以下几个核心要素。

1. 技能和要求

由于人的技能和要求会随着时间的推移而发生变化，所以有必要据此不断重新思考自己的职业选择，并在合适的条件下开发新的职业技能，培养新的职业爱好，做出必要的职业变动，从而实现职业生涯调整与未来职业技能的有效统一。

2. 机会成本

机会成本是人们在面临多个选择时，选择其一而放弃其他所付出的最大代价。在每一个职业阶段，人们必须认真考虑这种成本，权衡为了个人或家庭生活，我们能够放弃哪些晋升的机会；或者为了职业上的发展，我们能够放弃哪些个人生活。这个问题不好好解决，我们便不能准确地评估自己的职业决策，在职业选择上也将是不稳定的，而且容易走上极端，顾此失彼，不能很好地协调家庭、朋友和同事之间的关系，使人总有一种矛盾心理，工作和生活都不愉快。

3. 工作和家庭的协调

许多参加工作的人都希望工作和家庭互不相干，从而获得某种"自由"。可是，我们不得不承认，人们的生存空间已经是一个紧密联系的整体，而且这种联系还在不断增多。所以，我们在准备对自己的职业生涯做出调整时，必须注意工作、学习与家庭的协调。

4. 业绩与职业成功

工作业绩在职业成功中所起到的作用是对职业生涯进行评估与调整时必须考虑的因素。在每个职业阶段，那些被认为工作业绩突出的员工通常承担更具挑战性的工作，接受更多的培训，并得到公司领导更多的重视。那些教导人们如何"轻松升职"的方法对人们的职业生涯规划与调整产生了不良影响，它使人们将主要精力集中于外在形象和社会关系的处理上，而忽略了事情的关键。即从长远来说，那些业绩真正突出的优秀员工，其升迁要比那些平庸的员工更快。因此，在职业生涯规划和调整过程中，任何员工都必须思考"我怎样才能提高工作绩效和工作技能"这个重要问题，而不是仅仅思考"我怎样才能升迁"的问题。因为过多地考虑升迁，往往会使人偏离职业生涯调整与成功的轨道。

另外，在调整职业生涯规划方案时，要充分考虑社会与组织的需要。有需求，才有位置。在制定职业规划目标时，有的大学生选择毕业后直接就业，有的大学生选择考研。例如，如果报考公务员的国家政策和相关单位的条件发生了变化，就会对目标的设定产生影响，并影响职业生涯规划方案的具体实施过程；还有选择自主创业，或者选择其他奋斗目标的，这些目标均可能因为相关环境或政策的变化而发生游移。客观的、依据现实需要的、主动的生涯规划目标的调整，恰恰引领或激励我们不断审视自己的大学生涯，使我们更加理性地合理调整规划，从而使职业生涯规划从静态过程走向不断反馈变化的动态良性循环过程。

拓展阅读

调整职业生涯规划的时机与思考

1. 调整职业生涯规划的时机

如果你遇到下面一些情况，也许就到了需要调整职业生涯规划的时机：

（1）你找的第一份工作一直做到现在，没有换过工作，然而有一天你发现自己做的工作不是你真正喜欢的，你的工作已经变成了每天的例行公事，毫无乐趣可言。

（2）你感觉自己的知识和能力不够用，你想去进修，但是现在的工作量过于饱满，每天回家时已经筋疲力尽，没有时间学习，你希望换一个工作在职进修，然后计划更长远的发展。

（3）你自己的专长一直没有机会在工作中发挥出来，你一直觉得很遗憾。

（4）你觉得你的老板低估了你的价值，你觉得凭自己的能力，应该拿更高的薪水。

（5）你觉得如果继续留在公司，提升空间不大，没有大的发展机会，不想埋没了自己。

（6）长期以来，你已经做好准备，开始期望有自己的公司，自己做老板。

……

2. 不同年龄段的思考

（1）30岁年龄段。30岁时，你需要重新检查自己的目标，并描绘出下一个职业发展阶段的目标和前景。这个年龄段中的有些人开始发现，自己找了第一份工作一直干到现在，而这份工作并不是自己喜欢的；有些人则换了行业，他们开始意识到自己真正喜欢的行业和工作应该是什么样的。这个年龄段的很多人关心的都是提升或更长远的发展。

30岁时，你需要问自己的问题：

1）我擅长的是什么？这份工作是否能让我发挥所长？

2）我需要怎样做才能让我的工作绩效进一步提升？这个阶段也许是再次充电的好时机，充电之后也许会考虑调整工作。

3）我是否从我的职业生涯发展的角度来考虑问题，或者只看重当下的提升机会或暂时的加薪？频繁跳槽的人往往看重的是眼下的利益，但是这种行为的结果往往是错过了长远发展的机会。

4）我真的想留在这个行业发展吗？我的优势是否在其他领域？

5）我的职业发展速度合适吗？不会太慢吗？

这个年龄段你需要考虑职业长远的发展，需要做好准备，寻找合适的目标，等待下一个职业发展机遇。

（2）40岁年龄段。40岁时，人们往往需要修正自己的目标。这个阶段的人常会遇到职业发展的平原期。所面对的危险可能是你已经适应了目前的工作环境、工作内容和工作强度，舒适的生活让你渐渐淡忘了当初的职业生涯规划为这个阶段所定的目标。有些人已经意识到，如果他们不喜欢目前所在的这个行业，这也许是他们转行的最后机会了。他们也会开始考虑自己的退休生活，这个阶段不单单是发展方向的问题，他们需要全力投入职业发展，为今后的退休生活打好基础。大多数人在这个阶段都会评估自己的职业发展，回头看看自己的得失，自己的付出和收获。还有些人有可能不太喜欢现状，或者不适应目前所面对的现实和困境。

40岁时，你需要问自己的问题：

1）我做的工作和自己的职业目标吻合吗？这个阶段，有些人可能会考虑另起炉灶，不再为他人打工，开始想自己给自己打工了。

2）我是否被公司所经历的经济困难或被并购的危机给困住了？

3）我是否在公司得到了与工作表现相对应的提升和认可？

4）我人生的下一个目标是什么？有些人在这个时候可能会发现，赚更多的钱或是得到一个让人羡慕的头衔并不是他们期待的人生目标。有些人可能会在这个时候为自己做一些决定，而不是按照他人期待的方向发展。

5）我是否得到尊重？我想要的生活和工作状态实现了吗？

对于大多数人而言，这个年龄段需要面对很多现实问题。二十年前的梦想和目标可能已经遥不可及，也可能早已实现，需要新的挑战。

（3）50岁年龄段。50岁时，人们寻求的是职业发展的成就、贡献及对未来的安全感。

50岁时，你需要问自己的问题：

1）我的知识已经过期了吗？我的知识能让我胜任目前的工作吗？我真的不需要学习新东西了吗？很多公司都不会考虑送经验丰富的员工去研讨班学习，因为他们认为这些人离退休不远了或认为他们已经不需要这样的培训了。然而，接触最新技术和行业发展对每个员工都是非常关键的。

2）我的未来有没有安全感？

3）我重要吗？我做出了什么贡献？我是否达到预期目的？薪水固然很重要，但是我们知道，这并不是我们工作的唯一目的。

4）我有没有把我的知识和技能传给下一代？无论你是技师还是管理者，如果你能把你的专业技能传给年轻人或同事，你的价值就会得到提升。

（4）60岁年龄段。60岁时，大多数人都可以对自己的职业生涯做一个小结，他们也会开始考虑退休之后的生活方式，以及对目前的生活是否满意等。

60岁时，你需要问自己的问题：

1）我做过什么贡献吗？

2）我受尊敬吗？

3）我的上司、下级、公司的同伴对我心存赏识和感激吗？我重要吗？

4）我的丰富经验是否对公司有所贡献？

5）我现在所做的是否能保证未来的我过上舒适的退休生活？在生命的下一个阶段我打算做些什么？

6）我是否需要做些准备，以便在退休之后继续在公司做顾问，或者给其他公司当顾问，抑或创立自己的公司？

知识拓展：试错

二、职业生涯规划评估标准

学生的职业规划应该是动态的，而不是静态的。而评估调整是伴随我们整个职业生涯全过程的，我们要结合自身的实际和所在组织要求来制定评估标准：你实施这些规划之后又喜欢什么，不喜欢什么？你的一些假设是不是有问题？你现在的职业状况是什么？你正处于职业的哪个阶段？或者你还是个学生？你的工作或专业当前形势怎么样？你当前的专业符合你的理想状况吗？如果不谈工作，你现阶段有什么学习目标？有创业的打算吗？你当前的学习状态、学习效果、技能水平、就业机会、个人 / 家庭生活、成长机会、职责等，符合你的期望吗？年轻人要对这些变化非常敏感，这要求你先评估自己当前有哪些技能和经验，然后确定自己必须学哪些知识，或者自己需要在哪些方面表现得非常出色——你有哪些实践技能？你现在的技能和经验与你的就业目标相关性如何？哪些方面需要改进？这里需要指出的是，证书和培训并不能解决你所有的职业缺陷。只要你知道了自己的职业目标，就会很容易找出你的职业差距和评估标准。

　　所以，我们大学生在走出校门前，有必要了解真实的企业组织评价标准，结合自己现在的学习生活，制定出适合自己发展的评估标准。

（一）职业生涯管理有效性标准

1.达到个人或组织目标

个人目标包括：高度的自我决定，高度的自我意识，获得必要的组织职业信息，加强个人成长和发展，改善目标设置能力。

组织目标包括：改善管理者与员工的交流，改善个人与组织的职业匹配，加强组织形象，确定管理人才库。

2.考查项目所完成的活动

考查项目所完成的活动包括：员工使用职业工具（参与职业讨论会，参加培训课程），进行职业讨论，员工实施职业计划，组织采取职业行动（提升，跨职能部门流动），组织确定继承人。

3.绩效指数变化

绩效指数变化包括：离职率降低，旷工率降低，员工士气改善，员工绩效评价改善，添补空缺的时间缩短，增加内部提升。

4.态度或心理变化

态度或心理变化包括：职业工具和实践评价（参加者对职业讨论会的反映，管理者对工作布告系统的评价），职业系统可觉察到的益处，员工表达的职业感受（对职业调查的态度），员工职业规划技能的评价，组织职业信息的充足性。

（二）评估标准指导下的职系建设

（1）根据公司各岗位工作性质的不同，设立两个职系，即管理职系和技术职系，使从事不同岗位工作的员工均有可持续发展的职业发展通道。

（2）公司通过晋升、通道转换和岗位轮换等方式，为各类员工提供多重发展通道。

（3）每一职系对应一种员工职业发展通道，随着员工技能与绩效的提升，员工可以在各自的通道内获得平等的晋升机会。

（4）考虑公司发展需要、员工个人实际情况及职业兴趣，员工在不同通道之间有转换的机会，但转换必须符合各职系相应职位任职条件，并按公司相关制度执行。如果员工的岗位发生变动，其级别根据新岗位确定。

（5）员工在选定的职业发展通道内没有晋升机会时，公司为绩效好、有发展潜力的员工提供工作轮换的机会。使他们有机会到不同岗位或核心岗位工作，让他们承担更大的责任，丰富不同岗位的工作经验，使优秀员工有机会贡献他们的价值，并为公司储备人才。

（6）公司通过管理人员接替计划建立管理人员内部晋升体制。所谓管理人员接替计划，是指针对公司的管理岗位，确定一些可能的候选人，并跟踪其绩效，对他们的能力提升做出评价。一旦这些岗位发生空缺，公司将令达到岗位要求的候选人直接获得晋升机会。

（7）管理人员接替计划的制订。行政人事部同上级管理人员一起制订本岗位的人员接替计划，对其岗位下属人员的绩效和提升潜力进行综合评价，绘制出人员接替图。人员接替图由行政人事部和上级管理人员各保留一份。每年考核结束后，行政人事部应和上级管理人员一起，对每个岗位的接替计划做出修正，只有那些绩效和能力持续提升的人，才有可能留在候选人中。

（8）工作实践。员工在工作中会遇到各种关系、问题、需要、任务及其他情况，为了能够在当前工作中取得成功，员工必须学习新的技能，以新的方式运用其技能和知识，获取新的工作经验。公司运用工作实践对员工开发的途径有扩大现有的工作内容、工作轮换、工作调动、晋升等。

（9）开发性人际关系的建立。为了使员工通过与更富有经验的其他员工之间的互动来开发自身的技能，公司鼓励建立开发性人际关系的导师指导，即由公司中富有经验的、生产率较高的资深员工担任导师。导师负有指导开发经验不足的员工的责任。指导关系是指指导者和被指导者之间一种非正式的、具有共同的兴趣或价值观的关系。

事实上，在评价职业生涯管理有效性时，并没有考查所有涉及有效性的方面，而且组织也不必在组织中实施所有的职业生涯管理策略。但是这种系统的思考能给未来实施评价提供基础。

（三）评估的方法

（1）反思法。回顾职业生涯规划实践，职业生涯规划中计划的学习时间达到了没有？学习上有什么收获？还有哪些问题？如何改进？

（2）调查法。大学生在生涯规划的每个短期目标实现后，就要对下一步的主、客观环境、条件进行简单的调查、分析，看看条件是否发生了变化。哪些变化对进一步实施职业生涯规划来说是积极的，哪些是消极的，总体情况如何？要心中有数，然后根据变化了的情况，恰如其分地修改下一步的计划。

（3）对比法。每个人都有自己擅长并喜欢使用的方法，所以，在职业生涯规划时应多比较、多思考、多学习。对他人职业生涯规划的分析，往往有助于改进自己的职业生涯规划。

（4）求教法。可以将自己的职业生涯规划向老师、要好的朋友和师兄师姐们公开，让他们给出意见和建议。自我反思往往会有盲点，而旁观者可能会更清楚地看到自己的弱点。虚心、主动、积极、经常地征求他人对自己计划的看法及意见，往往受益良多。

三、职业生涯规划的自我修正

（一）职业生涯规划修正的内容

对职业生涯与发展规划进行修正的内容包括：生涯目标的重新选择；生涯发展路线的重新确定；阶段性生涯目标的调整；生涯发展目标的调整；生涯目标实施方案的变更等。

在此过程中，应注意回答以下问题：你的人生价值是什么？你有哪些知识、技能和条件？你最感兴趣的事情是什么？你的人格特质是什么？你是否好高骛远？你建立了自己的就业信息网络了吗？

总之，职业生涯规划完成并实施后，我们必须对阶段性的结果进行评估，根据评估结果找出规划与结果之间的差距，分析出差距产生的原因，并针对性地对计划进行调整，按新调整的方案有效地围绕目标行动。评估和修正可以按以下模式进行。

1. 修正行动计划

实施生涯规划时，必须为日后可能的计划修改预留余地，修正的依据是每次评估后反馈回来的信息。至于计划修正的时机，必须考虑下列四点：

（1）以周、月或学期为单位，定期检查预定目标的达成进度及取得的效果。

（2）每阶段目标达成之时，要依据实际效果，修订未来阶段目标可采用的策略。

（3）主观因素、客观环境改变影响到计划的执行。

（4）有效的生涯设计还要不断地反省修正，反省策略方案是否恰当，能否适应环境的改变。

2. 修正应考虑的因素

（1）环境因素。环境因素包括社会环境、政治环境、经济环境、科技环境、自然环境、法律环境等。从宏观层面认识到职业生涯发展的局限和可能，个人只能适应而不可改变。

（2）组织因素。组织因素包括组织规模、组织结构、组织文化、组织发展状况、人力资源规划、人力资源管理系统类型、晋升政策、人际关系等一切与职业生涯发展有关的组织因素。要改变组织因素非常困难，但个人可以选择，到最适合自己发展的组织中工作。

（3）个人因素。个人因素包括年龄、性别、学历、工作经历、家庭背景、人格等。一方面要正确认识自己；另一方面要不断完善自己。

组织和个人只能适应环境因素，应正确认识和分析组织与个人因素，寻求个人发展和组织发展的最佳匹配。

（二）生涯规划修正的方法

职业生涯规划的调整，实际是职业生涯规划步骤的再循环，但再循环不是原有设计过程的简单重复，而是根据现实的自身条件、外部环境，对原有职业生涯规划的反思和再创造。

1. 重新剖析自我

掌握个人条件的变化及其在职业实践中检验的结果，加深对自己的认识，检验自己的职业素质是否适合所从事的职业，弄清楚"我能干什么"。在此基础上选择更适合自己的方向，调整自己的职业生涯规划，从而为自己的长期发展奠定基础。

调整职业生涯规划时的自我条件剖析，不同于第一次进行职业生涯规划时的"分析发展条件"。其不同主要表现为以下两个方面：

（1）自我条件重新剖析，是在经过职业活动实践检验的基础上进行的，即对原目标有了不满之意。学生时代的发展条件分析，多半是从理论到理论的分析，对自身条件和外部环境的分析往往带有脱离实际的"非理性"色彩。而高校毕业生在求职实践或从业实践中，切身感受到发展目标、发展过程或发展措施脱离实际，有必要对原有职业生涯规划进行调整。

（2）自我条件重新剖析，是在对原定规划已有调整意向的前提下进行的，即已对新目标有了初步想法。这种调整意向往往是在有了新的发展目标，至少是对第一阶段目标已经有了调整决心时产生的。高校毕业生在求职实践或从业实践中，与职场有了"零距离"接触，开阔了视野，对职业这个大千世界有了进一步了解，因而产生了调整发展目标或阶段目标的决心，甚至已对新目标有了初步想法。

高校在校生初次进行职业生涯规划时，应先分析发展条件，后确定发展目标，以避免"眼高手低"；而已有求职实践或从业实践的青年人，想进行职业生涯规划调整，则应先确定发展目标，再重新剖析自身条件，以检验初定目标是否符合实际。

2. 重新评估职业生涯机会

在从业过程中，内、外环境会给自己的职业生涯带来机遇和挑战。对此，要认真地进行重新评估，如分析当前经济社会发展趋势会是什么样子，所从事的职业在目前与未来社会中的地位如何，社会发展对自身发展的影响有多大，自己所在企业的内、外环境和个人的人际关系怎么样等。弄清楚这些，就会明白对于自己来说什么是可以做的，什么是不能做的。

在校期间进行职业生涯规划时，对外部环境的分析，大多依靠第二手资料，而在调整职业生涯规划进行职业生涯机会重新评估时，从业者不但已经掌握了许多第一手资料，而且已经有了亲自体验的感受。对职业生涯机会重新评估，除对原规划的职业生涯发展机会进行再评估外，更要围绕新的初选目标实现的可能性，进行外部环境的分析。

3. 修正职业生涯目标

在重新剖析自我和重新评估职业生涯机会的基础上，修正职业生涯发展目标及职业生涯阶段目标，即对远期目标、近期目标进行调整。

对职业生涯目标的修正，除以自我和环境的再分析作为重要依据外，更侧重于目标的价值取向。已有求职实践或从业实践的毕业生，与缺乏求职、从业实践的在校生相比，发展目标的价值取向不再是虚拟的、理论的，而是实在的、务实的。实在、务实的价值取向，对于修正职业生涯发展目标或阶段目标，是十分有益的。在取得求职或从业实践经验的基础上，对原有的价值取向进行深刻的反思，是职业生涯目标修正的重要保证。选择更适合自己的发展方向，从而为自己的长期发展奠定基础，彻底解决"我为什么干"的问题，是调整职业生涯规划的关键。只有在求职或从业实践中得到感悟，才能使职业生涯规划更加符合自身实际，做到有的放矢、马到成功。

4. 修订落实计划

通过"干得怎么样""应该怎么干"的自我审视，根据修正后的发展目标和阶段目标，制订新的自我提升措施。

规划的设计与制订很重要，规划的贯彻与落实也同样重要。反省原规划中发展措施的针对性和实效性，回顾自己对原规划中发展措施的落实情况，既有利于新措施的制订，也有利于新措施的落实。这种反省和回顾，不仅是调整职业生涯规划的需要，也是自我管理能力提高的过程。

科学、务实的目标和严谨、周密的措施，是职业生涯规划的核心内容，也是评价一份职业生涯规划优劣的主要标准。

每过一段时间，职业人要审视内在和外在环境的变化并且及时调整自己原定的职业生涯规划。调整并非放弃，而是与时俱进。当一个人的职业生涯并非一帆风顺时，调整不但会有"山重水复疑无路，柳暗花明又一村"之感，而且调整的过程往往可以使人的多方面能力得到提高。

◀)) **案例小链接**

林浩是某水电学院 2022 级学生。回首自己大学四年的经历，已经成功签约到博世汽车无锡一家分公司的他，对职业生涯规划过程中不断评估调整的重要性有着很深的体会。

进入大学后，从小个性比较独立的林浩，想方设法积极锻炼自己：参加学生社团，竞选学生干部……

大一下学期，林浩开始思考人生价值的问题：自己更看重的是什么？自己的道路应该怎样走？林浩选修了"职业生涯发展"辅导课。在课堂上，他学会了经过分析思考之后再进一步进行生涯规划的方法。在明晰了自己应该根据性格、兴趣、个人经历等方面的具体情况来规划职业生涯道路之后，他又产生了一些新的困惑：自己现在所认识到的自我是真实的吗？自己的发展道路是正确的吗？经过一年的思索，他发现自己对经济和管理更感兴趣。于是，他第一次对自己进行了职业生涯规划，开始着手准备考经济管理方面的研究生。

大三下学期，他从《图穷对话录》《骑驴找马》两本书中得到启发，同时考虑到家庭经济情况，他修正了自己的生涯规划：放弃考研，做出另外一个他认为更理性的选择：找工作。

刚开始，林浩想在管理咨询公司谋个职位，但毕竟专业不对口，求职过程中没有太多的亮点。在和师兄们交流后，林浩认识到：即使是想做管理工作，工科的背景也不能丢。

大四，他去北京电力公司实习，这次实习让他明白了一点：自己不太适合国企。考虑到自己英语比较好，去外企应该是更好的选择；但与水利水电专业相关的企业却大多是国企。经过一段时间认真分析之后，他选择放弃这个行业。最后，在没有专业知识的情况下，他还是拿到了博世汽车柴油系统在无锡一家分公司的 offer。那里人性化的管理和国际化的工作环境都是他想要的，而去那里做技术型销售工程师需要学习内燃机的知识，这对他来说又是一个挑战。有了明确的职业生涯目标的指引，林浩勇敢地接受了挑战。

【点评】制订职业规划是为了发展，调整规划也是为了发展。在职业生涯的每个阶段，为了适应社会变化，必须经常思考，主动去调整职业生涯规划。调整规划并非轻易放弃自己的追求，而是让自己的规划更适合自己。

▶ 实践训练

生涯幻游

生涯幻游活动是结合音乐欣赏，透过幻游的画面，带领参与者去他想象中的未来空间，并鼓励参与者分享自己的幻游情景，最终协助参与者了解自身的期待与价值观，对于未来给予期待与规划（以下是生涯幻想的内容，读得缓慢而温柔，最好放上温柔的音乐，在标注需要停顿的地方要有停顿）。

请你尽可能放松，在你的位子躺下或调整至你觉得最舒服的姿势。现在，闭上眼睛，尽可能放松自己（停顿），调整你的呼吸，呼气（停顿）、吸气（停顿）、呼气（停顿）、吸气（停顿）。好，保持这样平稳的呼吸，接下来，放松身体每一部分肌肉，放松（停顿）、放松（停顿）、放松（停顿）。

　　想象现在你已经乘坐上时空穿梭机，目的地是五年后的某一天。正好是清晨你刚醒来，是睡到自然醒还是被闹钟吵醒的？现在是几点钟？你在哪？观察下四周是什么样子的？你看到什么？闻到什么？听到了什么？（停顿）起床后的第一件事情是做什么？（停顿）洗漱完你正在考虑要穿什么衣服去上班，你最后决定穿什么衣服？（停顿）想象下你正站在镜子前面装扮自己！当你想到今天的工作时你的感觉怎样？是平静、激动、厌倦还是害怕？（停顿）你现在正在吃早饭，有人和你一起吃吗？还是你一个人吃？（停顿）现在你准备去上班，出门后回头看看你住的房子，它是什么样子的？（停顿）

　　好，现在出发。你用什么交通工具去单位？有人和你一起吗？如果有的话是谁呢？当你走时注意周围的一切。（停顿）单位有多远？（停顿）到达单位了想象一下单位是什么样子的，它在哪里？看起来怎么样？（停顿）现在你走进工作的地方，那儿都有些什么人？多少人跟你一起工作？他们在做什么？单位的人都是怎么称呼你的？（停顿）你的办公室是什么样子的？接下来你要做什么？（停顿）想象下你一上午的工作都做了些什么？你是用你的思想在工作还是做一些简单的事务性工作？你跟别人一起工作还是你主要是独自工作？是在户外还是室内工作？（停顿）

　　现在上午的工作结束了，你该吃午饭了，你去哪里吃饭？跟谁一起吃饭？你们谈些什么？（停顿）现在回到工作中，下午的工作与上午的工作有什么不同吗？（停顿）你一天的工作结束了，这一天让你感觉到满足还是沮丧？为什么？（停顿）今天你还想去其他的地方吗？（停顿）在这一天中，你还想做的是什么？（停顿）

　　现在，你回家了，有人欢迎你吗？（停顿）回家的感觉怎样？（停顿）你如何与家人分享这一天所做的事？（停顿）你准备去睡了。回想这一天，你感觉如何？（停顿）你希望明天也是如此吗？（停顿）你对这种生活感觉究竟如何？（停顿）过一会儿，我将要求你回到现在。好了，你回来了……看看周围的一切，欢迎你旅游归来。喜欢你幻游的生活吗？喜欢的话可以分享你的经历。

　　请花些时间思考，考虑下列问题：

（1）我对五年后从事的工作的描述：

工作是 _____。

工作内容是 _____。

工作的场所在 _____。

工作的场所周围的环境是 _____。

工作的场所周围的人群是 _____。

（2）我对五年后的生活形态的描述：

婚姻状况　□已婚　□未婚　□其他 _____。

家中成员有 _____。

居住的场所在 _____。

居住的场所周围的环境是 _____。

居住的场所周围的人群是_____。

（3）请说明下列问题：

我在进行幻游过程中，印象最深刻的画面是_____。

我在进行幻游后，对比现在环境最大的不同点是_____。

我在进行幻游后，最深的感受是_____。

（4）我在进行幻游后，我觉得未来的生涯发展会是怎样的？

我认为我未来会从事_____职业。

项目九
提高就业竞争力

学习目标

知识目标：

1. 了解职业道德的概念、特点；掌握职业道德的基本规范，培养职业道德行为的方法。

2. 了解科学文化素养的内涵；掌握科学文化知识结构及建立科学文化知识结构的原则和途径。

3. 掌握培养学习能力、时间管理能力、情绪管理能力、团队精神、沟通技巧、高效执行能力的方法。

4. 了解职业心理素质，大学生职业生涯规划中的常见心理困扰；掌握职业生涯心理调适的方法。

能力目标：

能够在学习、工作中不断地提升职业综合素质，提高自身的就业竞争力。

素质目标：

充分了解社会发展与科技进步对我国职业素质提出的要求，充分认识提高自我素质的重要性和迫切性，在生活、学习、试验、实习和社会实践中自我管理，提高自身的职业素质，提高综合职业能力。

案例引导

2015年，杨雪被录取到一所专科学校。在进入学校之前，她依然对大学的生活心怀憧憬，立志一定要发奋图强。可是现实的情况是这所专科院校的学习氛围并不浓厚，教学管理也比较松散，如果随波逐流很容易迷失自己，长此以往会削弱学习的热情，但她时常在内心告诫自己："不要忘记初心，更不要忘记自己的身份。"就这样，在很多同学都不参加国家级英语考试的时候，她笃定地认为必须抓住每次学校给予的机会。于是，看似"三点一线"的平凡日子里，都能在教室和图书馆遇见她奋斗的身影，即使看起来日子过得平凡又单调，但她却总能遨游在书海里，乐在其中。努力终有回报，

她一次性通过了国家英语四级考试，之后又顺利地通过了国家计算机二级考试、普通话考试，大学期间的各项成绩均名列前茅。毕业季，她也如愿地通过校园招聘进入一家企业工作，从拿到录用通知的那天起，全新的职业生涯已经开启。

对于刚毕业的大学生来说，选择工作首先考虑的是与自己专业的契合性，杨雪所学的专业是电子商务，她的第一份工作选择了一家网络公司，她负责线上销售和线上客服的工作。由于她的业绩一直遥遥领先，所以她连续三个月被评为优秀员工，并得到了领导的认可。而当时这家公司的组织还不太完善，她出色的业务能力多次得到领导的关注，领导想把她作为部门负责人来培养，当时在得知自己得到认可后，杨雪心里很兴奋。但是随着公司一位经理的辞职及源源不断的新老更替，她越来越意识到这类工作的可替代性，无论是普通的职员还是小组组长，抑或是部门经理，总有人能够替代你的位置。因为这类工作并没有专业的限制，甚至也没有学历的门槛，只要熟悉基本的电脑操作，都可以胜任，对公司而言，谁都不是特殊的、不可或缺的职员。杨雪第一次开始认真思考自己的职业前程，经过一番深思熟虑，杨雪决定换一份工作。

在换工作时，少数公司要求本科学历，多数公司要求研究生学历，还有一些公司甚至在学历和专业方面上都有更明确的指向。作为一个大专毕业的学生，学历和所学的专业都没有任何优势，杨雪再一次陷入了沉思：任何职业都有各自的入职门槛，在当前的状况下，能够找一份有发展前途的公司的可能性微乎其微。经过仔细分析和权衡利弊后，她暗下决心：既然换工作有困难，那就一定要尽快补齐短板，在学历层次和专业对口方面达到有序衔接。当了解到大专生毕业两年后可以直接考取研究生，她决定尝试，就是这样一个大胆的决定和对梦想的执念支撑了一段全新的奋斗历程。

人们常说："考研如同独自穿越人生的一条隧道。"奋斗的历程没有鲜花，更没有掌声，有的只是繁重不堪的学习任务和为实现梦想而殚精竭虑的思考。为了能让自己收获更高的学习效率，她报考了考研辅导班，每天按照老师的讲解有计划地复习，补习班的课程结束后，又直奔图书馆的自习室复习，早出晚归已是生活常态。就这样，忙碌又有规律的作息持续了大半年，她一直稳扎稳打，苦练内功，复习资料、考试提纲、辅导备案都成竹在胸，一路走来，她收获的不仅是沉甸甸的知识，更收获了心智的成长。终于迎来了研究生考试的日期，她满怀信心地走进了考场，成绩揭晓的那一天，她终于长松了一口气，因为她如愿通过了考研的初试。这一次看起来并没有更多的惊喜，因为她对"一分耕耘、一分收获"有了更深层次的理解，也深知不到最后一刻决不能掉以轻心。接下来的考试环节就是复试，她清楚自己的第一学历并不占优势，必须比别人付出更多的努力。复试的考核不仅要有扎实的专业基本功，还要有较好的心理素质，最终她凭借出色的表现，成功通过了考研复试。在拿到录取通知书的那天，她正式成为辽宁石油化工大学马克思主义学院 2019 级的一名研究生，那一刻她激动地流下了眼泪。回忆往昔，她更加懂得——努力终有回报。

作为从社会上工作两年又重返校园的她来说，这次机会实属不易，于是她比任何人都懂得"且行且珍惜"的寓意。研究生期间她没有参加任何班委和学生会的竞选，将自己的精力全情投入学习中，一心一意做学问。她听从导师的建议，一定要充分利用课上和课下时间，这也是提升自己的机会。虽然没有如期开学，但在家上网课的这段日子，她也如同在学校的状态一样，有计划、有步骤地学习，每天要求自己在完成功课的前提下，精读高水平思想政治教育学科文献三篇，就这样日积月累，两个月的时间，她的计算机中已经收藏了许多文献，每篇文献都有详细的学习记载。都说机会是留给有准备的人，为了提升研究生的学术能力和学术水平，马克思主义学院举办了2020年首届研究生学术论坛，她踊跃报名。最终，在全院参评的47个作品中，她获得了马克思主义学院学术论坛一等奖的好成绩。在之后的学术汇报中，她更是认真准备PPT和讲稿，注重每一个细节，最终获得了二等奖的好成绩。这些为她研究生一年级的生活留下了美好的回忆。

　　杨雪从一名专科生、普通职员，成长为一名优秀的硕士研究生，杨雪经历了高考的挫败、职场的临摹、实践的历练、学业的专研，一步一步在职业生涯的路上谱写新篇。有人说这是华丽转身，有人说这是苦尽甘来，也有人说这是天道酬勤。不论如何，所有的经历都已成为不可磨灭的印记渗透在她成长的故事里。心中有梦想，脚下有方向；心中有目标，脚下有力量。她用美好青春诠释了初心和使命，她更用实际行动诠释了自律和勤奋，我们相信，也更坚信在未来的日子里，幸运的天使总会与积极向上、勤奋努力的她不期而遇。未来可期……

任务一　培养职业道德

一、职业道德概述

　　所谓职业道德，是指所有从业人员在职业生活中应遵循和具备的最基本道德与行为准则，它反映社会对某一职业活动的道德要求，是社会道德在职业活动中的延伸和具体化。职业道德是"爱国守法、明礼诚信、团结友善、勤奋自强、敬业奉献"等公民基本道德规范在职业方面的具体反映，是公民道德建设的一项重要内容。遵守职业道德是对所有从业人员在职业活动中的行为要求，同时，也是行业对社会承担的责任和义务。

（一）职业道德的概念

　　职业道德是指从事一定正当职业的人在特定的工作和劳动岗位上从事职业活动时，从思想到行为都应遵循的道德规范。它调节从业人员与服务对象、从业人员之间、从业人员与职业之间的关系。作为一种职业行为规范，职业道德总是鲜明地表达职业义务、职业责任及职业行为上的道德准则，主要内容是对从业者义务的要求，往往比较具体、灵活、多样。它总是从本职业的交流活动的实际出发，采用制度、守则、公约、承诺、誓言、条例以至标语口号之类的形式。这些灵活的形式既易于为从业人员所接受和实行，又易于形成一种职业的道德习惯。职业道德没有确定形式，主要依靠文化、内心信念和习惯，通过从业者的自律来实现。职业道德标准多元化代表了不同企业可能具有不同的价值观；职业道德承载着企业文化和凝聚力，影响深远。职业道德一方面被用来调节从业人员的内部关系，加强职业、行业内部人员的凝聚力；另一方面也被用来调节从业人员与其服务对象之间的关系，用来塑造本职业从业人员的形象，其规范的目的是让我们的职业生活健康有序、张弛有度、事业兴旺、前途光明。目前，研究各种职业道德规范的学科称为"职业伦理学"。

（二）职业道德的特点

1. 行业性与实用性

每种职业都担负着一种特定的职业责任和职业义务，由于各种职业的职业责任和义务不同，从而形成各自特定的职业道德的具体规范。例如，医生的每个判断都涉及人的生命，所以如果医生的职业伦理出现了问题，每个人都将处在危险中，因此，医生必须遵守"救死扶伤，治病救人"的职业道德；教育的本质是引领人的灵魂，人的灵魂不应有任何污染，因此，教师要做到"教书育人，为人师表"；商人要"公平买卖，童叟无欺"；军人的天职是"英勇善战，保家卫国"。政治道德是社会的最高道德。政治道德有一条基准，即权力的拥有者要全心全意为人民服务，不允许用公共权力来交换私利，因而，政治家应是整个社会伦理的最高楷模。这些规范，行业性突出，简明扼要，实用性强。

2. 继承性与时代性

由于职业具有不断发展和世代延续的特征，不仅其技术世代延续，其管理员工的方法、与服务对象打交道的方法也有一定的历史继承性。例如，"学而不厌，诲人不倦"，教书育人，从古至今始终是教师的职业道德。又如，为官要清廉，商人要以诚为先、以信为本等。

3. 多样性与具体性

为了方便人们在从事职业活动时的理解和执行，各个行业根据本职业的特点和要求，制定出行业公约、注意事项、服务公约、职工手册、岗位守则等具体形式，将职业道德的要求表示出来，便于操作和监督。

4. 自律性与他律性

职业道德经常以制度、章程、条例的形式表达出来，使从业人员认识到职业道德具有纪律的规范性，是"他律"。职业道德通常是非强制性的，主要依靠从业者的自我约束、自觉遵守，这就是"自律"。自觉遵守是一种美德，不自觉遵守将会受到批判或惩处。

（三）职业道德的核心与原则

中共中央、国务院印发的《新时代公民道德建设实施纲要》（以下简称《纲要》）指出："坚持马克思主义道德观、社会主义道德观，倡导共产主义道德，以为人民服务为核心，以集体主义为原则，以爱祖国、爱人民、爱劳动、爱科学、爱社会主义为基本要求，始终保持公民道德建设的社会主义方向。"为人民服务就是一切对人民负责、一切从人民的利益出发的思想观点和行为准则。

为人民服务是社会主义道德建设的核心，是社会主义道德建设的出发点和落脚点，社会主义道德建设的一切活动都要以最大多数人民的根本利益为最终目的。每个人无论从事什么行业，无论职位高低，都是人民的勤务员。人民是国家和社会的主人，人人都在为他人服务，人人又都是被服务的对象，"我为人人，人人为我"，为人民服务贯穿于"爱祖国、爱人民、爱劳动、爱科学、爱社会主义"的五项基本要求之中，贯穿于职业道德、社会公德和家庭美德建设之中。每个从业者都从"为人民服务"的核心出发，做好本职工作，我们的社会才会和谐，人民的生活才会幸福。

集体主义是职业道德的基本原则，是一种先公后私、公私兼顾的思想和行为准则，是社会主义经济、政治和文化建设的必然要求，其基本内容有个人应当从属于社会，个人利益应当服从集体、国家利益；兼顾国家、集体、个人利益，使之共同发展；反对极端个人主义。在社会主义社会，人民当家做主，国家利益、集体利益和个人利益根本上的一致使集体主义成为调节三者利益关系的重要原则。职业人要正确认识和处理国家、集体、个人的利益关系，提倡个人利益服从集体利益、局部利益服从整体利益、当前利益服从长远利益，反对小团体主义、本位主义和损公肥私、损人利己，将个人的理想与奋斗融入广大人民的共同理想和奋斗之中。

二、职业道德的基本规范

《纲要》提出："推动践行以爱岗敬业、诚实守信、办事公道、热情服务、奉献社会为主要内容的职业道德，鼓励人们在工作中做一个好建设者。"《纲要》对职业道德的这种规定不仅体现了时代的鲜明特征，也概括了社会主义市场经济条件下各种职业道德的共同特点。所以，它适用于各行各业，是对各种职业的共同要求，成为职业道德的基本规范，也是所有行业的从业人员必须遵守的基本职业行为准则。

（一）爱岗敬业

1. 爱岗敬业的含义

爱岗就是热爱自己的工作岗位，热爱和尊重自己的本职工作。爱岗是社会对从业人员工作态度的一种普遍要求。敬业就是以极端负责的态度对待自己的工作，勤勤恳恳，兢兢业业，忠于职守，尽职尽责。敬业包含为谋生敬业和真正认识到自己人生态度意义上的敬业两层含义，而后者是高层次的敬业。爱岗敬业是职业道德规范的基础，是为人民服务精神的具体化，是爱国家、爱人民、爱自己的统一。

2. 爱岗敬业的具体要求

（1）慎择业。从业人员要树立正确的职业理想，选择一行爱一行，干好一行。职业人要少一些心浮气躁，多一些理智和冷静，时刻保持清醒的头脑。人不能一生一业，人才合理流动是正常的。所有正当合法的工作都是值得尊敬的，都是值得珍惜的。切忌朝秦暮楚，不要这山望着那山高，随时想着"跳槽"。如果那样的话，就连爱岗都算不上，又何谈敬业呢？一个连自己岗位都讨厌的人谈不上一心一意去工作，尽职尽责忙事业。

（2）要乐业。从业人员应具有积极的职业情感，具有强烈的成就感和自豪感；深信自己的工作有益于国家和人民，倾注满腔的热情，抱有浓厚的兴趣，将工作当作生活的乐趣，从内心热爱自己的工作，少一些计较，多一些宽容，你就会"天天都有好心情"；爱岗敬业产生的职业自豪感是做好一切工作的基础。

（3）要勤业。从业人员应有严肃认真的工作态度，脚踏实地，忠于职守，团结协作，认真完成工作任务；对待工作尽职尽责、一丝不苟、善始善终的职业道德是一种最基本的做人之道，也是成就事业的重要条件。工作主动、责任心强，养成自觉主动工作的习惯，要将个人利益统一到组织利益、集体利益上来，以主人翁的姿态，将全部身心彻底融入工作中。只要忠于自己的工作，与同事们同舟共济、共赴艰难，人生就会变得更加饱满，事业就会变得更有成就感。

（4）要敬业。从业人员要有高度的职业责任感，钻研业务，提高技能，勇于革新，争做行家里手，提高工作效率。本职工作是一个人每天必须要做、要完成的基本工作和任务，做不好就会砸了自己的饭碗。要做好、做完善就必须处处留心，不断提高自身的业务水平，熟练掌握专业技能，善学习，勤思考，敢创新。

爱岗敬业是各行各业生存的根本，影响着整个国民经济的发展；爱岗敬业是大学毕业生成就事业、服务人民、实现人生价值的动力源泉和必经途径。

（二）诚实守信

中国人历来信奉诚实守信，人无信不立，业无信不兴。古人用"一言九鼎""一诺千金"等来比喻承诺的分量和贵重。"诚"与"信"可以说是中国五千年传统文化的基石。尤其是在当今社会，诚信更是无价之宝，口碑传承凸显诚信的力量，不讲信用的人寸步难行。

1. 诚实守信的含义

诚实是实事求是、不虚伪。守信是守承诺，讲信用。诚实守信是做人的基本准则，是职业道德的灵魂，是一切职业道德的"立足点"，也是市场经济的基础和生命之所在。它不仅渗透于我国法律体系中，成为许多法律的基本原则，同时，也是职业道德的一项重要内容。

2. 诚实守信的基本要求

（1）为人诚实。从业人员要做老实人，说老实话，办老实事，忠诚于所属企业，保守企业秘密，维护企业信誉。孔子认为，讲信用是君子的一种美德，是交友和处世的基本准则。诚实守信是职业道德修养的基本原则，是立身之本。"付出不一定会有回报，但努力一定会有收获"。

（2）保证质量。质量是各行各业的生命，产品或服务必须达到标准，产品优，态度好，不掺杂作假，责任意识强，以质量求生存、求发展，以质量赢得市场；诚信乃企业和个人职业活动的立足之本、发展之源。

（3）讲信用，重信誉。信守诺言，以信立业；平等竞争，货真价实，反对弄虚作假、坑蒙欺诈、假冒伪劣。要做到诚实守信，就要诚实劳动，合法经营；就要按市场规则办事，反对不正当竞争；要树立信用观念，无论做人还是做事都要重承诺、讲信誉，认真履约，货真价实，买卖公平，最大限度地满足消费者的需求，以获得最佳经济效益和社会效益，以真诚赢得信誉，用信誉保证效益。

对职业人来说，诚实守信既是一种道德品质和道德信念，也是每个公民的道德责任，更是一种崇高的"人格力量"。对一个企业和团体来说，它是一种形象，一种品牌，一种信誉。对一个国家和政府来说，诚实守信是"国格"的体现。对国内，它是人民拥护政府、支持政府、赞成政府的一个重要的支撑；对国际，它是显示国家地位和国家尊严的象征，是国家自立自强于世界民族之林的重要力量，也是良好国际形象和国际信誉的标志。

（三）办事公道

1. 办事公道的含义

办事公道是待人平等，处事公平公正。我们在办事情、处理问题时要站在公正的立场上，对当事双方公平合理、不偏不倚，按照一个标准办事。办事公道是人民群众对每个从业者特别是各级领导干部的道德要求，是为人民服务必不可少的条件，是提高服务质量的基本保证。

2. 办事公道的基本要求

首先，坚持真理，秉公办事，不徇私情，反对以权谋私、行贿受贿。尤其是国家机关和一些具有垄断性质的部门、行业，必须反对特权，杜绝贪赃枉法现象。其次，公私分明，客观公正，处理问题出于公心，合乎政策，结论公允。对于企业职工来说，在日常工作中，办事公道的职业道德可以杜绝目前社会上的种种不正之风，因为社会上的不正之风，许多都是由行业的不正之风引起的。再次，为人正直，光明磊落，主持公道，伸张正义，保护弱者，清正廉洁。每个公民在人格上都是平等的，法律地位是相同的。在工作中不可以因人而异、"看人下菜碟"，应该一视同仁。

弘扬办事公道有助于社会文明程度的提高，弘扬正气，扭转"人情风""走后门"等歪风邪气；有利于纯洁党风，反腐倡廉；保证我国市场经济良性运行，构建和谐社会。

（四）热情服务

热情服务就是全心全意为人民服务，尽心尽力干好工作，是职业道德操与守的统一。热情服务既包含着从业者对服务对象的感情、态度，即职业品德之"操"，又内含着从业者履行职务、致力去干好事情的道德要求，即道德行为之"守"。热情服务其核心要求是"务"，就是要致力于做好本职工作。能否全力以赴"尽力"做好本职工作，其前提条件是要达"尽心"，"尽心"就是全心全意。干任何事情只有"尽心"，才会"尽力"。职业道德建设中的热情要求，指向于从业者对服务对象满腔热情的职业情感和态度；职业道德建设中的服务要求，指向于从业者的职业遵守，要求从业者履行职务，致力于做好为人民服务的本职工作。

（五）奉献社会

奉献社会就是为国家、为人民贡献自己的一切。奉献社会是一种忘我无私的精神，是社会主义职业道德的本质特征，是职业道德的最高境界和归宿，是每个从业者的最终目标。

> ❯ 思政元素

最美司机——吴斌

2012 年 5 月 29 日，杭州市旅游客车司机吴斌驾驶客车在高速公路上被"从天而降"的铁片击中腹部。他忍受着肝脏破裂的巨大痛苦，用 76 秒完成减速停靠、拉紧手刹等驾驶操作，告诫乘客注意安全，最终以身殉职。

客车上的监控系统记录下了他在危难时刻的一举一动，并迅速通过网络和电视传播到全国各地，他的恪尽职守使全车 24 位乘客安然无恙。

杭州市政府先后追授吴斌为"道德模范"和"革命烈士"，他被人们称为"平民英雄"和"最美司机"。他的职业价值观为职业人起到了模范带头作用，他的事迹也证明了"劳动模范""人民英雄"和"革命烈士"等共产主义词汇仍存在于中国人的潜意识中。这是社会的主流。

2012 年 6 月 5 日，在杭州举行的吴斌追悼会聚集了上万名市民，近百辆出租车加入送别吴斌的队伍中，以此表明对吴斌的敬仰。媒体更是对这场声势浩大的万人送别仪式进行了广泛的报道。

评析：吴斌只是一名平凡的客车司机，他在生命最后一分钟里所做的一切也不惊天动地。然而，许多人却牢牢地记住了他的名字。这是一个平凡到了最底层，却伟大到了极致的普通百姓。他用生命告诉我们：一个人对职业赋予的责任应怎样承担。维持对职业的敬重、忠诚与尽心尽职，不可能全靠兴趣爱好，不可能全靠金钱、压力、制度，但有一点必不可少，那就是"责任心"。

　　虽然吴斌是一名平凡的客车司机，但是他的名字永远铭刻在人们的心里，虽然他在生命的最后一分钟所做的一切并不惊天动地，但是此时他的生命却放射出耀眼的光辉。这短暂的一分钟是震撼人心的一分钟，是发人深省的一分钟。因为直到生命的最后一刻，他仍没有忘记自己的责任和使命。在吴斌身上体现的就是良好、崇高的职业道德。

三、职业道德行为的培养

　　良好的职业道德行为不是先天就有的，而是后天培养的。职业道德行为是从业者在一定道德知识、情感、意志、信念支配下所采取的自觉活动。每位从业者要想通过自己的职业更好地为他人服务，就必须强化职业道德修养，以良好的职业道德吸引客户，服务于客户。职业道德行为养成的途径和方法必须符合职业道德本身的特点与自身的实际情况。大学生进行职业道德行为培养的主要途径有以下几个方面：

　　（1）强化学习意识。"知是行之始"，大学生不仅要学好文化知识、专业知识，掌握专业技能，还必须加强职业行为习惯的养成训练，培养良好的职业道德素质，以符合未来岗位对人才素质的要求，在未来的岗位上进步成才，建功立业。因此，必须认真学习有关的职业道德知识，尤其是与自己专业联系紧密的行业职业道德，向社会上的职业道德模范看齐。不能将公而忘私、舍己救人视为傻瓜，不能将讲文明礼貌和庸俗作风混为一谈，不能将不遵守纪律视为敢作敢为，不能将朴素节俭视为小气吝啬，不能将讲哥们儿义气视为真正的友谊等。

　　（2）在日常的学习、生活、工作中培养自己良好的职业道德习惯。"勿以恶小而为之，勿以善小而不为。"这句古训使我们明白一个道理，在日常生活中的一件件小事情里培养自己良好的行为习惯是很重要的，从小事做起，从自我做起，从习惯做起，长期坚持，到了一定时候就会成就大事业。良好的职业习惯养成主要是自律的结果，良好的习惯一旦形成就是终身受用的资本；有了良好的道德习惯就比较容易做出正确的道德选择，成为对社会、对人民有用之人；反之，不良的习惯则会成为一生的羁绊，阻碍自己的发展。如果一个人有较高的职业道德素质，那么他在未来的职业生涯中一定会比他人多付出一份努力，从而也就会比他人多一个成功的机会。伟大的人注定要在平凡的岗位上做出不平凡的业绩，久而久之，这种思想会引领你走向一个新的阶段，即自觉养成职业道德行为。一个人一旦养成这种习惯，那么他必定会严于律己，自觉抵制不正之风，为社会做出自己的贡献，以求拓宽自己生命的宽度，实现人生价值。

　　（3）通过社会调查、青年志愿者活动、假期打工等社会实践理解职业道德的丰富内涵。"说一万句大话抵不上做一件小事""心动不如行动，行动才有成就"，丰富的社会实践有利于开阔视野，是根除学生高分低能这种怪病的良方。"道德者，行也，而非言也"，只说不做就像一个没有思想没有灵魂的人，只是一副躯壳而已。多参加社会实践可以培养

我们的职业情感，多观察、多思考、多请教、多对比、多感受，在实践中注意理论与实际相结合，做到言行一致，知行统一。社会实践是职业道德行为培养的基本途径。

（4）加强自我修养。提高自我修养也是养成良好职业道德行为的必经阶段。周总理就一直奉行"改造到老"。它是提高职业道德水平的手段，是形成人们职业道德品质的内因。孔子云："三人行，必有我师焉。""见贤思齐焉，见不贤而内自省也。"面对自己的缺点，我们要不断剖析自我，重塑自我，在今后的职场上更要做到不耻下问，甘为弟子，不断充实自己，以便给他人提供最优质的服务。

"慎独"是说一个人独处的时候也要像在大庭广众之下一样为人处世。做事谨慎小心才符合君子的标准。"慎独"是我国古代儒家创造出来的具有我国民族特色的自我修身方法，是一种传统美德，最先见于《礼记·中庸》。从近年来查处的各类腐败案件中可以看到，许多案件几乎都发生在疏于管理的地方和缺少监督的时候。对于大学生自身来说，无论是现在还是将来作为职业人，都要发扬"慎独"精神，在任何时候都能严于律己。

任务二　培养科学文化素质

一、认识科学文化素养

（一）科学素养

科学素养主要包括科学精神、科学思维、科学方法、逻辑素养等内容，现简介如下。

1. 科学精神

科学精神是人们在长期的科学实践活动中形成的共同信念、价值标准和行为规范的总称。科学精神就是指由科学性质决定并贯穿于科学活动之中的基本的精神状态和思维方式，是体现在科学知识中的思想或理念。它一方面约束科学家的行为，是科学家在科学领域内取得成功的保证；另一方面又逐渐地渗入大众的意识深层。当前社会科学技术迅猛发展，科学技术在现代生产生活中的应用越来越广泛。这对公民的科学素养要求越来越高。

追求真理之路布满荆棘。科学精神同时意味着勇敢的献身精神。马克思曾经借用但丁的诗句说明这种献身精神："在科学的入口处，正像在地狱的入口处一样，必须提出这样的要求：'这里必须根绝一切犹豫。这里任何怯懦都无济于事。'"

◀)) **案例小链接**

鲍尔·海斯德是美国一位研究蛇毒的科学家。他小时候看到全世界每年有成千上万人被毒蛇咬死，就决心研究出一种抗毒药。他心想："人患了天花，会产生免疫力，而让毒蛇咬后能不能也产生免疫力呢？体内产生的抗毒物质能不能被用来抵抗蛇毒呢？"他设想这也是有可能的。

因此，从15岁起，他就在自己身上注射微量的毒蛇腺体，并逐渐加大剂量与毒性。这种试验是极其危险和痛苦的。每注射一次，他都要大病一场。各种蛇的蛇毒成分不同，作用方式也不同，每注射一种新的蛇毒，原来的抗毒物质都不能起作用，又要经受一种新的抗毒物质折磨。他身上先后注射过28种蛇毒。

经过危险与痛苦的试验，终于有了收获。由于自身产生了抗毒性，眼镜王蛇、印度蓝蛇、澳洲虎蛇都咬过他，但每次他都从死神身边逃了回来。蓝蛇的毒性极大。海斯德是世界上唯一被蓝蛇咬过而活着的人。他一共被毒蛇咬过130次，每次都安然无恙。海斯德对自己血液中的抗毒物质进行分析，试制出一些抗蛇毒的药物，已救治了很多被毒蛇咬伤的人。

2. 科学思维

顾名思义，科学思维就是用科学的方法进行思维。它是科学方法在个体思维过程中的具体表现。反过来，我们也可以将科学本身看成一种思维方式。科学探究过程就是用科学的思维方式获取知识的过程。因此，科学探究和科学思维在本质上是相通的。前者更侧重于科学知识获得的过程；而后者则侧重于学习者内在的思维过程。它是一种建立在事实和逻辑基础上的理性思考。具体包含以下内涵：

（1）相信客观知识的存在，并愿意通过自己的探究活动认识客观的世界。

（2）对于未知的事物会做出猜想，并知道主观的猜想是需要客观事实证明的。

（3）相信事实，只有在全面地考察事实之后才会做出结论。

（4）通过对事实进行合乎逻辑的推理而得出结论，并知道任何结论都是暂时性的。它需要更多的事实来证明，结论也可能被新的事实推翻。

3. 科学方法

科学方法是指人们在认识、改造世界中遵循或运用的，符合科学一般原则的各种途径和手段，包括在理论研究、应用研究、开发推广等科学活动过程中采用的思路、程序、规则、技巧和模式。简单地说，科学方法就是人类在所有认识和实践活动中所运用的全部正确方法。

科学方法是人们探求自然现象及其本质和规律的手段、途径、程序和技巧。科学方法既是科学主体的主观手段和有效工具，又是客观规律的反映和应用；既是科学认识中反映客体、获取知识的通道，也是共同评价、接受一种理论的标准；既是既往认识成果的结晶和程序化，又为未来科学的形成和发展定向开路，使其规范化、效率化、最优化。

纵观科学发展史，可以清楚地看到，重大的科学发现、科技发明总是与发现者、发明者高超的研究方法相联系。一切创新活动都是探索未知的认识活动。它离不开科学思维的帮助，也永远离不开科学方法的指导。科学方法导引、规范着科学研究的进展，而其自身也是生产和科学实践的产物，是社会实践历史发展的产物。

20世纪以来，特别是随着电子计算机的应用和发展，原有的研究方法为之一新，还出现了许多新的研究方法。数学方法也发展成为各门自然科学普遍应用的一般方法，并开始在社会科学领域得到推广应用。理性方法有了进一步的发展，理论思维也日益显露出其重要性。

总之，科学方法是人们认识自然奥秘的钥匙。它永远不是一个封闭的体系，而是随着科学实践而不断丰富、发展的。人们认识自然界的能力也随着科学方法的发展而发展。

4. 逻辑素养

逻辑是人的一种抽象思维，是人通过概念、判断、推理和论证理解并区分客观世界的思维过程。

逻辑是在形象思维和直觉顿悟思维基础上对客观世界的进一步抽象。所谓抽象是认识客观世界时舍弃个别的、非本质的属性，抽出共同的、本质的属性的过程，是形成概念的必要手段。逻辑推理是从一个真的前提"必然地"推出一些结论的科学。科学的表达能力和一定的推理能力是逻辑素养的体现。

（二）文化素养

文化素养主要包括人文素养、审美情趣和文化品位。

1. 人文素养

人文素养是人的信仰、理想、信念、情感、意志等内在品质的外在表现。首先，要有健康的体魄、健全的心智、基本的认知能力。其次，要善于学习继承古今中外一切优秀的人文成果，具有深厚的历史文化底蕴，敢于创新而不因循守旧；始终保持敏锐的理论思维，紧跟时代步伐而不落伍；立足当下，敢于担当，身体力行重实践。再次，人文素养的形成只有经过一个修习、积淀的过程，方能内化为一种气质、人格、品性，即人文精神，从而超越"小我"的迷雾，强烈关注人的命运、价值和尊严，对人类赖以生存生活的环境、地球和所有物种的命运充满人文情怀，倾注终极关怀。把对家国和人民的道义担当转化为强烈的历史使命感和社会责任感。最后，在社会实践层面，"究天人之际，通古今之变"，世事洞明有敬畏，人情练达知廉耻，规律在握，料事达观自然，处事游刃有余，具有独立人格和自由精神。

人文素养的灵魂，不是"能力"，而是"以人为对象，以人为中心的精神"。其核心内容是对人类生存意义和价值的关怀。这就是"人文精神"，也可以说是"人文系统"。这其实是一种为人处世的基本的"德性""价值观"和"人生哲学"。科学精神、艺术精神和道德精神均被包含其中。它追求人生和社会的美好境界，推崇人的感性和情感，看重人的想象性和生活的多样化。主张思想自由和个性解放是它的鲜明标志。它以人的价值、感受、尊严为万物的尺度，以人对抗神，对抗任何试图凌驾于人的教义、理论、观念，进行中的事业，以及预期中的目标，对抗所有屈人心身的任何神圣。

个人的人文素养的质量是个人健康发展的结果；社会的人文素养质量是一个社会汲取历史经验教训、积累文明成果的结果——"文明成果"的最重要部分，衡量"社会文明"的尺度，也是"社会文明"的标志。

2. 审美情趣

审美情趣又称审美趣味，是指审美主体欣赏、鉴别、评判美丑的特殊能力。它是审美知觉力、感受力、想象力、判断力、创造力的综合，在人的实践经验、思维能力、艺术素养的基础上形成和发展，是以主观爱好的形式表现出来的对客观的美的认识和评价。

审美趣味是人们在审美活动中表现出来的具有一定稳定性的审美倾向和主观爱好（包括偏爱）。审美趣味总是与对一事物的喜爱和对另一事物的厌恶相联系，带有能动的选择性，具有明显的定向功能。它不仅反映客体的审美属性，而且表现出主体的特性。它们以主观爱好的形式反映着审美主体对审美对象和审美创造的需求，经常在审美评价和审美判断中表现出来。

3. 文化品位

就狭义的文化来说，文化品位是指意识形态所创造的精神财富，包括宗教、信仰、风俗习惯、道德情操、学术思想、文学艺术、科学技术、各种制度等。品位是指对事物有分辨与鉴赏的能力。那么，文化的品位就是指一个人对意识形态所创造的精神财富的分辨和鉴赏的能力。

对生活不同的感受和态度体现出一个人品位的高低。品位高的人，其生活优雅、精致，有情趣，有格调，有追求，有意义；品位低的人，其生活粗鲁低俗、愚昧无聊，但往往这种人还自以为是、丑态百出。

二、科学文化知识结构

《现代汉语词典》对知识的解释为："知识是人们在改造世界的实践中所获得的认识和经验的总和。"《辞海》中把知识定义为："人们在实践中积累起来的经验。从本质上说，知识属于认识范畴。"

科学文化知识结构是指一个人所拥有的知识体系的构成状况与结合方式，它是由诸多要素组合而成的有序列、有层次的整体信息系统。知识结构是一个人科学文化素质的质的方面，它与知识程度有机结合，形成一个人的科学文化素质。

（一）科学文化知识结构的合理模式

1. 宝塔型结构

人们把基础理论知识比喻为宝塔的底部，然后从下到上依次由专业基础知识、专业知识、学科前沿知识构成。宝塔顶部是主攻目标或从事的职业目标。这种知识结构模式强调基础理论的宽厚扎实和专业知识的精深，容易把所具备的知识集中于主攻目标上，有利于迅速接近学科前沿和从事纯理论与应用科学的研究工作。我国高校培养出来的人才大多具有这样的知识结构模式。

2. 网络型结构

网络型结构是以所学的专业知识为中心点，把其他与该专业接近的、有着较大相互作用的知识作为网络的各个连接点，相互联结而形成适应性强、能够在较大空间内发挥作用的知识结构。这种知识结构能使专业知识处于网络的中心，并侧重与专业相关联的系统知识的辅助作用，在运用知识时还能充分发挥整体知识的协调作用。这种知识结构是知识广度与深度的统一。具有这种知识结构的求职者，在就业过程中能因自身知识结构的弹性与应变能力而在人才市场中掌握主动权。

3. 帷幕型结构

帷幕型结构的具体含义是一个具体的社会组织对其组织成员在知识结构上有一个总体的要求，而作为该组织的个体成员依其在组织中所处的层次，在知识结构上存在一些差异。以一个企业为例，企业对其成员的整体知识结构要求具备财政、会计、安全、商业、保险、管理等知识与具体技术。而对企业中处于不同层次的个体来说，要求掌握上述知识的比重是明显不同的。这种知识结构强调个体知识结构与整体知识结构的有机结合。这种知识结构要求求职者在求职过程中不但要注意所选职业类型在整体上对求职者知识结构的要求，同时，还要了解所选职业岗位在其所在社会组织中的位置及具体层次。需要说明的是，尚未涉及职业领域的学子们不能因此而在学习过程中就单攻某种知识领域而使自己偏科。因为你在学习期间所构想的职业岗位是虚幻的，将来能否实现并不完全取决于自己的意愿；即使将来如愿，你也不能确定自己就能在这一职业岗位上度过一生。

（二）合理的科学文化知识结构的共有特点

1. 有序性

作为合理的知识结构，一般来说，必须有从低到高、从核心到外围几个不同层次。从低到高是指从基础到专业直至顶点的目标，要求知识的积累由浅入深，逐步提高；从核心到外围是指在目标确定的前提下，将那些对实现目标有决定意义的知识放在中心位置起主导作用，同时，使一切相关的知识在整个知识结构中占有相应的位置。否则，知识结构杂乱无章、主次不分，很容易造成胡子眉毛一把抓，没有专长，发挥不了知识的整体作用。这样就会在今后的择业或从业过程中失去优势，成才就更为不易。这里强调知识搭配主次有序，并不是否定外围知识的作用。在学有余力的同时，多涉猎一些相关领域的科学文化知识对自己今后的发展则更为有利。

2. 整体性

现代科学发展趋势使知识结构呈现出整体性和综合性的特点，它要求科技人员不仅要有知识的量和深度，而且其所拥有的知识还必须是一个有机的整体，相互联系并且能相互发生作用。否则，其所拥有的知识在整体上就不能发挥出最优化的功能。掌握了较为广博的知识并能融会贯通，就能在纷繁的知识中发现其内在联系，爆发出新的思想火花，产生出大于各部分知识简单叠加的整体效应。由于现代科学高度分化的同时呈现高度综合的发展趋势，因而合理知识结构的整体统一性特征将越来越明显。

3. 应变性

现代科技的高度分化与高度综合导致知识陈旧周期缩短，这就要求人们的知识结构应是动态的、可变的，能够根据实际需要经常进行必要的调整，以保持最佳状态。因此，一个人如果没有应变能力，就很难从原来的专业转移到相近专业，更不能跨学科转移，即使他今天是个名副其实的人才，明天也可能成为平庸之人。

三、建立科学文化知识结构的原则和途径

（一）大学生建立科学文化知识结构的原则

1. 广博性与精深性相结合的原则

科学文化知识结构是广博性与精深性的有机统一体。它既是在广博基础上的精深，又是围绕精深目标的广博。所谓"广博"，即广采博学；所谓"精深"，即精通一门学科或方向。广博是基础，有了广博的知识才能使人们眼界开阔、思想活跃、触类旁通。现代科学技术发展日新月异，边缘学科和横断学科不断出现，技术上的高度综合、学科之间的互相渗透，要求人们具有相当宽广的知识面。知识面过窄则难以适应科学技术发展的需要，也很难在事业上有所建树。强调广博并不是不要精深，只有广博而不精深则只能是"样样通，样样松"。成功的人才往往都是在具有宽厚的基础知识之上对专业知识精益求精，从而成为某一学科、某一方面颇有造诣的专家。广博与精深相结合，就要处理好主攻学科与相关学科知识的关系。要集中主要精力学好主攻学科知识，同时要有计划地学习一些跨学科知识，只有知识丰富的人才可能有旺盛的创新精神和创造能力。

2. 层次性与比例性相结合的原则

一个合理的知识结构，既是由低到高的几个不同层次的知识构成，也是多种不同比例知识的恰当组合。大学生在建立知识结构时，要坚持层次性与比例性相结合的原则。一般来说，大学生的知识可分为基础层次、中间层次和最高层次三个层次。基础层次是指大学生应该必备的各种科学文化和基础知识，它是大学生参加实践活动不可缺少的条件；中

间层次是指一般的、系统的专业知识，它是大学生在专业方向上得到发展、投入创造的基础和前提；最高层次是指关于某个专业或某项事业的最新成果、攻坚方向和研究动态的知识，它是大学生走向社会和开创事业的直接准备。三个层次的各部分知识的比例必须恰当和协调，既要将那些对实现目标有决定意义的知识放在中心的位置，又要使一切相关知识在整个结构中占有相当的位置。

3. 知识的积累与调节相结合的原则

合理的知识结构既需要大量的知识积累，也需要适宜的知识调节。大量相关学科知识的积累有利于强化整体效应，能适应当代科学技术相互渗透、不断分化综合的发展趋势。调节一方面是要更新知识，防止知识的老化；另一方面是增强实用性，防止与自己主攻方向无关的知识所占比例过大，最终不适应职业岗位的要求，影响个人能力充分发挥。

4. 理论与实践相结合的原则

合理的知识结构不仅是理论知识的有效积累，而且是实践经验的结晶。在理论与实践的天平上忽视或缺乏任何一个方面，都会导致知识结构的倾斜。缺乏理论指导的实践是盲目的，而缺乏实践的理论又是空洞的。没有实践，理论就会枯萎；而没有理论，实践就会缺乏指南。大学生要建立合理的知识结构，就要坚持理论与实践相结合的原则，除重视"第一课堂"的学习外，还应积极参加"第二课堂"活动，走向社会，重视在实践中学习。

（二）大学生建立科学文化知识结构的有效途径

1. 博览群书

书是人类知识的综合和储存，博览群书使人视野开阔，思路灵活。在人类历史上，大多数优秀的人才都是博览群书的典范。

2. 按主攻目标积累

在积累知识的过程中，按主攻目标积累的知识最为有效。这是因为，有了主攻目标才能制订计划做某事；有了主攻目标才能明确积累什么知识；有了主攻目标才能判断知识的相对价值，积累最有效的知识，最大限度地发挥知识结构的作用。一个人要有所成就，就必须专注一件事情，不可把精力分散到多方面。因此，在具备一定广博的知识后，应按主攻目标积累知识，善于限制阅读范围，严格慎重地选择阅读的书籍和杂志，切忌漫无边际地浏览。

3. 注意动态调节

世界上一切事物都处于不断的运动、变化和发展之中，作为反映客观事物的知识结构也必然是不断变化的。大学生要建立合理的知识结构，就要注意动态调节。在实际生活中，需要调节知识结构的情况有三种：一是由于科学技术的迅猛发展引起的知识更新，需要调整知识结构，以适应形势的需要；二是开辟新学科或探索新的科学领域，需要建立与之对应的新的知识结构；三是职业或工作性质变动，需要调整原有的知识结构，使其保持高效状态，发挥潜在的效能。

4. 内储与外储相结合

记忆是掌握知识的基本手段。人们的记忆一般通过两种方式进行：一是内储；二是外储。内储就是用大脑记忆知识，其储存范围因人而异，通常是常用的、能够举一反三的知识，这些知识是人们进行思维活动的工具；外储就是利用记忆工具储存知识，其储存对象是与本专业，特别是与主攻目标相联系的知识。外储的方法主要包括做笔记、记卡片、编索引、剪辑资料、做摘录、拍摄照片、录音、录像等。知识的内储与外储是记忆的两个侧面，两者关系密切，不可偏颇。忽视知识内储会导致思想迟钝，忽视知识外储会使记忆负担过重，只有两者协调发展才有利于建立合理的知识结构。

用人单位在考核、挑选大学生时，不仅重视应聘者的专业水平，而且十分重视应聘者基础知识面的广泛性、计算机水平和外语水平，甚至包括应聘者的社会知识等。所以，大学生要想在激烈的人才竞争中获胜，就必须注重择业前的知识准备。

（三）大学生进行科学文化知识准备的步骤

1. 科学文化知识积累

知识积累是大学生的优势，与社会上其他人员相比，毕业生具有更为坚实的基础知识、较精深的专业知识和广博的社会知识，所以才得到了社会的欢迎。临近毕业，尤其是随着就业目标的确定，大学生要通过毕业论文、社会实践和实习等活动，进一步查找自己在知识积累、掌握和运用等方面的薄弱环节，抓紧时间充实和完善自己的基础知识与专业知识。同时，还要根据社会需要调整自己的知识结构，拓宽知识面，以增强自己的适应能力。

2. 科学文化知识的结构化和系统化

大学生要将多年积累起来的零散的知识梳一梳、理一理，围绕自己既定的就业目标，对自己所掌握的知识进行合理组合、恰当调配，使其形成一个有层次的、可协调发展和更新的动态结构，只有这样才能使自己的知识积累转变为解决问题的能力。大学生还可利用高等院校有利的学习环境弥补自己的知识缺陷，以增强自己的竞争能力。

（四）成功就业对大学生科学文化知识结构的要求

1. 宽厚扎实的基础知识

随着行业、职业结构调整速度的加快，大学生无论是选择职业还是确定方向，或是适应工作性质的变动，都离不开宽厚扎实的基础知识的储备。这不仅关系到大学生是否能得到进一步发展，是否在专业上有所建树，而且关系到其将来走向工作岗位之后能否尽快适应、胜任工作。同时，基础理论的学习还有助于科学的思维方法和良好的心理素质的培养，而这又是工作中必备的优秀品质。

在学习基础理论的时候，大学生还要不断拓宽自己的知识面，这是提高实际工作能力的基础。拓宽知识面并不是什么都要学习，而是科学地、有选择性地学习，要根据自己的

情况，考虑自己的精力和承受能力，量力而行，才能达到学习的目的。首先，要学好必修课，把基础打牢固；其次，要尽可能多读些参考书，了解和掌握本专业国内外当代新的科学技术成就；最后是学些同本专业发展相关的基础知识，以适应社会的需要。

2. 精深的专业知识

大学生不仅需要博学多才，提高各种科学文化素质，还要具有精深的专业知识。专业知识是知识结构的核心部分，也是科技人才知识结构的特色所在，无专业特色也就不称其为科技人才。所谓精深，是指大学生对自己所从事专业的知识和技术要在一定的范围具有一定的深度，既有对概念体系、理论体系、研究方法、学科历史和现状等量的要求，又有对本专业国内外最新信息及与其专业邻近领域知识的了解和熟悉，并善于将其与本专业领域紧密联系起来。专博相济，以博促精，并将知识转化为技能，即掌握过硬的、将来要从事某种职业所需的技术技能，成为具有很强实践能力的应用型人才。

3. 现代管理和人文社会知识

现代社会需要大学生具有一定的社会知识、一定的经济与管理知识和人文社会知识。目前，不少学生在高中阶段就开始文理的分班学习，文科班的学生不学物理、化学，理科班的学生不学地理、历史。而进入大学乃至研究生阶段后，学生们又只在本专业知识范围内学习，即使学习一些其他学科内容也是极为有限的，所以，他们普遍存在知识面较窄的问题。因此，作为一名大学生，应该利用专业学习的空余时间多读一些社会科学、管理科学及信息科学方面的书籍，拓宽自己的知识面，开阔自己的视野，不断增加对社会和现代管理科学的了解。

4. 大容量的新技术、新知识的储备

在现代科学技术发展如此迅猛、科学知识量急剧增长的今天，如果只掌握本专业现阶段的知识是很难适应社会的。所以，大学生应自觉地阅读现代科学书籍，掌握本专业国内外研究的新动向、新成果，了解世界科技新动态，注意本专业的科学前沿状况，注意掌握专业知识的精湛性和先进性，这样才能在实际工作中不断追踪国际上的先进技术。当然，要求大学生同时掌握多种专业知识是不现实的。但是，除精通自己的专业知识并能在实际中运用外，再掌握或了解与专业相关或相近的若干专业知识和技术却是可以做到的。

5. 明确科学技术第一生产力的作用

工程科技是改变世界的重要力量，发展科学技术是人类应对全球挑战、实现可持续发展的战略选择。信息技术、生物技术、新能源技术、新材料技术等交叉融合正在引发新一轮科技革命和产业变革，并将同人类社会发展形成历史性交汇，工程科技进步和创新将成为推动人类社会发展的重要引擎，承载着人类美好生活的向往，能够让明天充满希望，让未来更加辉煌。

任务三 培养职业化能力素质

一、培养学习能力

(一)学习的含义

"学""习"二字较早见于《论语·学而》,即"学而时习之,不亦乐乎?"《现代汉语词典》里,"学习"的释义为从阅读、听讲、研究、实践中获得知识与技能。

学习,是人类认识自然和社会,不断完善和发展自我的必由之路。无论一个人、一个团队,还是一个民族、一个社会,只有不断学习,才能获得新知,增长才干,跟上时代。早在1972年5月,联合国教科文组织国际教育发展委员会主席埃德加·富尔在递交《学会生存》报告,致函联合国教科文组织总干事勒内·马厄函时,就曾明确指出:"我们再也不能刻苦地一劳永逸地获取知识了,而需要终身学习如何建立一个不断演进的知识体系——学会生存。"该报告特别强调两个基本观念,即"终身教育"和"学习化社会",并希望据此改造现行的教育体制,使之达到学习化社会的境界。

(二)大学生应具备的学习能力

1. 独立学习能力

独立学习能力,简单来讲,就是传统说法中的"自学"能力。从古至今,我们就说"授人以鱼,不如授人以渔",就是告诉学生学会教师教给的东西是远远不够的,重要的是学会学习的方法,为以后的自学打下良好的基础。毕竟学海无涯,真正的知识获取要靠离开学校之后自己的积累,而这就需要以坚实的自学能力作为强有力的后盾。

而大学就是这样一个过渡的平台:脱离了之前教师填鸭式的教育,多出许多自由的时间。该如何合理安排这些时间,如何利用这些时间去学会更多以后要用到的知识,成为大学生能否适应大学生活的关键。

所以,独立学习能力应该位于大学生学习能力的首位,是首先需要掌握的能力。有了它,才有可能进行下一步更深入且广泛的学习。

2. 合作学习能力

除独立学习能力外,合作能力也已经成为一个不容忽视的重要能力。世界知名公司招聘的时候,通常都存在一个重要的考核标准——团队合作能力。

学习同样如此，三个臭皮匠，顶一个诸葛亮。在学习的过程中相互学习、相互借鉴，可以让一个人以最快的速度进步，这就是所谓的"思维共享"。由于思想是可以无限复制的，所以学会合作学习，可以让人们掌握的现有知识进行大规模传播，复制他人知识的同时，也将自己的知识复制给他人，达成"强强联合""取长补短"的目的。

3. 深入学习能力

大学学习是区分不同专业的，也就是说，每个人有了自己需要重点掌握的学科，而大学的传统职能又是以研究为主，所以能够在自己的专业领域深入研究下去成了一门"必修课"。而该如何深入下去呢？重点还是要阅读大量的专业著作，吸取前人的成果，补充课堂以外的知识，只有这样才能站在巨人的肩膀上，更深入地研究。

4. 全面学习能力

目前，社会需要的人才已经不仅是学好自己本身专业的好学生，更多的是全面型人才，这样才可以吸取其他学科的知识，进行更宽思路的创新。目前，国内教育也认识到了这一点，开始推行"跨学科"式学习，目的同样是培养"全面型人才"。所以，全面学习能力又成了对大学生的另一个要求，通识型人才拥有了更强大的竞争力。这就要求现在的大学生在纵向学习本专业的同时，也要横向扩展自己的阅读面，最好可以辅修或旁听其他学科的课程，努力使自己成为一个"杂家"，这样才能适应现代社会对人才需求的变化。

同时，这里所指的全面也不仅是学科上的全面，更有能力上的全面，也就是表达能力、理解能力、实践能力等。而且，各种技能也是一项重要的指标，如计算机操作技能、外语能力、汽车驾驶技能等。不拘泥于单一的技能已经成为大学生的重要考核标准。

5. 与时俱进的学习能力

所谓与时俱进，实际上就是指对信息的掌握，根据社会对人才、对经济要求的不断变化，及时调整自己的学习方向，可以使大学生始终把握时下"热门"专业的趋势，从始至终成为最炙手可热的人才。

6. 创新学习能力

现代社会提倡创新，创新型人才也成为各大企业竞相争夺的对象。所以，在校期间就培养自己的创新意识，可以开拓思维，活跃想象力，使自己向创新型人才靠拢。由此可见，创新学习能力在当代社会尤为重要。

其实大学生应该掌握的能力很多，这里只是列举了其中重要的几个，还有很多能力是需要在实际的学习生活中不断发掘的。只有真正具备了这些能力才能在学习乃至以后的工作中更有效率、有成果，不断取得骄人的成绩。

◀) 案例小链接

著名的经济学家于光远是一个勤奋好学的人。他长期从事经济研究工作，从20世纪80年代起，就致力于哲学、社会科学多学科的研究及推进其发展的组织活动，还积极参加多方面的社会活动。

于光远常会给人提出一个问题：知道为什么把问号写成"?"吗？然后又很生动地解释说："你看'?'像不像一个钩子？脑子里有了这个钩子，就可以从书本上、生活里钩到知识。"他教育学生们脑子里只有有问号，才能随时随地学习到各种有用的知识。

于光远常说他有四段经历：一是从小学读到大学的上学经历；二是他从小到大在几个图书馆自学的经历；三是他中学半工半读时，在自己的化学实验室里将书本上的知识用于实践、发明创造的经历；四是少时在街上看其他人下棋打牌，注意观察周围形形色色的人和社会上各种现象的经历。

不难看出，做个研究学问的"有心人"，正是于老一生治学的深刻体会。

80 岁生日的时候，他给自己写了一张条幅自勉：好好学习，天天向上。他说："人老了，身体免不了走下坡路，但在精神、知识上应该走上坡路。"

于老 84 岁开始用计算机写作。年纪大了学计算机有困难，于是他学打字的第一句话是：于光远笨蛋。因为经常用一个指头打字，他笑称练就了一指禅。于老用的是拼音输入法。这对于一个老上海人来说，很不容易。发音不准，找不到拼音，也就敲不出字来。没办法，只能向儿女和周围的人请教，然后死记下来。他对老伴说："计算机这个东西真聪明，简直神奇了！"结果，老伴也在他的带动下学会了计算机。

于老在自己的一篇文章里幽默地写道："改用计算机写文章好处是大大的：便于写作，便于修改，提高了工作效率；解放了秘书和打字员——她们再也不用费力地去辨认我的'天书'了，还产生了一种大大的副产品，那就是因为使用计算机，启发了我的思考，写出了《我的四种消费品理论》一书。使用计算机唯一的损失是，我的手稿从此绝迹了（这是别人发现后告诉我的）。"

由于计算机操作熟练，于老还开办了个人网站。但是，家里人最发愁的是叫他吃饭，叫一次不成，往往要叫好几次，他才离开他的宝贝计算机。于老说，第一次犯脑血栓，就是家人和工作人员不顾我的坚决反对，硬把我从计算机前拉开并送进了北京医院的。

头顶著名经济学家桂冠的于光远，晚年又开始攀登文学高峰，散文出手不凡，自诩"21 世纪文坛新秀"。90 岁之前，于老出版了 75 部著作，其中包括散文集《古稀手迹》《墙外的石榴花》《我眼中的他们》《周扬和我》《我的编年故事》等文学方面的专集。晚年的于光远每天花费大量的时间坐在计算机前。除吃饭、睡觉外，他基本在计算机上写着、学着、玩着、快活着。

【点评】人生是一个不断发展的过程，"活到老，学到老"是每个人都应该坚持的人生态度。每个人在不同阶段有不同的梦想和目标，而要实现这种目标，就需要不断学习，并保持热情，积极乐观。

二、培养时间管理能力

（一）时间概述

1. 时间的含义

时间是指物质存在的持续性和顺序性。所谓持续性，是指任何一个物体的运动都要经历一个或长或短的过程。所谓顺序性，是指不同事物之间运动过程的出现有先后顺序关系。

2. 时间的特征

在我们认知的范畴内，时间表现出一定的序列性和规律性。人类可以感知到的时间特征如下：

（1）时间具有绝对的公平性。无论年龄的长幼、地位的高低、财产的多寡，个人在有生之年，拥有的时间资源是相同的，时间的流逝速度也是相同的。

（2）时间具有不可再生性。时间是不可再生资源，一旦流逝，就不会再次出现。

（3）时间具有不可逆转性。无论过去、现在还是将来，时间都以同样的速度前进，任何人、任何事物都不能阻止时间前进的步伐，时间是绝对不会停止、不可能重新来过的。

（4）时间具有不可增减性。时间的供给量是固定不变的，每天24小时，无法改变。

（5）时间具有不可替代性。时间是绝无仅有、独一无二的，任何东西都不能替代时间。

（6）时间具有不可积蓄性。时间不会像物质力量、财力和技术那样能被积蓄储藏，无论是否愿意，都必须消费时间，无法改变。

3. 时间的分类

时间的特征决定了它是世界上最为稀缺、最宝贵的一种资源。人们可以根据活动的不同类型将时间划分为工作和学习时间、休闲时间、家庭时间、个人时间、思考时间等。

（1）工作和学习时间。时间用在工作和学习上，是为了谋生和充实生活；就业前的学习和工作时的进修，也是为了充实生活。学习和工作将成为个人实现梦想、成就幸福人生的主旋律。

（2）休闲时间。休闲时间包括休息、睡眠及体育活动、娱乐时间。学会养生，懂得放松，养成良好的睡眠、休闲及运动的习惯，这样才能把身心调整到最佳状态。

（3）家庭时间。家庭是心灵放松的港湾，是幸福生活的源泉，所以应倍加珍惜亲情，争取和家人团聚的机会，与家人和谐地相处。

（4）个人时间。个人时间是完全属于个人独自享受的时间，是用来修身养性、充实自我的。

（5）思考时间。思考过去、现在和未来。反思以前的错误，考虑现今如何改进，重视规划自己未来的发展。

4. 时间的价值

从人们投入时间的活动价值看，时间可以被描述为一种资源。作为资源，时间是珍贵的。因为人的生命是有限的，投入一项活动，可能就选择了放弃其他的活动，所以人类在时间的投入上是有成本的，成本投入是需要回报的，这就决定了时间的价值。时间的价值基本上分为两种：一种称为无形的价值；另一种称为有形的价值。

（1）时间的无形价值。时间的无形价值是将时间投资于工作、家庭、社交的功能方面，建立工作关系、家庭关系、人际关系等。为此花费大量的时间，但它带来的收获可能是无法用金钱来衡量的，这称为无形的价值。

（2）时间的有形价值。时间的有形价值是指将时间投资于相应的事物和关系，所带来的有形的报酬。例如，你是一名销售人员，拜访客户，与客户建立关系，最后与客户达成交易，你一定会有报酬。

可见，虽然每个人每天都有相同的时间，但时间在每个人手里的价值却不同。从生命的有限性来说，我们必须认真对待时间，并高效使用时间，也可以称为高效管理时间。

（二）时间管理的含义

时间管理是指为了达到相应的目的，应用可靠的工作技巧，引导并安排管理自己及他人的生活，合理有效地利用可以支配的时间。时间管理的实质还是个人对自我的管理。要理解时间管理的内涵，应注意以下几个方面：

（1）时间管理除决定该做些什么事情外，还要决定什么事情不应该做。时间因为事件的不同而变得意义不同。时间本身不能够被管理，时间管理说到底是对单位时间内事件的管理，时间管理的关键就是事件的控制，即将每件事情都能够控制得很好。事件可分为两类：一类是能够控制的事件，特征是与个人密切相关，可以因个人的意志和行为而改变，能够控制的事件有很多，如学习、工作、吃饭、穿衣等；另一类是不能够控制的事件，特征是它的生产、发展和消失不以某一个人的意志为转移，不能以个人的意愿选择有还是无。不能够控制的事件，大的方面包括自然规律、生命现象、历史规律、社会变革等；小的方面包括社会风俗、法律法规、公司章程、企业文化等。

（2）时间管理不是要把所有事情做完，而是更有效地运用时间。时间管理也不是对时间的完全掌控，而是要提高效率达到目的。时间管理最重要的功能是将事先的规划变为一种提醒与指引。管理自己就是要管理自己的时间；管理了自己的时间，有助于发挥更大的生命价值。时间的公平性及人的主观能动性决定了每个人都可以选择自己要做的事情，选择及控制时间决定着生活的质量。

因此，只能在认识和适应不能控制事件的前提下，去选择我们能够控制的事件。然后最大限度地去充分利用可控制的那一面，把不可控制的因素降到最低，避免在不可控制因素上浪费时间。如此区别对待，才能够充分地利用有限的时间，产生最大的效能。

（3）时间管理是有目的的。时间管理的目的就是将时间投入与个人的目标相关的工作

中，达到"三效"，即效果、效率、效能。效果是指确定的期待的结果；效率是指以最小的代价或花费获得更多的结果；效能是指以最小的代价和花费获得最佳的期待结果。反省和检讨效果、效能、效率三个主题，慢慢地找到生命中真正的既有人生方向又有价值观的东西。时间管理的意义还在于培养一个人的基本素质。

（三）时间管理的方法

1.GTD

GTD 是 Getting Things Done 的缩写，来自 David Allen 的一本畅销书 *Getting Things Done*，中文翻译本为《尽管去做：无压工作的艺术》，由中信出版社出版。GTD 的具体做法可分为收集、整理、组织、回顾与行动五个步骤。

（1）收集。将你能够想到的所有的未尽事宜（GTD 中称为 stuff）统统罗列出来，放入 inbox 中。这个 inbox 既可以是用来放置各种实物的实际的文件夹或篮子，也可以是用来记录各种事项的纸张。收集的关键是将一切赶出你的大脑，记录下所有的工作。

（2）整理。将 stuff 放入 inbox 之后，就需要定期或不定期地对其加以整理，清空 inbox。将这些 stuff 按"是否可以付诸行动"进行区分整理，对不能付诸行动的内容，可以进一步将其分为参考资料、日后可能需要处理的及垃圾三类；而对可付诸行动的内容，再考虑是否可在两分钟内完成它。如果可以，则立即行动完成；如果不可以，则对下一步行动进行组织。

（3）组织。组织是 GTD 中最核心的步骤，组织主要可分为对参考资料的组织和对下一步行动的组织。对参考资料的组织主要就是一个文档管理系统，而对下一步行动的组织则一般可分为下一步行动清单、等待清单和未来（某天）清单。下一步行动清单是具体的下一步工作，而且如果一个项目涉及多步骤的工作，那么需要将其细化成具体的工作。GTD 对下一步清单的处理与一般的 to-do list 最大的不同在于，它做了进一步的细化，如按照地点（电脑旁、办公室、电话旁、家里、超市）分别记录只有在这些地方才可以执行的行动，而当你到这些地点后，也就能够一目了然地知道自己应该做哪些工作。等待清单主要是记录那些委派他人去做的工作。未来（某天）清单则是记录延迟处理且没有具体完成日期的未来计划、电子邮件等。

（4）回顾。回顾也是 GTD 中的一个重要步骤，一般需要每周进行回顾与检查。通过回顾及检查你的所有清单并进行更新，可以确保 GTD 系统的运作。而且在回顾的同时，可能还需要进行未来一周的计划工作。

（5）行动。根据时间的多少、精力情况及重要性来选择清单上的事项，进而行动。

2.六点优先工作制

六点优先工作制法是效率大师艾维利在向美国一家钢铁公司提供咨询时提出的，它使这家公司用了五年的时间，从濒临破产一跃成为当时全美最大的私营钢铁企业。艾维利因此获得了 2.5 万美元的咨询费，故管理界将该方法誉为"价值 2.5 万美元的时间管理方法"。这一方法要求把每天所要做的事情按重要性排序，分别从"1"到"6"标出6件最重要的事情。每天一开始，先全力以赴做好标号为"1"的事情，直到它被完成或被完全准备好；然后再全力以赴地做标号为"2"的事情，依此类推……艾维利认为，一般情况下，如果一个人每天都能全力以赴地完成6件最重要的大事，那么他一定是一位高效率人士。

3. 麦肯锡30秒电梯理论

麦肯锡公司曾经得到过一次沉痛的教训：该公司曾经为一家重要的大客户做咨询。咨询结束时，麦肯锡的项目负责人在电梯间里遇见了对方的董事长。该董事长问麦肯锡的项目负责人："你能不能说一下现在的结果呢？"由于该项目负责人没有准备，而且即使有准备也无法在电梯从30层运行到1层的这30秒钟内把结果说清楚。最终，麦肯锡失去了这一重要客户。从此，麦肯锡要求公司员工凡事要在最短的时间内把结果表达清楚，凡事要直奔主题、直奔结果。麦肯锡认为，一般情况下人们最多记得住一二三，记不住四五六，所以凡事要归纳在三条以内。这就是如今在商界流传甚广的"30秒钟电梯理论"，或称"电梯演讲"。

4. 莫法特休息法

《新约圣经》的翻译者詹姆斯·莫法特的书房里有三张桌子：第一张摆着他正在翻译的《圣经》译稿；第二张摆的是他的一篇论文的原稿；第三张摆的是他正在写的一篇侦探小说。莫法特的休息方法就是从一张书桌搬到另一张书桌，继续工作。"间作套种"是农业上常用的一种科学种田的方法。人们在实践中发现，连续几季都种植相同的作物，土壤的肥力就会下降很多，因为同一种作物吸收的是同一类养分，长此以往，地力就会枯竭。人的脑力和体力也是这样，如果每隔一段时间就变换不同的工作内容，就会产生新的优势兴奋灶，而原来的兴奋灶则得到抑制，这样人的脑力和体力就可以得到有效的调剂与放松。

5. 优先矩阵法

优先矩阵法是新一代的时间管理理论，其将时间按其紧迫性和重要性分为A、B、C、D四类，形成时间管理的优先矩阵，如图9-1所示。

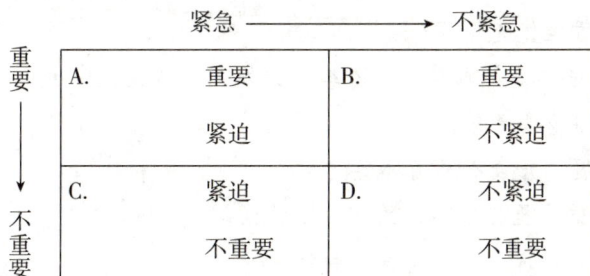

	紧急 ————————→ 不紧急	
重要 ↓ 不重要	A. 重要 紧迫	B. 重要 不紧迫
	C. 紧迫 不重要	D. 不紧迫 不重要

图9-1 时间管理的优先矩阵

紧迫性是指必须立即处理的事情，不能拖延。重要性与目标是息息相关的。有利于实现目标的事物都称为重要，越有利于实现核心目标，就越重要。有些事情紧迫又重要，如有限期和压力的计划；可能有些事情是紧迫但不重要，如有不速之客，或者某些电话；有些事情重要，但是不紧迫，如学习新技能、建立人际关系、保持身体健康等。当然有很多事情不重要，又不紧迫，如琐碎的杂事、无聊的谈话等，如图9-2所示。

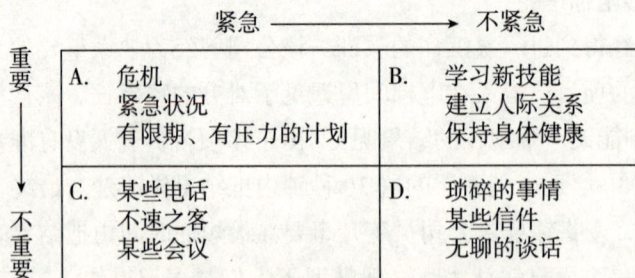

紧急 —————→ 不紧急	
A. 危机 　 紧急状况 　 有限期、有压力的计划	B. 学习新技能 　 建立人际关系 　 保持身体健康
C. 某些电话 　 不速之客 　 某些会议	D. 琐碎的事情 　 某些信件 　 无聊的谈话

（行标：重要 ↓ 不重要）

图 9-2　时间管理重要性与紧迫性示意

不同类的事情要如何去安排，时间如何加以调整，加以运用，这些事情让你去做一个什么样的人，有四种可以参考，见表9-1。

表 9-1　四种实践观念不同的人

A.压力人	B.从容人
C.无用人	D.懒人

压力人（A），认为每件事情都很重要、很紧迫。应该做的是有条有理、有条不紊地去完成你的工作，你应该学习投资你的时间，去做一个从容人（B）。你千万不要去做那种很紧急，但不重要的，那种叫作无用人（C），你总在应付一些杂事，做不重要又不紧迫的事情的人称为懒人（D）。注重哪一类事务，你就成为哪一类人。

◄))案例小链接

如何使用时间管理优先矩阵？

1. 将有待进行的行动方案列一分清单。例如，秘书在上班半个小时之后列了一份今天上午需要做的事情的清单：

（1）到餐馆订餐，并查看宴请环境。

（2）给A公司的小王打电话，约定今晚的活动。

（3）给远在北京的B公司副总寄一封信。

（4）完成报告写作工作，并打印成文。

（5）安排老板与客户会面。

（6）给一个同学打电话。

（7）为老板报销出差费用。

2. 绘制一张矩阵图。根据每个行动方案的重要性和紧迫性的不同，将所有方案填入图形中，如图9-3所示。

	小　　　　　　　　　重要性　　　　　　　　　大	
低 紧迫性 高	（6）给一个同学打电话	（7）为老板报销出差费用 （4）完成报告写作工作，并打印成文
	（1）到餐馆订餐，并查看宴请环境 （2）给A公司的小王打电话，约定今晚的活动	（5）安排老板与客户会面 （3）给远在北京的B公司副总寄一封信

图9-3　案例矩阵图

3. 根据各行动方案所在象限不同，确定各行动方案的优先顺序，如图9-4所示。

	小　　　　　　　　　重要性　　　　　　　　　大	
低 紧迫性 高	第四类 需要仔细思量值不值得去做	第二类 可以稍后一些时间再行实施
	第三类 如果不想花时间多加考虑，那可以请别人	第一类 需要最先去实施，而且是马上做，亲自去

图9-4　优先顺序调整矩阵图

本例：根据优先矩阵，秘书排定了今天商务待做事情的先后顺序是（5）、（3）、（7）、（4）、（1）、（2）、（6）。

【点评】使用时间管理优先矩阵的意义：

（1）优先矩阵可以由一个人或若干人来实施，既可用于制订计划，也可用于决策思考。

（2）注意不要让太多的人参与进来，那样会由于意见太多而无法实施。

拓展阅读

时间管理十一条金律

1. 要和你的价值观相吻合

你一定要确立个人的价值观，假如价值观不明确，你就很难知道什么对你最重要。当你的价值观不明确，时间分配一定不好。时间管理的重点不在于管理时间，而在于如何分配时间。你可能没有时间做每件事情，但你永远有时间做对你来说最重要的事情。

2. 设立明确的目标

成功等于目标，时间管理的目的是使你在最短时间内实现更多你想要实现的目标；你必须把4~10个目标写出来，找出一个核心目标，并按照它们的重要性依次排序，然后依照你的目标设定一些详细的计划。你行动的关键就是依照计划进行。

3. 改变你的想法

美国心理学之父威廉·詹姆士在对时间行为学的研究中发现这样两种对待时间的态度："这件工作必须完成，它实在讨厌，所以我能拖便尽量拖"和"这不是件令人愉快的工作，但它必须完成，所以我得马上动手，好让自己能早些摆脱它"。当你有了动机，迅速踏出第一步是很重要的。不要想立刻推翻自己的整个习惯，只需强迫自己现在就去做你所拖延的某件事情。然后，从明早开始，每天都从你的时间清单（time list）中选出自己最不想做的事情先做。

4. 遵循20∶80定律

生活中肯定会有一些突发的和迫不及待需要解决的问题，如果你发现自己每天都在处理这些事情，那表示你的时间管理并不理想。成功者花最多时间做最重要的事情，而不是做最紧急的事情，然而一般人都是做紧急但不重要的事情。

5. 安排"不被干扰"时间

每天至少要有0.5~1小时的"不被干扰"时间。假如你能有一个小时完全不受任何人干扰，把自己关在自己的空间里面思考或工作，这一个小时可以抵过你一天的工作效率，甚至有时候这一小时比你三天的工作效率还要高。

6. 严格规定完成期限

帕金森（Cyril Noarthcote Parkinson）在其所著的《帕金森法则》（*Parkinson's Law*）中，写下了这段话："你有多少时间完成工作，工作就会自动变成需要那么多时间。"如果你有一整天的时间可以用来做某项工作，你就会花费一天的时间去做它。而如果你只有一小时的时间可以做这项工作，那么你就会更迅速有效地在一小时内做完它。

7. 做好时间日志

你花了多少时间做哪些事情，把它们详细地记录下来：早上出门（包括洗漱、换衣、早餐等）花了多少时间，搭车花了多少时间，出去拜访客户花了多少时间……把每天花的时间一一记录下来，你会清晰地发现自己浪费了哪些时间。这和记账是一个道理。当你找到浪费时间的根源，你才有办法改变。

8. 理解时间大于金钱

用你的金钱去换取他人的成功经验，一定要抓住一切机会向顶尖人士学习。仔细选择你接触的对象，因为这会节省你很多时间。假设与一个成功者在一起，他花了40年时间成功，你与10个这样的人交往，你不是就浓缩了400年的经验？

9. 学会列清单

把自己要做的每件事情都写下来，这样做首先能让你随时都明确自己手头上的任务。不要轻信自己可以用脑子把每件事情都记住。当你看到自己长长的时间清单时，你会产生紧迫感。

10. 同一类事情，最好一次性把它们做完

假如你在做纸上的作业，那么那段时间都用来做纸上的作业；假如你是在思考，用一段时间只做思考；打电话，最好把要打的电话累积到某一时间段一次性把它们打完。当你重复做一件事情时，你会熟中生巧，效率一定会提高。

11. 珍惜每一分每一秒，做最有效率的事情

你必须思考：要做好一份工作，到底哪几件事情是对你最有效率的？列出来，分配时间把它们做好。

三、培养情绪管理能力

（一）认识情绪

1. 情绪的含义

情绪是个体对外界刺激的主观的、有意识的体验和感受，具有心理和生理反应的特征。我们无法直接观测内在的感受，但是我们能够通过其外显的行为或生理变化进行推断。意识状态是情绪体验的必要条件。

情绪的多样性说明它是一种极其复杂的心理现象。学术界至今仍对"情绪"二字没有一致的定义。简单地说，我们可以认为情绪是内心的感受经由身体表现出来的状态；反之，我们可以根据外在行为判断别人的情绪，且行为在身体动作上表现得越强就说明其情绪越强，喜是手舞足蹈，怒是咬牙切齿，忧是茶饭不思，悲是痛心疾首……这些就是情绪在身体动作上的反映。

2. 情绪的分类

《礼记》把人的情绪称为"七情"，即喜、怒、哀、惧、爱、恶、欲。近代西方学者认为，人的基本情绪可分为喜、怒、哀、惧四类。情绪无好坏之分，但由情绪引发的行为或行为的后果有好坏之分。因此，根据情绪引发的行为或行为的结果，我们一般将情绪划分为积极情绪、消极情绪两大类。

有些人将不良情绪等同于负性情绪。这是不准确的。所谓负性情绪，通常是指那些不愉快，甚至是引发人痛苦、愤怒的情绪体验，如压抑、生气、委屈、难过、苦恼、沮丧等。一般来说，负性情绪不一定都是消极的。在一定的情境之中，负性情绪同样具有重要的作用和功能。例如，恐惧的情绪使人脱离险境，而羞耻情绪会使人避免做违背社会规范的行为。即使是痛苦、悲伤等情绪反应，也同样具有能使人感受到自己的心理伤害，促使人们及时调整自己的积极的功能。所以说，负性情绪并不等于消极情绪。

3. 情绪健康的标准

世界卫生组织认为，健康是指人体生理、心理及社会适应的完满状态。健康情绪是指人能表现出与环境协调一致的情绪反应。这种情绪反应不仅要符合当时的场合、氛围，还要符合人的年龄、身份、文化特点。

什么样的情绪才是健康的？这个问题似乎不好回答，因为任何一种情绪都有它的作用，既有它积极的一面，也有它消极的一面。就某种情绪状态对人的生理健康、社会生活的影响而言，我们可以从以下几个方面观察自己的情绪状态是否健康，或者是否有利于自己的生活与健康。

（1）情绪是由适当的原因引起的。欢乐的情绪是由可喜的现象引起的，悲哀的情绪是由不愉快事件或不幸的事情引起的；而愤怒则是由挫折引起的。一定的事物引起相应的情绪是情绪健康的标志之一。如果一个人受到挫折反而高兴，受人尊敬反而愤怒，则是情绪不健康的表现。

（2）情绪的作用时间随客观情况变化而转移。一般情况下，引起情绪的因素消失之后，其情绪反应也应逐渐消失。例如，孩子不慎摔碎了一个碗，母亲可能当时不高兴，但事情过后也就不生气了。如果连着几天都生气，甚至长期生气，这就是情绪不健全的表现。

（3）情绪稳定。情绪稳定表明个人的中枢神经系统活动处于相对的平衡状况，反映了中枢神经系统活动的协调。一个人的情绪如果经常很不稳定、变化莫测，则是情绪不健康的表现。

（4）心情愉快。心情愉快是情绪健康的另一个重要标志。愉快表明了身心活动的和谐与满意，表示一个人的身心处于积极的健康状态。一个人如果经常情绪低落，总是愁眉苦脸、心情苦闷，则可能是心理不健康的表现。但是，一个人在生活的道路上难免会发生挫折或不幸，如亲友病故、情绪悲哀，而这当然是正常的情绪反应。

（5）情绪表达适时、适度。要善于控制、调节自己的情绪，既能克制又能合理宣泄自己的情绪。情绪的表达既符合社会的要求又符合自身的需要。在不同的时间和场合要有恰如其分的情绪表达，情绪反应应与环境相适应。

（二）情绪管理

许多人至今仍对情绪的重要性认识不足，将情绪活动仅仅看作内、外部条件引起的感情变化，是一种无关紧要的、暂时的精神状态，任其自然发展，很少进行有意识的控制与调节。然而，人是感情动物。人的思维、处事常受感情的牵引。因此，如果不能正确认识到自己的情绪，并对情绪进行疏导、调节与控制，则往往会产生难以预料或不可挽回的恶劣后果。你看，范进苦读而高中举人，亲眼看到喜报后，竟因欢喜过度而发了疯；王朗被诸葛亮一番痛骂之后，盛怒之下竟跌马倒地毙命。

所以，人们应当学会疏导、调节、控制自己的情绪。这就是情绪管理，也就是所谓的

"先处理心情，再处理事情"。

情绪管理是社会发展到一定阶段出现的一种新的管理理念和管理方式，即在了解自己情绪特征的基础上，有意识地培养健康、积极的情绪体验，建立科学的情绪宣泄和调控机制，自觉克服并消除负面情绪的影响，保持积极的人生态度。

在现实生活中，人们会被许多事情困扰，但并不一定是由某个特定的诱发事件直接引起的，而是因为对经历事件的不合理认识或评价而形成心中的困扰。所以，合理的认识有助于产生合理的情绪和行为反应。例如，同样是工作失败，甲、乙两人的想法却不同。甲认为准备得不够充分，尽管也会感到难过，但甲很快在工作中恢复了正常心态；而乙想的却是我本来是应该成功的，工作都做不好，真是太无能了。乙的情绪反应就会变得比较消极。

调整认识可以帮助我们更好地管理情绪。调整认识主要可以从以下三个方面来进行：

（1）调整对自己不正确的认识。即使在某件事情上取得了成功，也不可能得到所有人的赞赏。善于控制情绪者会努力在自己原有的基础上做好每件事情，不是急着去和他人比较，而是会将他人的话当作参考，学习怎样将事情办得更好，而不是试图做一个完美的人。有情绪困扰的人应该摆脱以某事的成败为标准对自己进行整体评价的不正确的思维方式，不能因为一件事情而否定一个人的整体价值。

（2）调整对他人不正确的认识。对他人正确的认识应是人们无权对他人提出绝对的要求。一味要求他人按照自己的意愿行事是不可能实现的。善于控制情绪者会尊重他人，不要求他人按自己的意愿行事。受到他人指责后，他们会设法认识并改正自己的错误。即便发现自己没有做错，也会体谅他人的情绪性责备。若是他人犯了错误，则会尽量地理解并接纳他人，帮助其纠正错误。

（3）调整对周围环境及事物的不正确认识。遇到问题善于控制情绪者往往会尝试改善周围的环境，而如果无法做到，就学会接受这种现实。

当你产生焦虑、抑郁、愤怒、不满、不愉快、敌对、挫折感等情绪时，不妨尝试着从以上三个方面调整自己的认识，改善自己的情绪状态。

在日常生活中，要提倡心理卫生，学会自我心理调节，以保持良好的精神状态。具体来说，希望能做到以下几点：

（1）要对自然事物保持兴趣。像孩子一样，对环境中的色彩、声、光、香味、美景等自然万物保持兴趣，使人生变成一段趣味无穷的旅程。

（2）广交朋友，积极处世。与朋友一起，积极参与一些有意义的活动，克服顾影自怜、郁郁寡欢的自卑心理。

（3）保持乐观开朗的人生态度。无论是在学校里，还是家庭中，都要避免过多地抱怨、挑剔和指责。遇事不忘超脱，放弃一切成见。

（4）对待问题要当机立断，不要左思右想，犹豫不决。问题一经决定，就不要再去多想。

（5）珍惜时光。不要热衷于空想未来、追忆从前而使自己陷入苦思冥想的深渊，应该以最有效的方法参与到现在的工作和生活中。

（6）从事适度的文娱、体育活动。

（7）必要时可运用心理防御机制进行自我调节。不良情绪的体验会影响人们形成健康的情绪状态，也可能会导致不同程度的心理障碍。

（三）情绪调节的方法

情绪是以个体的愿望和需要为中介的一种体验性心理活动。情绪是心理活动的组织者。一般来说，正性情绪起协调、组织的作用；负性情绪起破坏、瓦解或阻断的作用。情绪困扰或不适不是诱发事件本身引起的，而是自己的信念引起的情绪。因此，我们要对自己的情绪和行为反应负有责任。只有改变了不合理信念，才能减轻或消除目前存在的情绪困扰。

情绪波动有时可能会影响一个人的命运。管理情绪是一件非常重要的事情，是要做情绪的主人，还是奴隶，完全取决于自己。

（1）觉察情绪。当产生情绪时，表示生活中有事件刺激，以致引发警报。与此同时，若我们能察觉到情绪的产生并认知情绪的种类，则可以延缓情绪瞬间的爆发，并有针对性地管理情绪。

因此，我们要时时提醒自己注意："我现在的情绪是什么？"特别是当我们发现自己情绪异常时，要特别警觉。

（2）采取相应的行动。情绪如同潮水，有潮涨就有潮落。有人认为，在情绪冲动时等待其退潮一定是一件很难的事情，一定需要巨大的毅力与意志。其实不然，在情绪的把握上有时只需要短短的几分钟和很简单的行为。所以，当情绪冲动时，只要我们懂得把持住自己，往往就可以避免许多的麻烦，甚至不幸。情绪管理可以使用以下几种方法：

1）转移注意力。注意力转移法就是将注意力从引起不良情绪反应的刺激情境中转移到其他事物，或从事其他活动的自我调节方法。当出现情绪不佳的情况时，要将注意力转移到使自己感兴趣的事情，如散散步、看看电影、读读书、打打球、下盘棋、找朋友聊天、换换环境等。这些都有助于使情绪平静下来，并在活动中找到新的快乐。

2）适度宣泄。过分压抑只会使情绪困扰加重，而适度宣泄则可以将不良情绪释放出来，从而使紧张情绪得以缓解、放松。发泄的方法有很多，如大哭、做剧烈的运动（跑步、打球等）、放声大叫或唱歌、向他人倾诉等。

3）自我安慰。面对我们无法改变的现实，要学会安慰自己，追求精神胜利，即阿Q精神。这种方法对于帮助人们在大的挫折面前接受现实、保护自己、避免精神崩溃是很有益处的。例如，同样是面对诸葛亮，周瑜心中抱持"既生瑜，何生亮"的怨恨，终于怀恨而死。司马懿一句"诸葛亮真神人也"，表示了"吾不如"的自谦，顶着敬贤的光环，而心安理得。

因此，当人们遇到情绪问题时，经常用"胜败乃兵家常事""塞翁失马，焉知非福"等进行自我安慰，以摆脱烦恼，消除抑郁，达到自我安慰、自我激励的目的，从而带来情绪上的安宁和稳定。

4）自我暗示。自我暗示包括消极自我暗示与积极自我暗示。积极自我暗示在不知不觉之中对自己的意志、心理及生理状态产生影响，令我们保持好的心情、乐观的情绪，增强自信心。例如，不断地对自己默语："我一定能行""不要紧张""不许发怒"等。

5）冷静三思。把脾气拿出来，那叫本能；而只有把脾气压回去，才叫本事。那些不能控制情绪的人，给人的印象就是不成熟、还没长大。因为只有小孩子才会说哭就哭、爱耍脾气。若这种行为发生在小孩身上，人们就会说那是天真烂漫；但是如果这种现象发生在一个成年人身上，人们就会皱起眉头了。因此，无论处于什么样的负面情绪中，先暂停、中断目前的情绪，跳出来，让自己先冷静。"当你气愤时，要数到十再说话"。然后，再审慎三思，理智面对当前的状况。

6）改变思维，调整心态。只要心态正确，心情就会变好，情绪也就相对稳定。我们的情绪不同往往不是由事物本身引起的，而是取决于我们看待事物的不同思维方式。在不利的环境中，我们不妨换一种思维方式去思考。在不利之中，找出对自己有利的一面。若总是在不利的圈子里打转，你就看不到光明，而只会忧心忡忡，自寻烦恼。

◀)) 案例小链接

一次，美国前总统罗斯福的家中被盗，丢失了许多东西。一位朋友知道后，就马上写信安慰他，劝他不必太在意。罗斯福给这位朋友回信说："亲爱的朋友，谢谢你来安慰我，我现在很平安，感谢生活。因为，第一，贼偷去的是我的东西，而没伤害我的生命，值得高兴；第二，贼只偷去我的部分东西，而不是全部，值得高兴；第三，最值得庆幸的是，做贼的是他，而不是我。"

【点评】对任何一个人来说，被盗绝对是一件不幸的事情，罗斯福却能在不利的事件中看到有利的一面，在消极的环境中看到积极的因素，这是一种处世智慧、一种处世哲学。

（四）提高自己的情商

1. 情商的含义

情绪商数（Emotional Quotient）通常被简称为情商（EQ），是一种自我情绪控制能力的指数，由美国心理学家彼德·萨洛维于1991年创立，属于发展心理学范畴。情商是一种认识、了解、控制情绪的能力，也是指"信心""乐观""急躁""恐惧""直觉"等一些情绪反应的程度。与智商不同，情商大多取决于后天培养。人与人的情商并无明显的先天差异。

哈佛大学心理学系教授丹尼尔·戈尔曼在他的文章《为什么情商比智商更重要》中说："如果你没有掌握情绪的能力，如果你没有自我意识，如果你不能够管理你的令人不安的情绪，如果你不能产生同理心和有效的关系，那么无论你有多聪明，你都不会取得很大的成就。"

清华大学吴维库教授做了一个更形象的比喻：人体就如同一驾马车，马车由马拉动，而人体由情绪推动。控制马的工具是缰绳，而管理情绪的工具是情商。如果马受惊失控，则会造成车毁人亡；如果人的情绪失控，就会发病、发疯、自杀、杀人。由此可知，提升管理情绪的能力多么重要！吴维库把情商简单归纳成五种能力：认识自己的能力、管理自己的能力、激励自己的能力、认识他人的能力及管理他人的能力。

在现实生活中，有些人智商高，但情商不高。他们可能学习和工作能力很强，但人际关系不怎么好，事业也不怎么顺利。那些智商平平而情商却很高的人，生活积极、人际关系好、有拼搏向上的精神。因此，这类人就特别容易获得成功。丹尼尔·戈尔曼在他的《情商智力》一书中指出：情商与人的生活各方面息息相关，是影响人一生快乐、成功与否的关键。情商比智商更重要。

研究已经证实，情商在人生的成功中起着决定性作用。只有情商和智商共同发挥作用，智商的作用才能得到淋漓尽致的发挥。

2. 情商的具体内容

对于情商的基本概念，我们已经有了初步的了解。具体来说，情商包括以下五个具体的方面：

（1）自我认知能力（自我觉察）。认识情绪的本质是情商的基本点。这种随时认知感觉的能力，对了解自己非常重要。换而言之，就是说：人贵有自知之明。一个人既不能对自己的能力判断过高，也不能轻易低估自己的潜能。对自己判断过高的人往往容易浮躁、冒进，不善于与他人合作，在事业遭遇到挫折时心理落差较大，难以平静对待客观事实；而低估了自己能力的人，则会在工作中畏首畏尾，踌躇不前，既没有承担责任和肩负责任的勇气，也没有主动请缨的积极性。有自知之明的人既能够在他人面前展示自己的特长，也不会刻意掩盖自己的欠缺。展示自己的不足而向他人求教不但不会降低自己的身份，反而是一种成熟、自信和真诚的表现。有自知之明的人在工作遇到挫折的时候既不会轻言失败，在工作取得成绩时也不会沾沾自喜。

（2）自我控制能力（情绪控制力）。情绪的自我控制能力，就是自律。情绪的自我控制能力包括：控制自己不安的情绪或冲动，要保持清晰的头脑且能承受各方面的压力；用真诚赢得他人的信任，并且随时都清晰地理解自己的行为将影响他人。但是，为了表现所谓的"自律"而在他人面前粉饰、遮掩自己的缺点，刻意表演的做法是可笑的。只有在赢得他人信任的基础上，严于律己，宽以待人，才能真正获得他人的尊重和赞许。另外，自我情绪管理必须建立在自我认知的基础上，要懂得如何克服不良情绪、如何进行自我安慰，摆脱焦虑、灰暗或不安等情绪的影响。在这方面能力较匮乏的人，常常需要与低落的情绪交战；而能够掌控自己情绪的人，则能很快走出生命的低潮，重新开始。

（3）自我激励能力（自我发展）。一般情况下，能够自我激励的人，做任何事情的效率都比较高。一个人要想使自己持续进步，使个人能力从优秀向卓越迈进，就必须努力培养自己的"谦虚""执着"和"勇气"这三种品质。谦虚者能听取多方面的意见，一定会使人进步；执着是指坚持正确的方向，是指矢志不移的决心和意志；而只有那些有勇气迎接挑战、勇于做最困难的工作的人才能真正实现自我超越。正如马克·吐温所说："勇气不是缺少恐惧心理，而是对恐惧心理的抵御和控制能力。"需要注意的是，自我激励或发挥创造力都需要将情绪专注于某一目标。这一点是绝对的，而且成就任何事情都要有情感的自制力——只有克制冲动、延迟满足、保持高度热忱，才是取得一切成就的动力。

（4）认知他人的能力（同理心）。同理心是为人处世的基本技巧之一。它同样需要建立在自我认知的基础上。具有同理心的人能够从细微的信息觉察他人的需求。这种类型的人特别适合从事医护、教学、销售与管理工作。具体而言，具有同理心的人无论做什么事情都会从对方角度想一想，总是会将心比心、设身处地地为他人着想。人与人之间的关系没有固定的公式可循。从关心他人、体谅他人的角度出发，做事情时为他人留下空间和余地、发生误会时替他人着想、主动反省自己的过失、勇于承担责任等都是一个人获得成功的关键。只要有了同理心，我们就能避免许多的抱怨、责难、嘲笑和讽刺，大家就可以在一个充满鼓励、谅解、支持和尊重的环境中愉快地工作、生活。

（5）人际关系管理的能力（领导与影响力）。人际关系就是管理他人情绪的艺术。一个人的人缘、领导能力、人际和谐程度都与这项能力有关。充分掌握这项能力者通常是社会上的佼佼者。人际关系管理的能力包括在社会交往中的影响力、倾听与沟通的能力、处理冲突的能力、建立关系的能力、合作与协调的能力、说服与影响的能力等。

在上述五个方面，前三个方面只涉及"自身"，是对自身情绪的认识、管理、激励与约束；而后两个方面则涉及"他人"，要设身处地理解他人情绪，并通过妥善管理他人情绪来达到人际关系的和谐。换而言之，EQ 的基本内涵实际上包括两个部分：第一部分是要随时随地认识、理解并妥善管理好自身的情绪；第二部分是要随时随地认识、理解并妥善管理好他人的情绪。

高情商与低情商的区别见表 9-2。

表 9-2　高情商与低情商的区别

序号	高情商	较高情商	较低情商	低情商
1	尊重所有人的权利和人格尊严	自尊	把自尊建立在他人认同的基础上	无责任感，爱抱怨
2	不将自己的价值观强加于他人	是负责任的"好公民"	易受他人影响，自己目标不明确	无确定的目标，也不打算付诸实践

续表

序号	高情商	较高情商	较低情商	低情商
3	对自己有清醒的认识，能承受压力	有独立人格，但在一些情况下易受别人焦虑情绪的传染	能应付较轻的焦虑情绪	容易产生焦虑情绪
4	自信而不自满	比较自信而不自满	缺乏坚定的自我意识	自我意识差
5	认真对待每件事情	做事比较认真	能做到部分自我管理	生活无序
6	人际关系良好，和朋友或同事能友好相处	有较好的人际关系	人际关系较差	几乎不能与人交往
7	善于处理生活中遇到的各方面问题	能应对大多数问题	生活处理能力差，要依靠他人	严重依赖他人

（五）打造良好的职业心态

职场情商又称职业情商，是指一个人掌控自己和他人情绪的能力在职场与工作中的具体表现，更加侧重对自己和他人的工作情绪的了解与把握，以及如何处理好职场中的人际关系，是职业化的情绪能力的表现。

职业情商对职业情绪的要求就是保持积极的工作心态。积极的工作心态表现在以下几个方面：

（1）工作状态要积极。每天精神饱满地上班，与同事见面主动打招呼并且展现出愉快的心情。如果上班时你展现的是一副无精打采的面孔，说起话来有气无力，没有任何感情色彩，则永远得不到上级的赏识，你的同事对你也不会有好感。

（2）工作表现要积极。积极就意味着主动，称职的员工在工作中应该做到以下五个主动：主动发现问题；主动思考问题；主动解决问题；主动承担责任；主动承担分外之事。可以毫不夸张地说，做到五个主动是职场员工获得高职高薪的五大法宝。

（3）工作态度要积极。积极的工作态度意味着工作中遇到问题时，能积极想办法解决问题，而不是千方百计找借口。成功激励大师陈安之说："成功和借口永远不会住在同一个屋檐下。"遇到问题时习惯找借口的人永远不会成功。

（4）工作信念要积极。对工作要有强烈的自信心，相信自己的能力和价值，肯定自己。只有抱着积极的信念工作的人，才会充分挖掘自己的潜能，为自己赢得更多的发展机遇。

培养积极的职业习惯必须突破以下心理舒适区：

（1）突破情绪舒适区。当你失去了一次本该属于自己的加薪机会时，你就愤愤不平，坐立不安，就想找上级评理或"讨个说法"；当下级办了一件错事时，你就忍不住斥责一顿；当上级批评你时，你就很难保持一副笑脸面对。喜怒哀乐是人的情绪对外部刺激的本能反应，但是如果对消极的情绪不加以控制，往往发泄情绪的结局对自己并没有好处。职场中应该绝对避免的几种消极情绪是抱怨和牢骚，不满和愤怒，怨恨或仇恨，嫉妒、恐惧失败，居功傲视等，这些都是影响个人职业发展的致命伤害。

调节自己的情绪有很多方式、方法。其中最重要的是要强化以下意识：在工作场合我的情绪不完全属于我，我必须控制自己的情绪！

（2）突破沟通舒适区。一个人的性格、脾气决定了其与他人沟通的方式，每个人都习惯以自己的方式与他人沟通。有的人说话快言快语，而有的人却该表态的时候也沉默寡言；有的人说话爱抢风头，经常不自觉地打断他人的谈话。有的人习惯被动等待上级的工作指示，而有的人则喜欢遇到问题时主动请示与沟通。

要实现同理心沟通，就必须有意识改进自己平时的沟通方式，学会积极倾听对方。良好的工作沟通不一定是说服对方，而是真正理解对方的想法。即使是争辩，也必须是对事不对人的良性争论，不能进行人身攻击和恶语相向。这是职场人际沟通中最应该注意的问题。

（3）突破交往舒适区。人们都习惯和自己脾气相投的人交往，所以，无论在哪个单位和组织都存在非正式的组织与团体。这是正常的现象。但是人在职场，必须和组织内所有的人及外部的客户打交道，故必须学会适应不同性格的人。突破交往舒适区，就是要有意识地与不同性格的人打交道，如要主动找与自己性格不同的人聊天。看来很简单的事情，其实职场中大部分的人都难以做到。尝试和另一种不同性格的人交往，看来是一件小事，却对提升你的职场情商很有帮助。

四、培养团队精神

（一）团队及团队合作

1. 团队的含义

1994 年，组织行为学权威、美国圣迭戈大学的管理学教授斯蒂芬·罗宾斯首次提出了"团队"的概念：为了实现某一目标而由相互协作的个体所组成的正式群体。在随后的十年里，关于"团队合作"的理念风靡全球。

团队的组成基于实现一个共同的目标，从而被赋予必要的技术组合、信息、决策范围和适当的酬劳。他们为实现共同目标而相互协力工作并着眼于取得工作成果。团队具有以下三层含义：

（1）达成共识，目标一致。

（2）清楚的角色认知和分工。

（3）合作精神。

一个团队的力量一定是方方面面的人合作产生的合力，而且合力大于所有参与人的力量总和，也即"1+1>2"。

◀)) 案例小链接

大雁每年春分后飞回北方繁殖，秋分后飞往南方越冬，是一群志同道合的伙伴，互相协作，互相鼓励，直至目标的实现。它们始终飞来飞往，它们总是喜欢排列成"一"字形或"人"字形飞行，在这种结构中，每只鸟扇动翅膀都会为紧随其后的同伴平添一股向上的力量。这样，雁群中每位成员都会比一只单飞的大雁增加超过70%的飞行效率，从而能够支撑它们顺利地到达目的地，完成长途的旅行。你曾想过为什么大雁要排列成"V"形的雁阵吗？

科学家告诉我们，在雁阵中大雁飞行的速度比单飞高出70%。处于"V"形尖端的大雁任务最为艰巨，需要承受最大的空气阻力，因此，领头的大雁每隔几分钟就要轮换，这样雁群就可以长距离飞行而无须休息。

雁阵尾部的两个位置最为轻松，强壮的大雁就让年幼、病弱及衰老的大雁占据这些省力的位置。雁阵不停地鸣叫，这是强壮的大雁鼓励落后的同伴。如果哪只大雁由于过度疲劳或生病而掉队，雁群也不会遗弃它。它们会派出一只健康的大雁，陪伴掉队的同伴落到地上，一直等到它能继续飞行。把雁群比作一个团队，你在"飞行"中，想做哪一只大雁呢？

【点评】大雁能够飞越千里，不是因为它自己本身那么的强，而是因为它们团结起来，目标一致，群策群力，共同努力，让它们达到了独自所难以实现的迁徙。一旦我们真的成长为"飞雁"型团队，那我们的成长速度就有了一个质的飞跃。

---

2. 团队的构成要素

团队的构成要素被总结为"5P"，即目标（Purpose）、人（People）、定位（Place）、权限（Power）和计划（Plan）。

（1）目标（Purpose）。团队应该有一个既定的目标，为团队成员导航，知道要向何处去。若没有目标，这个团队就没有存在的价值。

自然界中有一种昆虫很喜欢吃三叶草。这种昆虫在吃食物的时候都是成群结队的，即第一个趴在第二个的身上，第二个趴在第三个的身上……并由一只昆虫带队寻找食物。这些昆虫连接起来就像一节一节的火车车厢。管理学家做了一项试验，将这些像火车车厢一样的昆虫连接在一起，组成一个圆圈，然后在圆圈中放了它们喜欢吃的三叶草。结果发现，即使它们爬得精疲力竭，也吃不到这些草。这个例子说明，在团队中失去目标后，团队成员就不知道往何处去，这个团队存在的价值可能就要打折扣。团队的目标必须跟组织的目标一致。另外，还可以将大目标分成小目标，具体分到各个团队成员身上，由大家合力实现这个共同的目标。同时，目标还应该有效地向大众传播，让团队内外的成员都知道这些目标，有时甚至可以把目标贴在团队成员的办公桌上，贴在会议室里，以此激励所有的人为这个目标工作。

（2）人（People）。人是构成团队最核心的力量。目标是通过人员具体实现的，所以人员的选择是团队中非常重要的一个部分。在一个团队中可能需要有人出主意，有人制订计划，有人实施，有人协调不同的人一起工作，还有人监督团队工作的进展、评价团队最终的贡献。不同的人通过分工共同完成团队的目标。在人员选择方面要考虑人员的能力如何、技能是否互补、人员的经验如何。

（3）定位（Place）。团队的定位包含两层意思：一是整体的定位，即团队在企业中处于什么位置，由谁选择并决定团队的成员，团队最终应对谁负责，团队采取什么方式激励下属等；二是个体的定位，即作为成员，在团队中扮演什么角色，是制订计划，还是具体实施或评估。

（4）权限（Power）。团队中领导人的权利大小与团队的发展阶段相关。一般来说，团队越成熟，领导者所拥有的权利相应越小。在团队发展的初期阶段领导权相对比较集中。团队权限关系到以下两个方面：

1）整个团队在组织中拥有的决定权，如财务决定权、人事决定权、信息决定权等。

2）组织的基本特征，如组织规模的大小、团队数量的多少、组织对于团队的授权大小及它的业务类型。

（5）计划（Plan）。计划包含以下两层含义：

1）目标最终的实现，需要一系列具体的行动方案，可以将计划理解成目标的具体工作程序。

2）提前按计划进行可以保证团队的工作进度。只有在计划的操作下团队才会一步一步地贴近目标，直至最终实现目标。

3. 优秀团队的特点

（1）明确的目标。成功的团队会将他们的共同目标转变成具体的、可衡量的、现实可行的绩效目标。

（2）共同的承诺。每个人都清楚他或她的贡献怎样与目标相联系。团队成员愿意承诺为目标做出贡献，这给团队带来极大的推动力。

（3）坦诚的沟通。团队的每位成员都需要充分了解与目标相关的信息，了解现存的问题，了解决策改变的原因。团队内部的沟通越通畅，团队合作的气氛就会越浓厚。

（4）相关的能力、技术和知识。团队的每个成员都应具有一定的自我管理素质，对自己和团队都具有高度的负责精神。

（5）相互信任、支持和协作。为了顺利完成各自的任务，融众人所长，团队成员之间的相互合作是必不可少的。

（6）适当的领导及负责人的自我领导管理。一个成功的团队与一个好的领导密不可分。团队需要一个掌握技术的领导核心为团队指明方向，制定决策。

（7）不断寻求发展。团队成员应不断地提高自身能力，以实现既定目标。

（二）团队精神

1.团队精神的含义

团队精神，简单来说就是大局意识、协作意识和服务精神的集中体现。团队精神强调成员个人的力量，其基础是成员个人的努力和力量。团队精神的形成并不要求团队成员牺牲自我；相反，挥洒个性、表现特长却保证了成员共同完成任务目标。"小河无水大河干"强调的就是这个道理。所以要想培养伟大的团队精神，首先要充分地发挥自我，挖掘自己的潜在力量，这是团队精神的基础。

（1）团队精神的基础在个体。"世上没有相同的树叶"，如果每个个体的思想都千篇一律，那么由若干个个体组成的团队岂不毫无生机？人多可能是优势，但不一定有高效率，更不能以此为标准。不是所有问题都要由团队共同面对，否则容易滋生弊端，形成不必要的浪费。可见，挥洒个性、表现特长、尊重个体兴趣和成就，是团队精神的基础所在。

（2）团队精神的实质是看行动。"行胜于言"，团队精神不仅需要动嘴、动脑，更需要动手。过于看重团队精神的形式会导致理论脱离实践，乃至于说一套做一套。唯有多实践才能提高协作与竞争能力，使人对团队精神产生好感，自觉、自愿、自律地为团队奋发努力。付诸行动及行动中所体现的主动性与默契度，是团队精神的实质所在。

（3）团队精神的关键要针对人。"事在人为"，认识是主观的，事实是客观的。为什么同一件事情不同的人会做出不同的结果？就是因为人的不同，而不是因为事情的不同。那种言称"对事不对人"，十有八九恐怕又要落入泛泛交谈，不仅于事无补，而且会误事。因此，要从根本上解决问题，不妨大胆些、再大胆些，直接将人作为关注的焦点，这是团队精神的关键所在。

在大学里，你就要成为团队的一员，就要有相应的权利和义务，就要懂得依靠团队的力量来做事。个人的力量是相当有限的，只有汇聚成河流，才能流向大海。团队合作使你有力量感、齐心协力、相互取长补短，正因为此，团队成员在相互工作中形成共同的价值观。要发挥团队精神，只要在工作中彼此尊重对方，加强沟通，发挥优势，展现个人独特的风格，奇迹就会出现。

2.团队精神的主要内容

团队精神包含三个方面的内容：第一，在团队与成员之间的关系上，团队精神表现为团队成员对团队的强烈归属感，团队成员将团队当成"家"，把自己的前途与团队的命运系在一起，愿意为团队的利益与目标奋斗。团队成员极具团队荣誉感，在处理个人利益与团队利益的关系时，团队成员采取团队利益优先的原则，个人服从团队。团队与其成员结成牢固的命运共同体，共存共荣。第二，在团队成员之间的关系上，团队精神表现为成员之间的相互协作。团队成员彼此之间利益共享，相互宽容，彼此信任。在工作上互相协作，在生活上彼此关怀。团队成员和谐相处，凝聚力强，追求团队的整体绩效。第三，在团队成员对团队事务的态度上，团队精神表现为团队成员对团队事务的全心投入。团队充分调动成员的积极性、主动性、创造性，使成员参与管理、决策。团队成员在处理团队事务时尽职尽责，充满活力，洋溢热情。

3. 对团队精神重要性的认识

团队精神的重要性，在于个人、团体力量的体现，小溪只能泛起破碎的浪花，海纳百川才能激发惊涛骇浪，个人与团队关系就如小溪与大海。每个员工都要将自己融入集体，才能充分发挥个人的作用。个人的发展离不开企业的发展，员工要将个人追求与企业追求紧密结合起来，树立与企业风雨同舟的信念。团队精神的核心是协同合作，在企业每个人的工作都不是绝对独立的，部门与部门之间、员工之间工作相对独立，但又相互渗透，所以分工是相对的，分工是离不开协作，协作是为了更好地工作。企业这艘巨舰上的每个人岗位不同，但要达到胜利的彼岸就必须团结协作，向着同一个目标摇旗呐喊，勇往直前。

（1）团队精神是企业冲锋的号角。俗话说，"市场如战场"。在企业日益成为市场竞争主体的今天，企业的竞争力、战斗力决定着企业的生死存亡。一个企业如果有一个好的团队和良好的团队精神，它就会像冲锋的号角，激励员工一往无前，奋力争先，不断战胜对手，取得竞争的胜利。

（2）团队精神是企业的精神支柱。人是需要一点精神的。同样，企业也是需要精神的。团队共同的价值观就是一个企业的精神支柱。离开这个精神支柱，企业就是一潭死水、一具僵尸，就毫无活力可言。从这个意义上说，团队精神乃是企业的精神支柱。

（3）团队精神是培养企业凝聚力的旗帜。古人云："物以类聚，人以群分。"培育企业的凝聚力，除其他条件外，良好的团队精神就成为一面旗帜，它召唤着所有认同该企业团队精神的人，自愿聚集到这面旗帜下，为实现企业和个人的目标而奋斗。

团队精神表现为一种文化氛围、一种精神面貌，是一种看得见、感知得到的精神气息，对任何一个组织来讲都是不可缺少的精髓。否则就如同一盘散沙。一根筷子容易弯，十根筷子折不断……这就是团队精神重要性力量的直观表现，也是团队精神重要性之所在。

4. 如何培养团队精神

（1）参加校园文体活动和社会实践，增强团队意识。大学生活中的"第二课堂——校园文体活动""第三课堂——社会实践"，对于提高学生个人综合素质起着极大的推动作用。如寝室设计大赛、球类比赛、综合性文艺演出、各种社会实践活动等，这些活动的组织者和胜出者无疑都是责任清晰、洞察力和协调性强、善于协作的团队。

（2）培养宽容和合作的品质，增强团队意识。"天生我材必有用。"在团队活动过程中，任何人都有自己的价值和贡献，关键是成员之间以怎样的心态去看待彼此，在实践中去发现对方的优点，而非挑毛病。

培养自己求同存异的素质，这一点对当代大学生来说尤其重要。这就需要在日常生活中，培养良好的与人相处的心态，并在日常生活中运用。这不仅是培养团队精神的需要，而且也是获得人生快乐的重要方面。

一个人不可能完美，而团队就可以做到完美。迷失在大森林中的盲人和肢体残疾人的故事告诉我们，只有盲人和肢体残疾人合作才有可能走出森林，单独行动只有死路一条。这就告诫我们尊重团队成员的同时，充分发挥自己的优势，有大局观，团队成员之间互相帮助、互相照顾、互相配合，为集体的目标而共同努力，就可能取得成功。

（3）增强表达和沟通能力，塑造主动做事的品格和敬业的品质。培养团队精神中的表达与沟通能力是非常重要的，无论你做出了多么优秀的工作，不会表达，不能让更多的人理解和分享，那就几乎等于零。常言道"行胜于言"，主要是强调做人应该多做少说，团队成员之间不仅需要动嘴、动脑，更需要动手，多实践多沟通才能提高协作与竞争能力，也才能使人自觉、自愿、自律地为团队奋发努力。当代大学生要抓住一切机会锻炼表达能力，积极表达自己对各种事物的看法和意见，并掌握与人交流和沟通的艺术。

一个完美的团队要求成员之间具有敬业精神，有了敬业精神，才能将团队的事情当成自己的事情，有了责任心，才能发挥自己的聪明才智，为实现团队的目标而努力。时刻牢记自己的利益与团队、集体同呼吸共命运。这就要求我们有意识地多参与集体活动，并且想方设法认真地完成好个人承担的任务，养成无论学习还是做事情都认真对待的好习惯。

五、培养沟通技巧

（一）沟通的含义

沟是指"水道、通道"；通是指"贯通、往来、通晓、通过、通知"。也就是说，只有首先有沟，然后才能通。沟通就是"沟"通，把不通的管道打通，让"死水"成为"活水"，使彼此能对流、能了解、能交通、能产生共同意识。沟通是一种信息的双向，甚至多向的交流，将信息传递给对方，并期望得到对方相应反应的过程。

（二）沟通的两种方式

1. 语言沟通

语言是沟通的主要手段，沟通借语言而存在。语言沟通是指以语词符号为载体实现的沟通，主要包括口头沟通、书面沟通和电子沟通等。口头沟通是指借助语言进行的信息传递与交流。口头沟通的形式很多，如会谈、电话、会议、广播、对话等。书面沟通是指借助文字进行的信息传递与交流。书面沟通的形式也很多，如通知、文件、通信、布告、报刊、备忘录、书面总结、汇报等。在沟通过程中，语言沟通对于信息的传递、思想的传递和情感的传递而言更擅于传递的是信息。

2. 肢体语言沟通

沟通的 55% 是通过肢体语言进行的，从眼神、表情到动作，拿捏适当的交流会起到事半功倍的效果。要恰如其分地运用肢体语言还是有一定的困难。需要明确的是，同样的肢体语言，如果是不同性格的人做出的，它的意义很有可能是不同的。另外，同样的肢体语言在不同语境中的意义也是不同的。例如，柔和的手势表示友好、商量；强硬的手势则意味着"我是对的，你要服从我的想法"；微笑表示友善礼貌，皱眉表示怀疑和不满意；盯着看意味着不礼貌，但也可能表示有兴趣，寻求支持；演说时抑扬顿挫表明热情，突然停顿是为了造成悬念，吸引注意力。

（三）有效沟通的基本原则

目前，我们生活在一个前所未有的信息过剩的时代，到处充斥着各种声音，但一个人的接受能力有限，故如何提高沟通效率是每个人必须解决的问题，否则我们就会被这个嘈杂的世界淹没。

不可否认，每个人都有表达的欲望，但是由于技巧、途径和手段的不同，有些人的表达却没有听众。

不知道你有没有发现，凡是杰出的商业人士都有一个共同的特点，即口若悬河、激情四射。与这种人相处是一种愉快的享受。而且，他们大多是很会讲故事的人。当听众略感疲倦时，他们很快就能察觉，然后不经意地丢出一个话题。你会不自觉地被他的气场吸引，留下极深的印象。这种现象说明，语言本身具有超越时空的力量。语言可以创造奇迹，把平凡的人生变得伟大。

如果你想做一个具有超级人格魅力的人，或者你想让事业的势头不可阻挡，那么你必须翻越过横亘在你面前的一座大山——沟通。只有越过了这座大山，你才能够看到无限风光。

有效沟通的几项基本原则如下：

（1）用一颗真诚的心打动对方。真诚是职场沟通交流中的"法宝"。开诚布公、坦率谈论的态度能使双方倍感亲切、自然，易于接受各自的观点和看法。

真诚不需要从别处寻觅。它就来自你的内心。如果你能向对方表达出最大的诚意，则再坚硬的冰山也能融化。真诚首先源于你的内在品质。如果你是个真实的人，那么任何伪装的想法都属多余。只要你敞开心扉，真诚就是你最强大的武器。没有人会拒绝一个真诚的沟通者。

有人曾经说过，一个人说话时的真诚态度会让他的声音焕发出真实的色彩，而虚伪的人绝对伪装不出这种魅力。

（2）消除自己的畏惧与自卑心理，让对方感受到你的自信。在沟通中，你能向他人表达自己热情与积极的感受吗？在聚会中，你能自如地与陌生人交谈吗？你有时会觉得无法有效地把自己的意愿表达清楚吗？在一个群体中，你是不是经常表现懦弱，受人摆布？

每当这个时候，有的人会忍气吞声，继续烦恼；有的人则采取惩罚、奚落的方式回击冒犯者，给人留下负面印象，而后又经常后悔。所有这些都源于你的不自信。其实你完全可以采取更好的方式，只要你自信。

如果你想建议对方做什么事情，那就拿出你的信心来。一个言语有条理的人会给人值得信任的感觉。很多谈判高手会让人觉得他们具备随机应变的特殊本领。其实他们并不是一开始就能这样的。他们的娴熟来自之前具有针对性的准备。任何情况都在他们的意料之中；又或是在长期的工作中，他们积累了丰富的业务经验。

（3）学会换位思考，站在对方立场上想问题。沟通可以成为一种美妙的分享。双方都要想清楚自己做的事情对对方是否有价值，而这是一切成功的出发点。

如果沟通的双方各执一词，那么沟通会变得复杂，甚至难以进行。因此，在沟通的时候要站在对方的立场上想问题，设身处地地思考对方的感受，学会换位思考，以促进沟通。

（4）调动你的激情，做一个有感染力的人。感染力是你给对方的第一印象。一个具有很强感染力的人一出场就会释放气场。强有力的感染力会使对方很快接受你、喜欢你，与你建立起瞬间亲和力。

（5）学会赞美他人，善于给他人制造好心情。赞美是发自内心的对于美好事物表示肯定的一种表达。在人与人的交往沟通中适当地采用赞美之辞，可以增进彼此之间的感情与友谊。一句得体的赞美可以缩短人与人之间的心理距离，营造一种亲切、轻松的谈话氛围。

（6）做一个善于倾听的人，不要着急发表看法。当对方说话时，一定要耐心倾听，听他人想表达什么意思，而不是在一旁做自己的事情，对他人一点也不在乎。要做到有效沟通，就一定要好好思考他人这么说的理由和原因。只有找到问题所在，才能真正解决问题。

在他人表达自己想法时，在恰当之处可以说出自己的想法，或是做出一些反应。如答应或点头都可以，表明自己在耐心倾听。在沟通的过程中只有用心倾听对方的观点，你才能抓住对方说话的重点，发现其优点，包括缺点和情绪。

（四）非语言沟通能力的魅力

非语言沟通是指通过身体动作、体态、语气、语调、空间距离等方式交流信息、进行沟通的过程。在沟通中，信息的内容部分往往通过语言来表达，而非语言则作为提供解释内容的框架，以此来表达信息的相关部分。因此，非语言沟通常被错误地认为是辅助性或支持性角色。相反地，同样的几句话，使不同的人说出来就有不同的效果，这就是非语言沟通的魅力。

美国传播学家艾伯特·梅拉比安曾提出一个公式：信息的全部表达 =7% 语调 +38% 声音 +55% 肢体语言。我们将声音和肢体语言都作为非语言交往的符号，那么人际交往和销售过程中信息沟通就只有 7% 是由语言进行的。这充分验证了在沟通和传播中，非语言沟通的重要性。

1. 目光

眼睛是心灵的窗口。目光接触是人们之间最能传神的非语言交往。"眉目传情""暗送秋波"等成语，形象地说明了目光在人们情感交流中的重要作用。

2. 微笑

"相逢一笑泯恩仇"，可见笑的力量。微笑来自快乐，它带来的快乐也创造快乐，彼此接触的过程中，微微一笑，双方都从发自内心的微笑中获得这样的信息："我是你的朋友"，微笑虽然无声，但是它说出了如下许多意思：高兴、欢悦、同意、尊敬。微笑给人的感觉是温暖、有信心，并且有助于建立彼此的信赖感；但是，如果你笑的不是时候，特别是和你说话的声调或所说的话互相冲突时，恐怕就会让人哭笑不得了。

3. 倾听

苏格拉底曾说过，自然赋予我们人类一张嘴、两只耳朵，就是让我们多听少说，锤炼沟通技能。学会倾听，沟通就成功了一半。倾听忌讳东张西望，心不在焉；毫无表情和反应；总是打断对方话题；死盯住对方；不时地看表。作为倾听者，我们应该注视对方，身体前倾，专心致志地听，不打断话题，恰如其分地反馈，适当地记录和提问，以表达出你对他人的理解、支持，显现出你的涵养，得到他人对你的尊重和理解。

4. 正确的距离

距离产生美。人际交往的空间距离不是固定不变的，具有一定的伸缩性，这依赖于具体情境，如交谈双方的关系、社会地位、文化背景、性格特征、心境等。国家、民族文化背景不同，交往距离也不同，这种差距是由对"自我"的理解不同造成的。了解交往中人们所需要的自我空间及适当的交往距离，就能有意识地选择与人交往的最佳距离，而且，通过空间距离的信息，还可以很好地了解一个人实际的社会地位、性格及人们之间的相互关系，从而更好地进行人际交往。

▶ 测试

沟通技能测试

一、自我表达检视（经常 =A；有时 =B；很少 =C）

1. 他人是否误解过你的意思？

2. 当与人沟通时，你是否经常离开谈话的本意而跳到其他的话题？

3. 他人曾经让你进一步确认你的意思吗？

4. 你嘲笑过其他人吗？

5. 你是否尽量避免和其他人面对面交流？

6. 你总是尽量表达你的意思，并且你认为是用最适合的方式与其他人交谈吗？

7. 交谈时，你注视其他人的眼睛吗？

8. 谈话结束时，你询问别人明白你的意思吗？

9. 你是否会找一个你认为合适的时间、地点和别人交谈？

10. 你总是把事情的前因后果都澄清给其他人吗？

11. 如果你要表达的意思很复杂，令人难以明白，那么你会事先考虑吗？

12. 你征求过其他人的观点吗？

得分：

备注：1~5题：A=1，B=2，C=3；6~12题：A=3，B=2，C=1。

32分以上：你具有很强的表达沟通能力，也许在一些方面还有提升的余地。

26~32分：你具备一定的表达沟通能力，有待进一步提高。

26分以下：你的沟通技能有待全面提高。

二、聆听技能检视（经常 =A；有时 =B；很少 =C）

1. 听他人说话时，你是否常注视她/他的眼睛？

2. 你经常通过他人的外表和讲话内容及方式判断是否有必要继续听下去吗？

3. 你经常说服自己接受他人的观点和看法吗？

4. 在听他人说话时，你是否常着重听取他人陈述具体事例而不太注意全面的陈述？

5. 你经常既注重听取事实陈述，也参考事实后面他人的观点吗？

6. 为了澄清一些问题，你经常向他人提问吗？

7. 常常直到他人结束一段话，你才对他的话发表看法吗？

8. 你经常有意识地分析他人所讲的内容的逻辑性和前后一致性吗？

9. 他人说话时，你经常预测他下一句话，且一有机会你就插话吗？

10. 你经常不等他人说完就说话吗？

得分：

备注：2，4，9，10题：A=1，B=2，C=3；1，3，5，6，7，8题：A=3，B=2，C=1。

26分以上：你具有很强的聆听能力，也许在一些方面还有提升的余地。

22~26分：你具备一定的聆听能力，有待进一步提高。

22分以下：你的聆听技能有待全面提高。

三、双赢法沟通技能检视（经常 =A；有时 =B；很少 =C）

1. 和他人意见不一致时，你经常不愿意进入讨论吗？

2. 你常常愿意尽力做出一个对双方都有利的决定吗？

3. 参加讨论时，你经常中途离开吗？

4. 即使很费时间，你也经常愿意帮助他人解决问题吗？

5. 你经常尽最大可能理解他人的观点吗？

6. 别人常常带着问题征询你的意见吗？

7. 你经常告诉他人存在什么样的问题吗？

8. 你经常愿意以事实为根据，而不是以判断为根据吗？

9. 你经常强迫他人改变主意吗？

10. 为了避免不开心，你经常回避任何可能引起争议的问题吗？

11. 你经常先让他人讲述自己的观点吗？

12. 即使他人说话带有偏见，你也经常不提出异议吗？

得分：

备注：1，3，7，9，10，12题：A=1，B=2，C=3；2，4，5，6，8，11题：A=3，B=2，C=1。

32分以上：你具有很强的协商能力，也许在一些方面还有提升的余地。

26~32分：你具备一定的协商能力，有待进一步提高。

26分以下：你的协商技能有待全面提高。

六、培养高效执行能力

（一）执行力的含义

按照余世维博士的说法，执行力就是"按质按量地完成工作任务"的能力。提高执行力是践行"三个代表"的重要思想，全心全意为人民服务的必然要求，也是我们转变工作作风、提高工作效率的必然要求。一个部门的成功是靠出色的执行力来保证的，提高执行力是改革与发展的必然要求。没有执行力，就没有竞争力，也没有发展力，历史的发展证明：真正把国家的方针政策落实好，提高执行力是关键。提高执行力应该从自己做起，从自己的工作做起。我们来看工作生活中的一种现象：如果你想要做一件事情，你会有一百个理由去做，如果你不愿做一件事情时，你同样会有一百个借口不去做！因为现在做任何事情都有一定难度，没有人能轻易成功。这里面就有心态和观念的问题，有了"要去做，且一定要做好"的态度，各种借口自然也就没有了。

（二）如何提高个人执行力

个人执行力的强弱取决于两个要素——个人能力和工作态度。能力是基础；态度是关键。所以，我们要提升个人执行力，一方面是要通过加强学习和实践锻炼来增强自身素质；另一方面是要端正工作态度。树立积极正确的工作态度关键是要在工作中实践好以下几个要求。

1. 增强自觉性

增强自觉性是提高执行力的基础。自觉性表现为在贯彻落实上级指示精神的过程中，思想认识和实际行动要到位，具有贯彻执行上级指示的坚定性、主动性和积极性。增强自觉性是提高执行力的基础，而增强自觉性的主要途径是学习。学习是职业人的必备条件和

首要任务。认识的提高、知识的积累、本事的增长、能力的拓展都离不开勤奋的学习。对于"科学发展观"重要思想能否做到真学、真懂、真信、真用，就要把真学摆放在首位，只有做到真学，才能进而达到真懂、真信、真用。认真学习是第一位的，不认真学习就谈不上自觉遵守、切实贯彻和坚决维护。因此，一定要认真学习邓小平理论、"三个代表"重要思想和科学发展观，认真学习干好本职工作所需的各种专业知识。在当今形势下，新知识、新精神、新任务层出不穷，不学习就跟不上时代的步伐，工作本领就不会得到提高，就会缺乏干好工作的自觉性和主动权。从提高执行力的角度说，我们只有通过认真学习，真正理解和准确把握好上级的有关部署与要求精神，才能切实做到认识到位、行动自觉、贯彻有力，如果一个人没有责任感，那么他无论干什么事情都不会积极主动，更不会尽心尽力使自己做得更好。在工作中，要养成严谨的工作态度和敢于负责的精神。责任心和进取心是做好一切工作的首要条件。责任心的强弱决定执行力度的大小；进取心的强弱决定执行效果的好坏。因此，要提高执行力，就必须树立起强烈的责任意识和进取精神，坚决克服不思进取、得过且过的心态。

把工作标准调整到最高，精神状态调整到最佳，自我要求调整到最严，认认真真、尽心尽力、不折不扣地履行自己的职责。绝不消极应付、敷衍塞责、推卸责任。养成认真负责、追求卓越的良好习惯。

2. 要着眼于实干

脚踏实地，树立作风。踏实勤奋是成功的必要条件，不要幻想平步青云，牢记"天下大事必作于细，古今事业必成于实"。虽然每个人岗位可能平凡，分工各有不同，但只要埋头苦干、兢兢业业就能干出一番事业。好高骛远、作风不正，结果终究是一事无成。因此，要提高执行力，就必须发扬严谨务实、勤勉刻苦的精神，坚决改掉夸夸其谈、纸上谈兵的毛病。真正静下心来，从小事做起，从点滴做起。一件一件抓落实，一项一项抓成效，干一件成一件，积小胜为大胜，养成脚踏实地、埋头苦干的良好习惯。

3. 要提高办事效率

只争朝夕，提高办事效率。"明日复明日，明日何其多。我生待明日，万事成蹉跎。"因此，要提高执行力，就必须强化时间观念和效率意识，弘扬"立即行动、马上就办"的工作理念。无论做什么事情，不要经常"等一会儿""以后再说吧"，这样将一事无成。坚决克服工作懒散、办事拖拉的恶习，每项工作都要立足一个"早"字，落实一个"快"字，抓紧时机、加快节奏、提高效率。做任何事情都要有效地进行时间管理，时刻把握工作进度，做到争分夺秒、赶前不赶后，养成雷厉风行、干净利落的良好习惯。

4. 要开拓创新

开拓创新，改进工作方法。创新是发展的灵魂。只有改革，才有活力；只有创新，才有发展。面对竞争日益激烈、变化日趋迅猛的今天，创新和应变能力已成为推进发展的核心要素。因此，要提高执行力，就必须具备较强的改革精神和创新能力，解决无所用心、生搬硬套的问题，充分发挥主观能动性，创造性地开展工作、执行指令。在日常工作中，我们要养成勤于学习、善于思考的良好习惯。要敢于突破思维定式和传统经验的束缚，不断寻求新的思路和方法，使执行的力度更大、速度更快、效果更好。

另外，我们还需要满怀激情和恒心去工作。激情的行动是成功的前提，充满激情地做事才能有快乐工作的体会。每个人第一次做某事都可能做得不好，但是不要紧，熟能生巧。我们每个人都不记得自己是如何学会走路的了，但有一点可以肯定，就是我们自己学走路时，绝对没有因为怕摔跤就放弃，因为走路的愿望是一种激情，能够跑着走、跳着走，像大人那样这一脚那一脚，站着走。即使跌倒了，爬起来，擦干泪，不后悔，继续走，至少我们还有梦，坚持去做就可能成功。许多事情，长期坚持了，胜利的希望自然就有了。

提升个人执行力并不是一朝一夕之功，但是请相信，只要我们能按照以上几个方面的要求，用心去做，就一定会成功。

5. 必须掌握本岗位相关的较深的专业知识及业务流程

各行各业各岗位都有它的独特性，如果我们没有掌握本岗位相关的较深的专业知识及业务流程，工作的时候像盲人过河一样，慢慢地去摸索，这样何来高效的执行力？较深的专业水平和熟悉的业务流程是工作的前提，也是提高执行力的首要因素。就公司来说，的确存在这样的现象，专业水平不足，工作流程不熟悉，造成许多无谓的工作，而且也阻碍了工作的顺利开展。因此，无论是部门还是公司，各岗位的员工不仅要有相关的专业水平，而且还要熟悉本岗位的工作流程。

6. 必须具备强烈的责任感

每个人都应该有"在其位，谋其政；任其职，负其责"的做事态度，时时将自己的工作任务放在心头，将完成工作任务视为一种使命，克服一切困难去完成自己的任务。我们不仅要将任务作为最终目标，也要注重工作的质量。如果我们草草地完成了工作任务，没有注重工作质量，以致最终没有达到要求，不得不重新对我们工作中不合理的地方加以修正，这就大大降低了我们的工作效率，高效执行力更是无从谈起了。比如说产品部为了急于完成工作任务而忽略工艺要求，致使所生产的零部件、产品不合格，又进行返工；比如说技术开发部，设计图纸出错，致使加工生产受阻；比如说采购管理部，采购物料时严重超期，致使生产中频繁待料而影响生产计划……所以，强烈的责任感也是提高执行力的重要因素。责任感是一种习惯，它是在日常工作中逐渐形成的，那么如何增强员工的责任感？对员工进行一些关于责任感讲座，让员工更深入地认识强烈的责任感对工作执行力的重要性；对于大多数人来说，一种习惯的形成是自觉与强制的共同结果。所以采取一些强制性的手段必不可少，即对那些因不负责而造成一定后果的行为做出一定的惩罚。

7. 具备饱满的工作激情

这里的工作激情指的是随时充满精力，对工作积极主动，不畏困苦，刻苦钻研，一种忘我的工作精神。如果一个企业的员工无一例外地具有饱满的工作激情，对工作积极主动，不要说高效的执行力了，它将是一个不可阻挡的团体。怎样使每个员工都具有饱满的

工作激情，这是一个非常值得探讨的问题。对一部分人来说，工作激情来自对生活的态度，他们在生活中一直是充满活力的，将工作视为生活的一部分，于是在工作上也充满激情。对于一部分人来说，他们的激情是激发出来的。换而言之，工作激情是在一定的驱动力的驱使下体现出来的，而纵观现状，我们的工作激情又体现在哪里呢？如何让员工产生积极的工作激情呢？我们一定要让员工有这样的意识：我不是在为老板工作，我的工作是自己的事情。也就是培养员工一种主人翁的精神。自己是大家庭的一员，这个家庭的发展壮大与否与每个人息息相关，我们不是为工作而工作，我们是在为了这个家庭更强大而努力。

不是所有员工都能做到以上所述，在如何打造高效执行力的问题上，我觉得管理层的作用必不可少。大多数人的自控能力都有限，某些制度的实施必须带有强制性，这样才会提高它的执行力度。另外，让员工理解为何要实施此制度，减少员工的抵触情绪，管理层与员工之间的沟通也不可缺少。管理层要对执行力随时监督、检查，以利于执行力的提高。对那些具有高效执行力的员工进行奖励，对那些执行力较差的员工进行惩罚。每个企业都不想惩罚员工，但是必要的惩罚却是提高执行力最有力的手段之一。

任务四　培养职业化心理素质

一、心理素质与职业心理素质

（一）心理素质

心理是人的生理结构特别是大脑结构的特殊机能，是对客观现实的反映。

心理素质是指以先天遗传生理为物质前提，在后天环境和教育的影响与作用下，通过社会实践而形成的比较稳定的个性心理特征和在社会实践中表现出来的心理活动能力。心理素质是个人素质构成的重要内容，心理素质决定综合素质。心理素质可分为智力性心理素质和非智力性心理素质。

1. 智力性心理素质

智力性心理素质是指个体在认识、改造客观事物过程中所形成的认知方面的稳定的心理特征和认知能力。其主要包括观察力、注意力、想象力、记忆力、思维力。

2. 非智力性心理素质

非智力性心理素质是指个体在认识和改造客观世界过程中所形成的情意方面的稳定的心理特征及在意向活动中表现出来的能力，如兴趣、动机、情绪、意志、自我意识、人际关系、社会适应力、开拓创新素质等要素。

心理素质所反映的是人在某一时期内的心理倾向和达到的心理发展水平，是人进一步发展和从事活动的心理条件与心理保证。它在素质体系中处于基础地位，是一种核心性素质，在整个素质的形成与发展中起着重要作用。俗话说，知识是学来的，能力是练出来的，胸怀是修来的（这里的"修"就是修炼）。个人修炼是指人在个体心灵深处进行的自我认识、自我解剖、自我教育和自我提高，不仅包含了为人、修身、处世的智慧，还包含着始终要有一颗平常心去应对日常的烦恼和不幸，以此提升心理素质。

（二）职业心理素质

职业心理素质是指个体顺利完成其所从事的职业活动必须具备的心理品质。每个从业者，无论从事何种职业都必须具备一定的心理素质。职业心理素质主要包括不断进取的坚毅力、经受挫折的容忍力、勇于竞争的自信力、行为抉择的自我控制力、对待批评的分辨力、环境变异的适应力等。但是，不同职业对人的心理品质的要求是有所侧重的，特定职业心理是与特定职业岗位密切相连的，其基础是通用的职业心理素质。良好的职业心理素质对大学生的职业发展具有重要的意义，不仅有助于个人心理潜能的发挥，而且有助于不断适应职业环境，有助于促进身心健康，能够积极面对各种挫折和压力。

二、健康的职业心理素质

（一）良好的职业认知

广义的就业应涵盖选择职业（择业）、从事职业（就业）和适应职业（事业）三个不同层次。就业认知是指人们获取就业信息和运用就业信息的心理活动，包括社会职业认知和自我认知。社会职业认知主要是指大学生能够主动了解就业形势，了解就业制度、政策，了解社会职业状况，了解用人单位情况，及时获取就业信息，并能据此做出决策的心理活动。自我认知是指大学生具有自我观察、自我认定、自我评价的能力，能够客观地评价自己，清楚自己的个性特点、兴趣、爱好、能力等，并能够结合社会认知，及时调整自己的择业心态和就业期望值，顺利选择职业。

（二）健康的情绪

情绪是指个体在对外界事物认知的基础上产生的主观体验。情绪对认知具有重要的影响，积极的情绪能够促进认知的发展，消极的情绪对认知具有阻碍作用。大学生在择业过程中要善于调节自己的情绪，适度地表达自己的情绪，并通过恰当的方式宣泄自己的不良情绪，主动控制并管理自己的情绪，做到喜不狂、忧不绝、败不馁；具有自制力和自控能力，能够保持与周围环境的动态平衡，保持良好的心理状态。

（三）良好的意志品质

意志是个体有意识的支配、调节行为，是个体克服困难，以实现预定目的的心理品质。坚强的意志对于毕业生择业尤为重要。意志是一个人主观能动性的集中体现，是人们取得事业成功的先决心理条件之一。

健康的意志品质一般具有以下特点：目的明确合理，自觉性高，善于分析情况，意志果断、坚韧，自制力好。具有坚定意志的人应既有实现目标的坚定性，又有克制干扰目标实现的愿望、动机、情绪和行为，不随波逐流。

抗拒挫折能力是意志力的重要体现。挫折是指个体在通向目标的过程中遇到难以克服的阻碍或干扰，使目标不能达到、需求无法满足时产生的不愉快情绪反应。抗拒挫折能力标志着一个人适应环境的能力。这种能力不是先天就有的，而是后天学习、实践锻炼的结果。提高挫折承受力对毕业生择业、就业十分重要，可以使毕业生意志更加坚强，人格更加成熟，从容应对就业、创业的机遇和挑战。

（四）完善和谐的人格

人格完整、和谐、统一是心理健康的重要标志，也是毕业生在择业中必备的心理特征。人格完善的学生，其能力、性格、思想、信念、动机、兴趣、人生观等各方面发展平衡，人格作为人的整体的精神面貌能够完整、协调、和谐地表现出来。美国心理学家托马斯·哈里斯按照人格的发展将其分为四种类型，这四种类型也代表了四种人生态度。

（1）"我好，你好"：是健康的人生态度，认可自己也认可他人。

（2）"我不好，你好"：是自卑和抑郁症患者的人生态度，认可别人却不认可自己。

（3）"我好，你不好"：是怀疑者和独断者的人生态度，只认可自己却不认可别人。

（4）"我不好，你也不好"：是严重精神紊乱或厌世者的人生态度，既不认可自己也不认可别人。

其中，第一种人格"我好，你也好"是成熟健康的人格，即毕业生在择业过程中能够保持和谐的人际沟通，及时共享就业信息，共同解决择业中出现的问题，实现互相帮助，共同就业。

（五）良好的环境适应能力

良好的环境适应能力是心理健康的重要特征，主要表现为毕业生在择业过程中能够面对就业现实、接受现实，并能主动地适应现实，而且可以通过实践和认知去改变现实。具有独立的生活能力，无论在感情上还是在实际生活中都较少有依赖心理；善于在不同的环境下寻找自己感兴趣的事情和事业的生长点，心理生活充实；能够接受现实，不轻易产生敌对情绪，对因家境、地域、病患、个人能力与努力

知识拓展：成就大业者应具备的心理素质

等原因导致的各种差异能正确看待；不管处于什么社会生活环境下，他们都能主动同社会保持接触，与社会关系融洽，而不是把自己孤立起来，与社会格格不入。

三、大学生职业生涯规划中的常见心理困扰

处于职业生涯早期的大学生，在为获得职业做相应准备及在寻求职业过程中依然会产生各种生涯困扰、矛盾冲突、心理误区。如果得不到及时干预和疏导，可能会形成心理障碍，严重影响其未来的职业发展和正常生活。产生心理困扰是由于外因与内因交互作用。一方面，大学生的职业生涯受制于社会、家庭、学校等客观因素。由于就业形势的严峻和社会竞争的激烈，对大学生个体产生巨大心理压力，从而身心疲惫而心理失衡。另一方面，大学生的职业生涯问题又受制于自身心理素质，若个体产生负面暗示，难免会形成各种心理误区。其主要表现为以下几个方面。

1. 职业自主意识严重欠缺

这里说的职业自主意识，是指个体对自我职业生涯规划的主动、独立、负责意识。然而由于生活习惯、教育经历、思维方式、心理定势等各种原因，处于职业探索期的大学生，往往缺少了一份对职业选择应有的思考和担当。

2. 职业选择远离内心感受

人生是一种选择。我们时刻都在面临选择，而选择就会有机会成本。在职业选择时，很难"鱼"与"熊掌"兼得，故要学会舍弃。需要注意的是，我们对于就业方向的选择，其实也就是在对自己未来的生活方式作出选择。

3. 职业定位不够明确坚定

不少人在回顾职业生涯时，往往感叹地说，选择第一份工作时存在太多的盲目性。在日益激烈的就业环境中，没有多想就匆匆忙忙签约。又经过多次选择和磨合，幸运的人，最终找到了自己在社会的位置，可以在职业生活中体验到幸福；但更多的人还是随波逐流，对自己的生涯并没有明确的期许，时间长了，要么成为空想家，要么成为无梦人。在我们这个没有终生职业的时代，如何让自己终生拥有职业，需要我们经常思考几个问题：自己的职业生涯发展路线明确了吗？自己的职业锚找到了吗？自己生命的意义明了了吗？

4. 职业准备软硬实力薄弱

自高校扩招以来，大学生已变成受过高等教育的普通劳动者。根据用人单位反馈信息来看，由于各种原因，大学生的职业准备显然也不够充分。无论是专业课学习、计算机和外语、其他职业能力证书等硬件方面，还是素质拓展、情商修炼、人格磨砺等软实力方面都未达到社会需求的标准。在这样的状态下，仓促应对求职，会产生各种心理问题。

5. 职业生涯行动亟待落地

我们一直都在强调知己知彼、决策对于个人职业生涯选择与发展的重要意义，事实上，如何将目标付诸实践，如何提升职业生涯的行动力，更为关键。然而，缺少经验的大

学生，在进行初次择业时，会面临各种心理压力，面对多种选择会犹豫不决。

四、职业生涯心理调适

心理调适一般是指个体根据外部环境的变化，适时调整、改进、扩展原有的认知结构，从而适应新情境的历程。个体通过心理调适，可以发挥潜能，消除心理困境，促进发展。当遇到挫折或产生心理冲突时，心理调适有助于个体积极寻找差距，保持稳定心态，实现心理健康。在社会职场中，由于外部环境变化、人际变动、岗位要求、工作内容等发生变化，会打破每个个体的心理平衡点，个体需要面对此过程中产生的各种心理冲突并作出及时调整，从而进行心理修复，这就是职业生涯心理调适。对于大学生而言，面对职业理想与客观现实的冲突，需要排除困扰，改善心境，保持状态，以寻找最佳途径实现自己的职业目标。

（一）职业生涯心理调适的内容

1. 调整择业取向

当今社会就业形势严峻，高校毕业生人数继续攀升，大学生在进行职业生涯规划设计时，需要认清形势，找准坐标。知人为聪，知己为明；知人不易，知己更难。在职业生涯的起始阶段，需要立足现实，着眼长远，克服求闲、怕苦、功利、攀比等心理。如果一味考虑"我想做什么"，会引起更多的心理压力，需要在"我能做什么""我适合干什么""社会需要我干什么"中寻求结合点，找到最契合自己的，并有利于自我价值的最大实现。同时，需要不断根据主、客观情况的变化，适时修正个体的职业生涯目标。切忌因自我评价过高，不肯屈就而错失良机；或因羞怯自卑止步不前而浪费才华。

2. 客观合理定位

人的一生有从事多种职业的可能性，尤为关键的是在职业选择时须慎之又慎，尽可能找到安放自己的最佳位置，最大限度地发挥潜能，实现人生价值。个体恰当的定位又符合用人单位的需求，则会事半功倍，脱颖而出。在职业定位时，有时候需要我们力排众议，自主决策，另辟蹊径；有时候需要我们正视现实，摒弃攀比，脚踏实地；有时候需要我们深入实际，躬身力行，人职适配。

3. 动态应对挑战

人生充满了变化，个体对环境不断地适应，是通过心理调适而达成的。在职业生涯的初期，社会对个体的要求，相对于学生阶段而言会更高、更严格。个体只有以自己的实际行动去适应变化、迎接挑战，才会成为自己职业生涯的舵手，不然会出现停滞甚至倒退。不少同学在选择第一份工作时存在一定的随意性，在激烈的就业环境中匆忙签约入职。而我们又身处一个没有终生职业的时代，如何使自己终生拥有职业，需要调整和选择，更重要的是需要具有生涯智慧。如此，面对自我世界与现实世界的冲突，或时时刻刻出现的挫折与意外时，才能把握住这种平衡与波动、有序与无序、稳定与变革，并能驾驭职场人生。

4. 健全职业心态

社会用人单位对待人才日趋"求实"而非"求高"。在职业生涯初期，我们需要培养、健全自己的职业心态。对于多数人而言，第一份工作并不一定是自己心仪的，但要知道：喜不喜欢这份工作是一件事情，应不应该做好这份工作和是否有能力做好是另一件事情，不可混为一谈。比较务实的做法，就是要分清楚"理想的工作"和"适合的工作"，学会接纳，学着看开看淡。要知道，世界上让你 100% 满意的单位或岗位是不存在的，与其自怨自艾、愤世嫉俗，不如在力所能及的范围内努力争取再设法求变。我们有些同学刚离开师长的庇护，遇到不公平的事情，就开始扎堆抱怨，其实这很容易影响人生模式，丧失工作的热情和冲劲。职场上笑到最后的人，其起点不一定很高，但多数都具有过人的意志力和自制力，所谓的"天道酬勤"，就是在心态和方向、方法正确的前提下的坚持和努力。

5. 提升职业韧性

在个体职业生涯选择与发展中，总会遭遇职业挫折，这其实是较为常见的现象，就如同多数人的生命状态，有可能如潺潺细流，总会遇到挡路的水草、泥沙甚至漩涡，只要蓄势、沉潜、汇聚，总还会奔向大海的。对于初入职场的个体而言，在职业生涯发展方面的需求或得不到满足，或行动受到阻碍，或目标未能达到，容易处于一种失落状态之中。如果缺少了心理调适，就容易知难而退，甚至出现心理危机。其实遇到挫折并不糟糕，但凡周遭稍有成就的人士内心也都曾脆弱过，只是没有半途而废，一路选择了知难而进、隐忍奋斗，在职场磨砺中练就了逆商。我们说的职业韧性，是指战胜困难、压力、挫折的毅力，以及寻求意义与面对挑战的勇气。无论选择怎样的路径、方法，职业韧性较强的人，总有着明确的目标、怀抱希望且有较强的自控能力，如此才会到达光辉的顶点。

（二）职业生涯心理调适的方法

个体因外部各种影响，不可避免地要应对职业生涯规划与执行中的挫折、困境，有效的心理调适将缓解矛盾与冲突。可尝试以下几种方法。

1. 自我静思与自我安慰法

当面对冲突时，需要静心、理智地进行自我认识，重新进行自我剖析与评价，明确自己的性格气质、兴趣、优劣势等，并结合现实环境顺势而为；当已尽力却无力改变，也无法逆势飞扬时，就要给自己一个让步的理由，以"平常心"去接受、包容现实；再用生活哲理、出色的生涯人物来勉励自己，重新扬帆起航。

2. "酸葡萄"与"甜柠檬"效应法

不妨学学狐狸，吃不到葡萄就说葡萄酸，得到了柠檬，就说柠檬甜。就心理调适而言，这种强调自己拥有的东西都是好的，以此减轻内心失落感，不失为可行的方法。此法能使内心获得暂时平衡，缓解紧张情绪。

3. 及时"移情"法

一般来说，当个体遇到矛盾时，会关注于矛盾核心，但一旦过度，则易形成偏执。此时需要移情，将注意力从负面情绪转移至正向情绪，通过激发新的兴奋点来冲淡以往的聚焦点，如音乐、运动、到大自然中去等，可使个体负面情绪得以缓解。

4. 适度宣泄法

当洪水达到一定的警戒值时，需要泄洪。同样，当心理矛盾和冲突积聚到一定程度时，也需要适度的宣泄，以缓解和改善压抑的心境。在大学生职业生涯规划与发展中，难免会遇到挫折与困境，此时可以寻求自己的社会支持系统，如向信任的朋友或师长倾诉，获得更多的情感认同，面对就业的暂时不顺利，通过他们的疏导点拨以获得解决问题的新思路，甚至找到新的机会。

5. "危"中寻"机"法

"塞翁失马，焉知非福"的道理同样可用于职业心理调适。因为事物具有两面性，所以要用辩证的目光看待危机，在"危"中寻"机"，从思维局限中抽离，换个角度及时调整定位，缓解心理冲突，消除焦虑，走出心理困境，找到适合自己的道路。

6. 阳光心态法

"生活不仁慈眼泪，眼泪不慰藉心灵，困境中，重新点燃希望的明灯，真心付出自己的力，踏踏实实做自己的事。"个体面对困境的态度决定了心理倾向：乐观者能在最坏的情况下选择最好的结果，而悲观者在最好的情况下也能看到最坏的可能。生活需要阳光，职业生涯需要积极践行，重要的是改变自己的思维方式，消除不合理的信念。

在大学生的职业生涯规划与发展过程中，积极进行心理调适，可以淡定从容以应对择业—就业—事业命题。生命是一种历程，是个人的一种体验。漫漫职业生涯路，需要我们保有"内目标""淡定力"与"平常心"，如此定能保持良好的状态，在挑战、压力、困境中游刃有余，微笑前行。

◄)) 案例小链接

小伟是金融专业的应届本科毕业生，专业成绩优异，在学习期间曾到美国、日本高校交流，人际沟通能力也不错，也是学校相关社团的负责人。步入毕业季，他考虑之后，投递了几份金融相关行业的简历，各单位都给了他面试机会，在一轮轮角逐后，世界500强企业几乎每家都向他伸出了橄榄枝。也因其出色表现，某国有银行的管理培训生项目也给他发出了offer。经过再三权衡，小雪决定接受国有银行的offer，孰料在签约过程中听闻需要下基层柜台历练一年，当场拂袖而去，令HR瞠目结舌……

【点评】作为学生，小伟无疑是优秀的，不然不会有这么多不同的单位青睐他。他身上具备了精英学生的气质：专业能力强、有国际视野、有领导潜质……相对于其他还在苦苦求职的同学而言，他确实是有挑选资本的。但他对首份工作仅因为要下基层锻炼而断然拒绝，也显示出了小伟职业素养的欠缺。他鄙视基层看似毫无含金量的工作，实则这种经历是成长为银行高管的必经环节，不然如何宏观把握又贴近一线实际？他的不愿意投入，其实还是贪图安逸、求闲怕苦的体现，这又如何让自己走得更长远、更稳健呢？我们需要意识到，在如今的职场世界里，若把自己看得过高、过重，是极不成熟的表现，没有人是绝对无可取代的。相反，既怀抱高远理想又能脚踏实地的职场新人，才会有更大的发展机遇，在勤行精进之后才有个人与社会的利益双赢。

▶实践训练

管理你的时间资产

1. 计算你的时间资产

假如每个人都是 60 岁退休，把这 60 岁减去你现在的年龄，计算你还剩下多少小时？

```
        60  岁   退休年龄
    -  [    ]  岁   现在年龄

    ──▶ [    ]  ×220工作日×8小时= [    ]  小时   退休前的时间

    ──▶ [    ]  ×220工作日×8小时= [    ]  小时
    ──▶ [    ]  ×45工作日×2小时= [    ]  小时
                              至退休前的休闲时间

           你的时间资产 [    ]  小时
```

2. 你的时间价值几何

你的时间价值是多少，你计算过吗？请根据表 9-3 来计算你的时间价值。

表 9-3 时间价值

年收入 / 万元	年工作时间 / 天	日工作时间 / 小时	每天价值 / 元	每小时价值 / 元	每分钟价值 / 元
1	250	8	40	5	0.08
2	250	8	80	10	0.16
3	250	8	120	15	0.25
5	250	8	200	25	0.42
10	250	8	400	50	0.83

你的时间价值：

每天：_____元；

每小时：_____元；

每分钟：_____元；

那么，你应该如何管理时间，让自己的时间增值，让自己更有成就？

3. 认识时间的重要

大家来一起玩个游戏，现在给每个人都发500元钱，你可以用这些钱去买下列商品，直到把钱花完为止。买完商品以后不能退货，请慎重考虑。

看得见的		看不见的	
事业成功	50元	爱情	150元
知识、经验	50元	快乐	150元
房子	50元	健康	150元
车子	50元	友情	150元
周游世界	50元	家庭和谐	150元
你的名誉	50元	时光倒流	200元

经过认真思考，把它记录下来，因为它们就是你想要的东西，这些都是你所要实现的人生目标。你来想一想看一下，这500元钱你会买什么？

4. 利用时间的效率

请在符合自己的项目前边"□"处画"√"。

时间观念差	□我约会经常迟到 □我经常对学习或工作所需要的时间作出错误的判断 □我总因为启动太晚而不能在规定的期限内完成一项任务
需要压力才能行动	□我需要设定最后期限来促使自己动手做某事 □我把每件事都拖到最后才做，但基本能按时完成任务 □我挑战危机
拖拉延迟	□我经常因为感到信息不足而推迟决策 □在开始一项任务之前，我需要时间思考、调研和规划自己的时间 □对于令我生气的事，我总推迟处理并且希望它们会自行消失

续表

虎头蛇尾	□在事情开始时不假思索地立即着手，然后逐渐泄气，最后发现难以完成 □我喜欢一气呵成地将一件事做完，如果不能，就会丧失兴趣 □我的精力容易被分散，虽然嘴上埋怨，而实际上喜欢被打断 □我在给同学和朋友打电话、发电子邮件或 QQ 聊天方面用的时间太多
缺乏灵活性	□我愿意计划好每一天，但如果没能恪守计划就会感到有压力 □我愿意在某一段时间内持续学习或工作 □我有时因为在某个环节投入太多时间而不能按时完成全部任务
过于忙碌	□我有时卷进不属于自己分内的事 □我眉毛胡子一把抓，结果忙不过来

你觉得你利用时间的效率高吗？为什么？

5. 分配你的时间

根据时间管理的优先矩阵图，尝试将一天的任务分到特定的区域里。

既重要又紧急的事情： 1. 2. 3. 4.	重要但不紧急的事情： 1. 2. 3. 4.
不重要但紧急的事情： 1. 2. 3. 4.	不重要且不紧急的事情： 1. 2. 3. 4.

项目十
创业

📝 学习目标

知识目标：

1. 了解创业与职业生涯的关系。

2. 了解创业的初心，创业的过程；熟悉创业者的特质；掌握培养创业者特质的方法。

3. 掌握影响大学生创业的因素。

能力目标：

能够判断自己是否具备创业的潜能，有意培养自己的创业能力。

素质目标：

每位大学生充分发挥个体的主观能动性，勇于探索，积极创新，树立正确的创业观、良好的创业操守及纯正的创业动机。

👤 案例引导

张婷，2010年9月—2013年7月在××职业学院学习动漫设计与制作，随后在大连安博实习期间学习 Web 2.0 网页设计。在大学二年级的时候，她开始对创业产生兴趣，凭着强烈的爱好，她要挑战自己的能力，实现自我价值。2013年2月，她一个人转战去了北京。在北京市某家互联网公司谋得第一份工作，当时的公司比邻百度、联想等知名公司，给了她极大的激励。尽管从实习生开始做起，天天加班，又苦又累。但是，每天无论多么晚下班，她都会羡慕地看一眼百度灯火阑珊的办公大楼，暗暗为自己加油。由于她工作出色，一个月后被公司转正。通过向他人学习及自己的钻研，她用三个月时间便熟练掌握了商业性的网站制作、网站开发等业务。2013年4月，她选择离职，步入医疗行业，工资从实习生的2 500元翻倍到4 500元。在医疗行业，她掌握了百度竞价 PHP[①] 程序等多方面的知识，负责集团上百个网站建设。

---

① PHP：英文全称 Hypertext Preprocessor，超文本预处理器，是一种通用开源脚本语言。

2013年7月从××职业学院学成毕业后，张婷开始组建团队，创建了艺术798工作室，带领8人的技术团队进行创业，不到四个月的时间，工作室盈利十余万。2013年11月，转战电商领域，打入电商行业，快速了解了电商独立平台的建设，熟练掌握了淘宝、天猫、京东等电商行业的一切运转。同时，她又兼职担任北京某电商公司设计总监一职，并且带领团队在聚划算活动中创下了一天销售额超过60万、天猫家装类项目排名第二这样一个骄人的业绩。

2014年4月，张婷创办7time美食坊，为了探寻最正宗的美食，她带领团队离开北京去品尝各地美食，定期举办户外活动，邀请更多的人加入7time美食坊。5月，张婷离开电商公司，个人筹资创办了自己的公司。所有的一切都是她自己一个人独立完成的。因为不懂创办公司的业务流程，在注册公司的过程中受到了历练，她吃了一些亏，最终于8月把公司注册了下来。主营包含网站建设、商城建设及各种页面设计、VI设计等。在公司运营过程中，她拼命地接项目，以解决资金链的问题。公司处于一个跨界经营的状态，一直做网站建设，电商也有了自己的业务合作，包括化妆品、珠宝、服装等都是合作项目。渐渐地，张婷感觉到了压力，她想，时代变化总是很快，一个行业如果不能做到行业第一，就会死得很快，不见得永远有项目。

随着移动端的大爆炸，在飞速发展的"互联网＋"时代，不断地尝试新的创新创业是永恒的主题。张婷不断地在更新和学习新的知识，包括营销学、管理学。在这一过程中，App开发列入了公司的主营项目，包括微信第三方、微商。企业坚信以诚待人，坚持以最好的服务给予客户，功夫不负有心人，2014年在国内知名设计师平台站酷上，她获得人气16万＋；在国内知名设计师平台68design上，她获得北京市排名40名，每周必收到3~5封企业的offer（包括小米公司）。2014年她受邀加入一网学（网络最大的学习平台）进行讲课。

2015年4月，她受邀参加北大、清华讲座，分享个人创业事迹。2015年10月，接受人民邮电出版社出版合作之邀请，出版以张婷冠名的电商设计书。在国内知名设计平台90设计上，有近55万名设计师参加，张婷个人排名全国第5名，拥有粉丝数超过3 000。

2015年，张婷的公司服务于部分政府网站、北京的国企、个体户等上百家企业，并逐步扩展到海外，包括美国、英国及中国香港的客户，得到客户的认可。了解了海外的设计要求及一些生活习惯，如中国香港客户很少用淘宝、支付宝、QQ等，很多新鲜事情让张婷大开眼界。2015年11月，张婷接受跟谁学（跟谁学是中国最大最专业的教育O2O平台）的采访，分享企业管理经验、运营经验、设计经验、营销经验。

谈起创业，张婷认为大学生创业需要具备强烈的挑战精神、出色的沟通能力、较好的专业知识、优秀的领导艺术、良好的社会关系、敏锐的市场认知等多方面综合素质，必须了解一些国家的创业政策，她建议学校要提供场地、实验设备等环境和服务，多组织学生参加各类创业实践活动。张婷感慨地说："创业者首先是要做正确的事，对于这一点，绝大多数人还是心知肚明的。"对大部分人来说，更为关键的

还是要明确什么是"正确的事"。由于每个创业者的背景和所拥有的资源差异性都很大，对于此人来说的"最合适的事""最正确的事"，对于彼人来说就未必如此；对于大多数人来说，都不是很好选择的事情，对于某个人来说也许就是"最合适的事"和"最正确的事"。简而言之，对于创业者来说，做"正确的事"就是做最符合自己实际情况的事。

任务一　创业与职业生涯

现代社会的人们已经意识到，小企业和创业有着重要的经济价值：不仅在经济发展方面有提高人均产出与人均收入水平的作用，更重要的是创业促进了经济结构的转型，形成创业型经济和新的社会结构。党的二十大报告指出：健全终身职业技能培训制度，推动解决结构性就业矛盾。完善促进创业带动就业的保障制度，支持和规范发展新就业形态。

可以说，创业是一个人实现人生价值的必由之路。在人生旅途上，每个人都要在学业、职业与事业的每步中做出抉择。作为处于变革时期的新时代的求职者，面对激烈的竞争挑战，若能掌握相关创业知识及其技能，必然能开拓出就业的新领域，成就一条崭新的成才之路。

一、创业是职业生涯的主动开发

（1）创业是一种符合自我的职业生涯规划实现形式。职业生涯一般意义上是在现有的工作或职位中寻求发展的平台，规划职业路径，而创业是发挥自身优势，利用市场空隙在某一领域或某一行业，创造一种全新的工作平台并带动一系列的工作岗位。

（2）创业是一种快捷的职业生涯规划实现途径。职业规划是一种渐进式的、递进式的人生目标的实现形式，最终实现一个人的事业成功。创业是一种整合一切可以整合的资源，直接追求现实效果的事业，是以事业为起点规划整个人生。从这个意义上讲，创业是更深层次的、更具有战略性的职业规划和人生规划。

（3）创业还是人力资源的超值开发方式。创业素质在每个人身上都有不同的体现和存在，创业并不是每个人对自己已经具备的创业潜能都能够完全地认识到并自觉地开发和展示出来。通过创业使更多人重新进行自我认识、自我评价，充分了解自己已经具备的创业素质，在自觉地强化这些创业素质的基础上，培育、开发其他相关方面的素质。同时，创业需要有专业素质与专业能力、社会实践与运筹的能力、市场预测与把握的能力、应对风险和处理突发事件的能力、企业管理与经营能力，以及支持科学决策的经济知识、管理知识、法律知识等相关知识，人们合作完成一个创业过程，就是完善知识结构、提高综合运用知识的能力的过程，更是锻炼与他人合作的能力、培养团队精神的过程。因此，创业是实现每个人的人力资源的超值开发。

二、大学生创业的社会意义

1. 大学生创业可以为社会提供更多的就业岗位

就业问题不仅是一个世界性问题，更是我国目前存在的一个亟须解决的问题。现在，我国因为国企改革形成的大量下岗职工需要重新就业，每年数百万的高校毕业生、数千万的高中和中专毕业生需要就业，难以计数的农村富余劳动力在寻求就业。面对如此庞大的就业问题，只靠行政的力量不可能完全解决。这就需要由企业特别是新的企业来解决，但是新企业的大量出现必须依靠大量的创业来实现。因此创业企业越多，吸纳的就业人员也就越多，这一点毋庸置疑。

2. 大学生创业可以为社会创造新的生活

为了获得创业的成功，创业者必然要为社会推出新的产品、新的服务和新的经营方式。这一系列经营创新的后果必将带来人们生活方式的改变和生活质量的提高。当乔布斯的苹果公司推出苹果计算机，比尔·盖茨的微软推出 BASIC 语言、Windows 操作系统后，每个人的办公桌上拥有一台计算机的梦想就变成了现实。当创业企业推出了电子商务的服务平台后，人们足不出户就可以买进卖出。观察人们的生活，几乎每天都在发生着新的变化，这与创业型企业的大量出现是密不可分的。

3. 大学生创业可以促进社会的精神文明

大学生创业中体现出来的创新精神、开拓精神、奉献精神、拼搏精神和合作精神必将成为我们新时代的社会精神，鼓舞着人们奋力前行。大学生在创业经营过程中，进行的每次公共关系活动，也变成了整个社会不可或缺的高尚精神和文化生活的重要组成部分。大学生创业成功后所表现出来的反哺社会和无私助人的高风亮节，也已成为人们精神文明建设的一面鲜艳的旗帜。

4. 大学生创业可以为我国的经济带来新的活力

一般来说，大学生创业具有以下主要特点：产品技术含量高、管理观念新、能够及时跟踪世界高新技术发展、不断创新。

从把互联网带到中国的丁健、田溯宁到成功开发出中国第一个打入国际市场的"星光中国芯"的中星微电子董事长邓中翰，再到具有自主知识产权、覆盖防病毒和反黑客两大领域的网络安全产品研发与生产的启明星辰 CEO 严望佳，每个成功的大学生创业企业几乎都选择了科技创业之路。可以说，中国 IT 业发展的每一步，都离不开科技创业大学生的努力，尤其是在互联网的起步与发展中，大学生创业者就是先锋与主力军。

任务二　创业初心及过程

一、创业的初心

创业者是在做实事，而创业爱好者只是在说空话。创业行动背后的动力是什么？这是每位创业者需要回答的第一个问题。当在创业的过程中产生纠结、胆怯、恐惧或想退缩时，回到初心，自己为什么会创业，或许会有新的理解和收获。

1. 被媒体影响

媒体对创业的报道往往侧重创业的成功案例，生动的描述特别容易使人们产生一种错觉——创业没有那么难。但是这种想法很容易被击退，因为当创业者面对真实的、复杂的创业环境时，这种泡沫很容易被戳破，创业者也会深受打击。

2. 对现实迷茫

有些大学生因为不喜欢自己的专业，对现实迷茫而想创业。其创业结果也必然是不理想的。因为直接创业并没有解决原有专业兴趣不足的问题，还制造了新的问题。虽然创业也是一种探索。或许有的大学生能在创业中找到自己的热情所在，但是解决了现实烦恼的不是创业，而是探索。

3. 自由的生活方式

一项调查表明，有31%的大学生创业原因是希望追求自由的生活方式。但是值得进一步反思的是，对你来说什么是自由呢？如果自由只是时间安排，那么创办公司可能并不自由，因为初创公司，创业者需要倾注很多的时间和精力来运筹；如果自由是探索寻找自己的理想，那么创业正是用极大的热情追求人生价值的过程。这种自由就不只是在履历表上加一个头衔，而是喜欢创业和挑战的生活方式。

4. 创业是创新工作的延伸

对有些人来说，创业就是做自己很喜欢、很投入的事情的一个自然而然的结果。人们不可能选择一个完全不熟悉的领域创业，因此，创业方向离不开之前的积累，对大学生来说就是以往的生活经验、实习经验和研究经验的延伸。

二、创业者的特质及培养

（一）创业者的特质

心理学家在创业者身上发现了一些共性：他们通常都追求企业组织之外的自主性，拥有较高的成就需求，内控性人格，对模糊状态比较能容忍，高风险偏好，拥有企业家性的自我概念。

具体来说包括以下几个方面。

1. 强烈的创业意愿和决心

强烈的创业意愿和决心是创业者身上首要的特征。有了创业的意愿，并下定决心去创业才有可能成功。虽然每个人创业背后的动机不尽相同，但是强烈的创业意愿能够促成创业行为，直接影响创业结果。思考和推理是创业所应具备的能力，大家在平时就要注意这方面能力的培养，一旦出现机会就可以有所行动。

2. 勇于承担风险

创业是一场机会和风险并存的冒险活动。创业者要具备风险评估的能力，对可能遇到的困难有一定的预估，并有强大的心理承受能力，才能提高创业的成功率。

3. 有执行力、行动力

创业就是要行动。很多大学生的创业计划变为现实，靠的还是那股子韧劲和行动力。

4. 注重积累

创业是一个从无到有、从小到大的积累过程。你的创业方向离不开你决定创业那一刻之前的人生积累，尤其是你的职业生涯的积累，切忌闭门创业。

5. 强大的创业自我效能感

有强大的创业自我效能感是一个创业者必备的素质，只有相信自己、热爱自己的产品才能说服优秀的伙伴加盟，才能忍受挫折，坚持下去。相信自己首先要认识自己，了解自己身上的闪光点，并且利用这种优势，发挥出最大的价值。

6. 关注价值

与企业中的员工相比，创业者更关注价值的创造。这不仅是指创造经济价值，还包括创造社会价值。社会价值往往是推动个人实现创业梦想的原动力。

（二）培养创业者特质的方法

1. 要有明确的目标

无论做什么事情，都是需要一个明确的目标。无论这个目标是大还是小，但一定要明确。如果打算创业，那么首先要明确自己想干什么，想要怎么干，不能像一只无头苍蝇一样蛮干。事实证明：任何一个成功者，在刚开始打算创业时，在他们的心中都有一个能激起兴趣、值得付出的目标。正是因为有了这样的一个目标，这些人才有了走向成功的动力，使他们释放出了巨大的潜能。

创业是艰辛的，在一穷二白的基础上进行创业，更需要一种精神的超越。不是所有的创业者注定就是失败者，只要有了明确的目标，不断发掘自己的潜力，就能够实现自己的理想。

2. 努力培养自己的创业精神

创业精神提倡独立思考、不人云亦云，但并不是倾听其他人的意见，而是要团队合

作、相互交流；创业精神提倡胆大、不怕犯错误，并不是鼓励犯错误；创业精神提倡不迷信书本、权威，但并不反对学习前人经验，任何创业都是在前人成就的基础上进行的；创业精神提倡大胆质疑，而质疑要有事实和思考的根据，并不是虚无主义地怀疑一切……总之，要用全面、辩证的观点看待创业精神。

（1）对所学习或研究的事物要有好奇心。牛顿少年时期就有很强的好奇心，他常常在夜晚仰望天上的星星和月亮。星星和月亮为什么挂在天上？星星和月亮都在天空运转着，它们为什么不相撞呢？这些疑问激发着他的探索欲望。后来，经过专心研究，终于发现了万有引力定律。能提出问题，说明在思考问题。在学习过程中，自己如果提不出问题，那才是最大的问题。好奇心是包含着强烈的求知欲望和追根究底的探索精神，谁想在茫茫学海获得成功，就必须有强烈的好奇心。正像爱因斯坦说的那样："我没有特别的天赋，只有强烈的好奇心。"

（2）对所学习或研究的事物要有怀疑态度，不要认为被人验证过的都是真理。许多科学家对旧知识的扬弃，对谬误的否定，无不自怀疑开始的。伽利略则始于对亚里士多德"物体依本身的轻重而下落有快有慢"的结论的怀疑，发现了自由落体定律。怀疑是发自内在的创造潜能，它激发人们去钻研，去探索。对课本不要总认为是专家教授们写的，不可能有误。专家教授们的专业知识渊博精深，我们是应该认真地学习。但是，事物在不断地变化，有些知识以前适用，现在不一定适用。

（3）对所学习或研究的事物要追求创新的欲望，如果没有强烈的追求创新欲望，那么无论怎样谦虚和好学，最终都是模仿或抄袭，只能在前人划定的圈子里周旋。要创新，人们就要坚持不懈地努力，勇敢面对困难，要有克服困难的决心，不要怕失败，相信失败乃成功之母。

（4）对所学习或研究的事物要有求异的观念，不要"人云亦云"。创新不是简单的模仿，要有创新精神和创新成果，必须要有求异的观念。求异实质上是换个角度思考，从多个角度思考，并将结果进行比较。求异者往往要比常人看问题更深刻，更全面。

（5）对所学习或研究的事物要有冒险精神。创造实质上是一种冒险，因为否定人们习惯了的旧思想可能会招致公众的反对。冒险不是那些危及生命和肢体安全的冒险，而是一种合理性冒险。大多数人都不会成为伟人，但至少要最大限度地挖掘自己的创造潜能。

（6）对所学习或研究的事物要做到永不自满。一个有很多创造性思想的人如果就此停止，害怕去想另一种可能比这种思想更好的思想，或已习惯了一种成功的思想而不能产生新思想，结果这个人变得自满，停止了创造。

3. 让自己变得有韧性，能承受较大的压力

要想创业成功，就要让自己变得有韧性，让自己能够承受各种各样的压力。作为二十几岁的创业者，要将这些问题逐个搞定的时候，离成功也就不远了。下面推荐几种创业过程中减轻压力的具体方法，经常运用，可以起到很好的效果。

（1）早睡早起。每天要比家人早起一个小时，做好一天的准备工作。

（2）学会分享。有了快乐的时候，要积极和家人、同事一起分享。

（3）学会休息。为了使自己的头脑保持清醒，每天都要留出一定的休息时间。

（4）坚持锻炼。每天都要坚持利用半小时的空闲时间来锻炼身体。

（5）不要求全责备。要不时地提醒自己：任何事情都不可能是尽善尽美的。

4. 对自己要有信心

每个人都有遇到挫折的时候，但千万不要因一时受挫，而对自己的能力产生怀疑，进而形成一种压力。当你遇到挫折时，应该保持头脑清晰、勇敢面对现实、不要逃避。冷静地分析整个事件的过程，分析是自己本身存在的问题，还是由于外界因素而引起的呢？还是两者皆有呢？假如是自身因素引起的，那么自己就应该好好反省，为什么会犯这样的错误？以后应该怎样做才能避免同类事件的发生呢？事情已经发生了，不要急于追究责任或责怪自己，而应该想想事情是否还有转圈的余地。要是有，应该怎样做才能将损失或伤痛降到最低呢？应该怎样做自己才会感觉舒服呢？当你遇到困难时，请记住一句话——没有永远的困难，也没有解决不了的困难，只是解决时间的长短而已。

5. 加强自身修养，以德立业

德是修身立业之本。创业者首先要加强道德品质修养，自觉遵守职业道德和行业道德，做一个诚实守信的创业者。加强思想政治理论等基础课程的学习，在实践中不断提高自身修养。要做到自尊自爱，以社会主义荣辱观作为衡量人们德行的标准，不做任何违法乱纪的事情，不做有损人格、国格的行为。

三、创业的过程

1. 搜寻机会

创业者对整个经济体系中可能存在的创意进行有针对性的搜索，如果认同某一创意可能成为商机，具有潜在的发展价值，就进入机会识别阶段。

2. 机会识别

相对于整体意义上的机会识别过程，这里的机会识别应当是狭义上的识别，即从创意中筛选合适的机会。这个过程首先是通过整体的市场环境，以及一般的行业进行分析，从而判断该机会是否在广泛意义上属于有利的商业机会；其次是考察对于特定的创业者和投资者来说，这一机会是否有价值。

3. 机会评价

实际上，机会评价意见带有部分"尽职调查"的含义，创业者对某个创业机会进行各种指标的测评，如财务、创业团队的结构等，只有通过对创业机会的评价，创业者才能决定是否利用创业机会，决定开始创业活动。

4. 组建团队

对一般的创业团队来说，核心成员大多为3~5个，核心成员构成了共同创业者。在团队成立初期就有明确的团队非常重要。为了避免股权分散，初创团队可采用三个人架构，CEO 应控股或拥有不低于 40% 的股份。

5. 撰写《创业计划书》

选定创业目标，团队架构搭好，无论是否参加比赛或融资，你都需要做一份《创业计划书》。好的《创业计划书》不仅可以帮助团队在创业比赛中获奖，它还是寻求投资人投资时的重要材料。一般来说，好的《创业计划书》应包含以下七个方面内容：

（1）投资亮点。要用尽量精炼的语言介绍项目的亮点，可以从技术、产品、团队、商业模式、竞争优势等方面突出亮点。

（2）公司或项目介绍。公司或项目介绍主要包括项目简述、团队介绍、产品与技术、资质与专利、同类对比等。

（3）简单的行业分析。行业分析部分要介绍与你相关的行业情况，回答三个问题：你做的市场有多大？你有多少先行者？你的实力如何？

（4）竞争优势介绍。竞争优势介绍是指根据项目状况，具体地从产品、团队、市场或其他角度出发阐述公司与竞争对手的差异。

（5）发展战略。发展战略包含阶段性目标和为了实现目标而采取的具体策略，需要制订三年内的规划或一年的行动方案。

（6）财务预测。财务预测是指未来三年的财务预测，包括主营业务收入预测、公司净利润预测等指标，也可包含产品用户数增长趋势等关键绩效指标的预测。

（7）融资要求和用途。融资要求和用途部分要介绍需求的资金数目与具体用途。

6. 项目运营

从项目书到真正将项目做起来，从注册公司、开业到卖出第一个产品，通过有效的运营不断将公司做大、做强，这个过程非常不容易。你需要给公司起名，注册公司，办理工商、税务手续，选择办公地点。如果选择的是提供产品的创业，运营还包括招聘人员、进货、加工、生产、销售；如果选择的是提供服务的创业，运营包括准备、营销等环节。每个环节都需要创业者亲力亲为，不断地解决问题，促进项目有效推进。

7. 融资

公司是否要融资，特别是是否要在初期就走融资的道路，还要看项目自身的需要，对大部分创业者来说，最初的项目启动资金往往来自自己的家庭支持，但是家庭的资金支持毕竟有限，获得投资人的青睐是很多创业者梦寐以求的。不少创业者都在不断地根据投资人的偏好修改自己的《创业计划书》，以求获得投资。

拓展阅读

1. 创业计划书的格式规范

在撰写创业计划书的过程中，一方面要积极关注创业计划书的核心要素；另一方面由于创业计划书面对的读者往往是具有专业背景的投资专家。因此，创业者也需要同时关注创业计划书的撰写格式与规范。

（1）要简洁明了。商业计划应当简洁明了。人们在阅读一份自己特别感兴趣的商业计划时，应能立即找到问题及其解决办法，因此，对于那些可能会引起读者兴趣的主题都应该全面而简单地阐述。一般来说，商业计划最佳长度为25~35页。

（2）写作风格要掌握适中。好的商业计划既不要太平淡无奇，引不起读者的胃口，又不要太花里胡哨，过于煽动性。计划书要有冲击力，能够抓住投资者的心，不等于煽情。一定要记住，商业计划既不是报告，也不是文艺作品，它是一篇实实在在的说明书。

（3）尽量客观。商业计划应当客观，应当用事实说话。凡是涉及数字的地方一定要定量表示。提供必要的定量分析。一切数字要尽量客观、实际，切勿凭主观意愿的估计。有些人在讲述他们的创意时会得意忘形。的确，有些事情需要以一种充满激情的方式讲述，但你应该尽量使自己的语气比较客观，使投资者有机会仔细地权衡你的论据是否有说服力。在商业计划书中，创业家应尽量陈列出客观、可供参考的数据与文献资料。像广告一样的商业计划并不能很好地起到吸引投资者的作用，反而会引起他人的逆反心理，引起投资者的怀疑、猜测，而使他们无法接受。

2. 创业计划书的基本结构

一般来说，创业计划可分为三大部分。首先是形式部分，包括创业计划书的封面、扉页、目录等，是创业计划的外部包装；其次是本体部分，就是创业计划的主要内容；最后是补充部分，如专利证明、专业的执照或证书，或意向书、推荐函等。

（1）封面与扉页。封面可以根据相关行业、公司特性进行设计，封面应该包括创业计划书名称、单位名称、撰写人、撰写日期、执行日期、联系方式等内容，这些信息还应置于封面醒目位置。因为封面和创业计划可能分离，最明智的方法是同时在这两处都留下联系信息。如果计划是给投资商看，最好将住宅电话也列出，因为这些人与你一样，往往工作时间很不规律。他或她可能是最先接触你的人，读过计划后安排会见之前他们很可能希望通过电话与你讨论一些有关的问题。封面底部可以放置警示读者保密的事项，也可以放置在扉页。如果公司已经有独特的商标，那么应该把它放置在靠近封面顶部中间的位置。下面提供了供参考的封面的设计，创业者可根据具体情况予以适当调整，如图10-1所示。

（2）目录。一份创业计划书最好要有目录，这样可方便检阅，目录的样式及页面的设计可根据计划书主题进行设计。目录是一份导游图，引导战略伙伴或创业投资者游览创业计划，并最终得出应该为这个创业项目提供资金的结论。如果这份导游图模糊不清，丢三落四，那么结局可能会使战略伙伴或创业投资者失望甚至放弃。

创业计划的每个主要部分应列入目录，并标出所在页码。页码编排有两种方式，第一种是直接顺序编排，如1，2，3，…，9，10。这种编码方式适用于篇幅不长、涉

及问题不复杂、寻求资金数量中等的、比较简单的创业计划。第二种是按章编页码，即页码前加上章号，这是最常见的编码方式。

项目编号：20×× 第×号

创业计划书

项目名称：_____

项目联系人：_____

联系方式：_____

图 10-1　创业计划书封面

（3）创业计划书正文内容。创业计划书的内容即创业计划书的正文部分，创业计划书正文包括创业计划的实施概要；企业、产品或服务介绍；市场预测；营销策略；生产（经营）计划；组织与管理；财务计划；风险评估；退出战略等方面。

（4）附件。创业计划一般应该有附录，附录中包含了不必在正文中列明的补充资料。附录包括与创业计划相关、但不宜放在扉页和主干正文的一些内容，如企业的营业执照等证件、企业的组织结构图、产品说明书或照片、创业（管理）团队成员简历、具体财务报表等。通常，附录对于提高创业计划的质量有着重要的作用，对于创业者获取外部资源的支持有着特殊的意义。一般来说，附录的内容可分为附件、附表和附图三部分。

知识拓展：创业计划书参考格式

◀)) 案例小链接

案例1：用饰品点缀服装是眼下的一个潮流，各种各样的饰品让人眼花缭乱，花花绿绿的纽扣也逐渐成为服装必不可少的装饰品。一副纽扣大大小小总共不超过10颗，要几百元的价格，你听后是否觉得意外？你以为这还是原来传统的纽扣吗？在小肖这间纽扣店里有各种纽扣的材质，除传统的金属、塑胶纽扣外，还有水晶玻璃、贝壳、珍珠和散发阵阵香味的贵重木质的纽扣，有简洁的几何形状，也有精雕细刻的工艺纽扣，款式有上千种，虽然价格比传统的纽扣要贵上数十倍，但是购买者还是络绎不绝。追求时尚的人将衣服上的纽扣更换，这件衣服的风格就产生变化。对于那些衣服上少了一颗纽扣，顾客要求配套，而店内又没有的纽扣，他会提供订购服务，纽扣店为顾客的细节搭配省了心，因此拥有了自己独特的市场。对于需求越来越个性化的顾客，他适时推出了"时尚纽扣"，推荐顾客买几颗钉在帽子上、衣服领子上、鞋上、包上做装饰，引导顾客形成新的消费习惯。

现在许多人会去定制服装，总是先要选料，然后选择匹配的纽扣。于是小肖和制衣店、布料店达成联合经营的关系。现在他开了四家纽扣店，地址都选择在专门经营面料服装的商场里。启动资金在一万元左右，进货时要尽可能多地选择花色品种，不用担心滞销的品种，厂家会提供调换服务。此类商品的生产厂家一般分布在上海、浙江、广州等地区。另外，还要学习色彩搭配、营销技巧，有为客人服务的耐心。这是主人公的经验总结。

【点评】其实做生意，目光不要只盯着大物品或是人们争相看好的行业，在不被人注意的小细节中也会有大商机。

案例2：小芳是个崇尚怀旧的女子，特别喜欢那些古老的绸缎、绣品。一次偶然的机会，在报纸上读到一篇记叙纺织之乐的文章，她为之陶醉不已。突然灵感涌现：为何不自己开家纺织自助店呢？

小芳在城市繁华的游乐休闲集聚地租了一套100平方米的门面房，店面装饰不必豪华，但突出了纺织的特色，透露出浓郁的民间风俗气息。然后，从民间购置少量旧的大木架子织布机、手摇纺车等工具，采购一些来自全国各地的手工布料，如苗族蜡染、民间纺织的土布等，供顾客参观欣赏或购买。同时，还邀请了一位来自民间的年轻纺织能手，穿着民族服装，做顾客的指导教师，让来到这里的人们手拿梭子，听着老织布机发出的吱呀作响的曲子，仿佛回到自己动手、丰衣足食的时代，心甘情愿地当一回"织女"。

由于小芳的店铺独特、怀旧，给人返璞归真的感觉，所以吸引了很多女顾客，尤其以年轻学生和白领为主。

【点评】创业者在选择创业项目时，一定要找到那些适合自己能力、契合自己兴趣、可以发挥自己特长的项目，这样才有利于自己做持久性的、全身心的投入。

任务三　影响大学生创业的因素

一、影响创业的心理因素

1. 思维定式

思维定式也称"惯性思维"，是由先前的活动而形成的一种特殊的心理准备状态，是按照积累的思维活动经验和已有的思维规律，形成的比较稳定的思维路线、方式、程序、

模式。在环境不变的条件下，思维定式使人能够应用已掌握的方法迅速解决问题。而在环境发生变化时，它会妨碍人采用新的方法。因此，思维定式是束缚创新意识的枷锁。

2. 功能固着

功能固着是指人们将某种功能赋予某种物体的倾向。具体是指一个人看到某种事物惯常的功用后，一般很难看出该事物的其他功用。若初次看到的功用越重要，就越难看出其他功用。因此，很难产生创新意识。

3. 服从权威

处于权威控制下的个体通常会缺乏分析，不作质疑，更不会独立思考，从而影响创新意识的发展。

4. 从众心理

从众心理是指个人的观念与行为在群体的引导和压力下，不由自主地与多数人保持一致的社会心理现象，通俗地说，就是"随大流"。从众心理也会影响创新意识的发展。

二、影响创业形成的个体特征

对创业产生起决定性作用的是认知方式和认知结构。认知方式是指个体偏爱的信息加工的方式，例如，有些学生喜欢听老师讲课，有些学生喜欢自己看书，有些学生则喜欢与其他人讨论。认知结构具有三个特征：一是原有观念的抽象和概括水平。原有观念的抽象和概括水平越高，便越适合同化新知识。二是原有观念的稳定性。原有观念越稳定，越有助于促进学习与知识迁移。三是新旧观念的可辨别性。新旧观念之间的异同被辨别得越清楚，则越能防止新旧知识之间的干扰。每个人的知识都是以独特的方式组织的，从而构成了不同的认知结构。

在情感方面，对创业的产生有重要影响的主要包括学习动机和性格特征。另外，与生理关系密切的个体差异（主要是气质、体质和性别等）对创业的产生也有重要的影响。

总之，个体特征在不同程度上影响着个体创业的发展和形成，并对个体的创业起作用，有时甚至直接关系创新活动的产生和发展。因此，个体特征是影响个体创业的产生和发展的一个重要方面。

拓展阅读

北京市大学生创业优惠政策

（1）大学毕业生在毕业后两年内自主创业，到创业实体所在地的工商部门办理营业执照，注册资金（本）在50万元以下的，允许分期到位，首期到位资金不低于注册资本的10%（出资额不低于3万元），一年内实缴注册资本追加到50%以上，余款可在三年内分期到位。

（2）大学毕业生新办咨询业、信息业、技术服务业的企业或经营单位，经税务部门批准，免征企业所得税两年；新办从事交通运输、邮电通信的企业或经营单位，经税务部门批准，第一年免征企业所得税，第二年减半征收企业所得税；新办从事公用事业、商业、物资业、对外贸易业、旅游业、物流业、仓储业、居民服务业、饮食业、教育文化事业、卫生事业的企业或经营单位，经税务部门批准，免征企业所得税一年。

（3）各国有商业银行、股份制银行、城市商业银行和有条件的城市信用社要为自主创业的毕业生提供小额贷款，并简化程序，提供开户和结算便利，贷款额度在2万元左右。贷款期限最长为两年，到期确定需延长的，可申请延期一次。贷款利息按照中国人民银行公布的贷款利率确定，担保最高限额为担保基金的5倍，期限与贷款期限相同。

（4）政府人事行政部门所属的人才中介服务机构，免费为自主创业毕业生保管人事档案（包括代办社保、职称、档案工资等有关手续）2年；提供免费查询人才、劳动力供求信息，免费发布招聘广告等服务；适当减免参加人才集市或人才劳务交流活动收费；优惠为创办企业的员工提供一次培训、测评服务。

▶ 实践训练

创业支持政策调研探索

（1）与几个同学组成一个小组，了解所在的城市、学校对大学生创业提供了哪些支持，请写下来。

（2）假设你要创业，可能会经历什么程序？

（3）逐条分析支持政策与自己创业的关系。

（4）与小组成员讨论对自己创业最有益的政策。

参考文献

［1］杨秋玲，王鹏 . 创业基础［M］. 北京：北京理工大学出版社，2018.

［2］李燕 . 创业基础［M］. 北京：北京理工大学出版社，2018.

［3］蒋德勤 . 大学生创新创业基础［M］. 北京：中国商业出版社，2020.

［4］王丽，武海燕 . 职业生涯规划训练手册［M］. 北京：北京理工大学出版社，2017.

［5］刘建中 . 大学生职业生涯规划［M］. 成都：电子科技大学出版社，2020.

［6］李爱华，杨淑琴 . 大学生创新创业教育［M］. 上海：上海交通大学出版社，
　　2018.

［7］徐蔚，刘玉梅，孙慧，等 . 职业生涯规划实践［M］. 北京：清华大学出版社，
　　2018.

［8］钟谷兰，杨开 . 大学生职业生涯发展与规划［M］. 上海：华东师范大学出版社，
　　2016.

［9］周华 . 高职生职业生涯规划与就业指导［M］. 北京：北京理工大学出版社，
　　2012.

［10］徐俊祥，黄敏 . 成功就业——大学生就业技能实训教程［M］. 北京：现代教育
　　出版社，2017.